Poser · Wissenschaftstheorie

Hans Poser
Wissenschaftstheorie

Eine philosophische Einführung

Philipp Reclam jun. Stuttgart

RECLAMS UNIVERSAL-BIBLIOTHEK Nr. 18125
Alle Rechte vorbehalten
© 2001 Philipp Reclam jun. GmbH & Co., Stuttgart
Gesamtherstellung: Reclam, Ditzingen. Printed in Germany 2009
RECLAM, UNIVERSAL-BIBLIOTHEK und
RECLAMS UNIVERSAL-BIBLIOTHEK sind eingetragene Marken
der Philipp Reclam jun. GmbH & Co., Stuttgart
ISBN 978-3-15-018125-6

www.reclam.de

Inhalt

Vorwort 9
Einleitung: Wissenschaft – was ist das? 11

1. *Aspekte der Wissenschaft* 11
2. *Wissenschaft als System wahrer Aussagen* 18
3. *Der Gang der Überlegungen* 24

A
Der analytische Ansatz

I. Grundbegriffe 27

1. *Die Sprache als Ausgangspunkt* 28
2. *A priori / a posteriori* 32
3. *Deskriptiv/normativ und der naturalistische*
   Fehlschluß 33
4. *Die Explikation* 37

II. Erklärung und Voraussage 42

1. *Spielarten des Erklärungsbegriffes* 42
2. *Das Hempel-Oppenheim-Schema* 45
3. *Das HO-Schema als Explikat des*
   Erklärungsbegriffs 48
4. *Leistungen und Grenzen des HO-Schemas* . . 50

III. Regeln, Naturgesetze und Theorien 61

1. *Was ist ein Naturgesetz?* 62
2. *Regeln und Gesetze* 69
3. *Verfügen wir über Gesetze?* 71

IV. Beobachtungssprache, theoretische Sprache und
empirische Signifikanz 73

1. *Phänomenalismus und Physikalismus:*
Protokollsätze, Basissätze und das
Sinnkriterium 73
2. *Qualität und Quantität* 78
3. *Der operationalistische Ansatz* 86
4. *Die Problematik theoretischer Begriffe* 90

V. Wahrheit und Verifikation 104

1. *Wahrheit, Wahrscheinlichkeit und*
Verifikation 104
2. *Die Bestätigung von Naturgesetzen*
(Induktionsproblem) 108
3. *Falsifikation statt Induktion* 119
4. *Das Problem der Erfahrungsgrundlage* . . . 126
5. *Methodologische Regeln versus Dogmatismus* 131

B
Wissenschaftstheorie und Wissenschaftsgeschichte

I. Modelle des Wissenschaftsfortschritts 135

1. *Fortschritt und Wissenschaftsdynamik* 135
2. *Wissenschaftsfortschritt und*
Wissenschaftstheorie 138
3. *Die Bindung einer Erklärung an ein*
Paradigma: Thomas S. Kuhn 141
4. *Normale Wissenschaft* 146
5. *Der Paradigmenwechsel als wissenschaftliche*
Revolution 149

II. Wissenschaftsentwicklung statt
Wissenschaftsfortschritt 157

1. *Forschungsmethodologie und*
Theoriendynamik: Imre Lakatos 157

Inhalt

2. *Theorie der Forschungstraditionen:*
   Larry Laudan 165
3. *Dynamik von Modellen: Wolfgang*
   Stegmüller, Joseph D. Sneed 169

III. Anwendung oder Anarchie? 173

1. *Die Starnberger Finalisierungsthese* 173
2. *Methodenanarchismus als Methode:*
   Paul Feyerabend 178
3. *Die Bedingungen der Wissenschaftsentwick-*
   lung als Festsetzungen erster Stufe: Stephen
   Toulmin, Kurt Hübner, Yehuda Elkana 186
4. *Konventionen statt Erkenntnis?* 193
5. *Metaregeln als Festsetzungen zweiter Stufe*
   und die außerwissenschaftliche Weltsicht . . . 199

C
Der hermeneutische, der dialektische und
der evolutionäre Ansatz

I. Die erkenntnistheoretische Problematik der
   Geisteswissenschaften: Hermeneutik 209

1. *Erklären und Verstehen* 209
2. *Von Schleiermacher zu Dilthey* 214
3. *Wahrheit und Methode:*
   Hans-Georg Gadamer 220
4. *Kritik und Weiterführung der Hermeneutik* . 225

II. Das Verhältnis von Gegenstand und Methode:
    Dialektik 235

1. *Die Dialektik des Gesprächs* 235
2. *Der dialektische Dreischritt* 237
3. *Das Wahre ist das Ganze* 245
4. *Dialektik und Bewegung* 247

	5. *Kritik der Dialektik*	251
	6. *Dialektik als Methode*	253

III. Evolution als Deutungsschema 256

	1. *Der Newton des Grashalms*	256
	2. *Evolution als Analogie*	261
	3. *Die Kritik an der kausalen Weltsicht*	266
	4. *Evolution als geschichtsmetaphysisches Deutungsschema*	270
	5. *Die Zumutung des Zufalls*	273
	6. *Zwischen Empirie und Transzendenz: Der Mensch als Glied und als Steuernder der Evolution*	276

Epilog: Wissenschaftsphilosophie 279

	1. *Neue Perspektiven*	279
	2. *Wissenschaftskritik*	287
	3. *Wissenschaftliche Vernunft als Lebenseinstellung*	291

Literaturhinweise 297

Personenregister 303

Zum Autor 307

Vorwort

Das Nachdenken über Wissenschaft ist so alt wie die Wissenschaften selbst; denn ohne Besinnung auf die Ziele und Methoden, auf die Besonderheit des Fragens und Erklärens und auf die Dignität und Überprüfbarkeit der gegebenen Antworten würde schon aufgegeben, was Wissenschaft im Kern ausmacht. Seit Francis Bacon wurden die Erfahrungswissenschaften und ihre Entwicklung als Garant menschlichen Fortschritts gesehen; doch heute treffen wir auf Wissenschaftsskepsis, auf Wissenschaftskritik und auf Vorstellungen von der Unbegründetheit, Konventionalität und Beliebigkeit wissenschaftlicher Theoriebildung. Dieses Spannungsverhältnis verlangt nachzufragen, was Wissenschaft ist und wie sie sich in einer Wissenschaftstheorie darstellt; doch solches Fragen geht selbst schon über die Wissenschaftstheorie hinaus, sachgerecht wird man es der Wissenschaftsphilosophie zurechnen müssen. Dem Umkreis solchen Fragens gelten die hier vorgelegten Darstellungen. Sie sollen zunächst die seit den zwanziger Jahren des 20. Jahrhunderts am Leitbild der Physik ausgebildete Wissenschaftstheorie in ihren Resultaten verständlich machen, um dann über die wissenschaftsgeschichtliche Sicht zu den Geisteswissenschaften überzugehen. So soll der weite Rahmen eines heutigen Nachdenkens über Wissenschaft umrissen werden.

Dem Buch liegt eine Vorlesung zugrunde, die auf Einladung des Instituts für Geschichte der Naturwissenschaften an der Chinesischen Akademie der Naturwissenschaften in Peking im Herbst 1998 im Rahmen eines Kooperationsvertrags mit dem Institut für Philosophie, Wissenschaftstheorie, Wissenschafts- und Technikgeschichte der Technischen Universität Berlin auf Englisch gehalten wurde; an der TU Berlin wurde die Vorlesung – nun auf Deutsch – wiederholt. Der Chinesischen Akademie der Wissenschaften und ihrem Präsidenten, Herrn Professor Lu, dem Institut für Geschichte der Naturwissenschaften und seinem Direktor, Professor Liu Dun, gilt mein Dank für den anregenden Aufenthalt. Den Studierenden in Peking und Berlin danke ich für klärende Diskussionen, Herrn Kollegen Professor Yin vom Institut für Philosophie der Chinesischen Akademie der Sozialwissenschaften für intensive Gespräche und Herrn Kollegen PD Dr. Wenchao Li, Mitarbeiter der China-Arbeitsstelle unseres Instituts in Berlin, für seine nicht eben einfache Aufgabe einer chinesischen Übersetzung, die zugleich mit der deutschen Fassung erscheint. Frau Alexandra Lewendoski, M. A., bin ich für eine sorgfältig-kritische Durchsicht des Manuskripts und Frau Eva Wolff für das Schreiben der ersten Fassung zu Dank verpflichtet.

Einleitung: Wissenschaft – was ist das?

1. *Aspekte der Wissenschaft*

Wissenschaft zu treiben, nach dem ›Warum?‹ zu fragen und sich nicht mit Erzählungen (oder um es griechisch zu sagen: mit Mythen) zufrieden zu geben, sondern weiterzufragen, methodisch und systematisch – darin bestand in der klassischen griechischen Antike die Geburt unserer abendländischen rationalen Kultur. Überall, wo sich begründete und systematisch zusammenhängende Antworten ausmachen ließen, entstanden Wissenschaften, so etwa Geometrie und Arithmetik, Astronomie und Naturphilosophie, Logik und Medizin, um nur einige frühe Bereiche namhaft zu machen. Wissenschaft verwaltet seither das bestgesicherte Wissen einer Zeit. Dieses Wissen hat, wo es nicht nur der Befriedigung der theoretischen Neugierde dient, Anwendung gefunden; und dies in so hohem Maße, daß unsere Lebenswelt in einer nie dagewesenen Weise durch Wissenschaft und Technik bestimmt ist; Wissenschaft durchdringt all unsere Lebensbereiche:

1. Wissenschaft schafft heute die *Möglichkeitsbedingungen unseres Handelns.* Sie stellt die technologischen Mittel zur Daseinsbewältigung bereit. Mehr noch: längst schon bringt sie auch die technologischen *Ziele* hervor, Ziele, die selbst in Science-fiction-Träumen nicht vorherahnbar gewesen sind. Wissenschaft ist also nicht nur instrumentelle Vernunft, die zu gegebenen Zielen die Mittel sucht, sondern sie umreißt neue mögliche Ziele und steuert sie an.

2. Wissenschaft hat heute in vielen Fällen *die Funktion übernommen, welche die Religionen gehabt haben*: Nicht ein Gottesgericht, sondern ein Sachverständigengutachten gibt vor den Schranken der Justiz den Ausschlag, nicht die geistlichen Würdenträger werden von der weltlichen Macht um Rat gefragt, sondern die diplo-

mierten wissenschaftlichen Sachverständigen als die zeitgemäßen Auguren.

3. Wissenschaft hat unser *Weltbild umgestaltet*, sie hat an die Stelle der frühgriechischen Vorstellung von einer auf dem Wasser schwimmenden Erdscheibe mit einer durchlöcherten schwarzen Käseglocke darüber und dem Himmelsfeuer dahinter unsere heutige Kosmosvorstellung treten lassen, hat die biblische Genesis zur Evolution umgeformt und hat unsere Vorstellungen des Verhältnisses von Leib und Seele geprägt.

4. Wissenschaft ruft damit aber statt der *Hoffnungen*, die seit der Aufklärung in sie gesetzt wurden, auch die uns vertrauten *Ängste und Sorgen* vor tatsächlichen, möglichen und vermeintlichen Schäden hervor – bis hin zur Sorge vor einer Selbstvernichtung der Menschheit durch die Zerstörung der Lebensbedingungen des Menschen.

So ist die Frage mehr als drängend: Was ist das – Wissenschaft?

Stellt man die Frage einem einzelnen Wissenschaftler, wird es einem ähnlich ergehen wie Sokrates. Als dieser erfahren wollte, was die *areté*, die Tüchtigkeit, sei, und dazu auf dem Marktplatz Athens einen Schuster fragte, der für seine guten Schuhe bekannt war, erhielt er zur Antwort, ein Tüchtiger sei zum Beispiel ein Schuhmacher, dessen Schuhe nicht drücken. Sokrates erwiderte darauf, er wolle nicht wissen, was die Tüchtigkeit des Schuhmachers, sondern was Tüchtigkeit überhaupt sei. Ähnlich wollen wir nicht wissen, was das Besondere der Einzelwissenschaft ausmacht, sondern was Wissenschaft überhaupt ist, obgleich viele Antworten, die in der Wissenschaftstheorie der letzten Jahrzehnte gegeben wurden, sich an der Physik orientieren und sie zum Musterbild der Wissenschaftlichkeit schlechthin erheben. Im 17. Jahrhundert galten dagegen Geometrie und Mathematik als Vorbild; die Antwort wird also danach trachten müssen, einseitige Orientierungen zu vermeiden und einen allgemeineren Standort zu gewinnen.

Nun wäre es utopisch anzunehmen, das komplexe Phänomen ›Wissenschaft‹ ließe sich in einer einzigen Gestalt und Sichtweise begreifen. Vielmehr wird man eine Reihe von Teilfragen unterscheiden müssen, die wiederum in so charakteristischer Weise differieren, daß es sinnvoll ist, ihnen terminologisch geschiedene Disziplinen zuzuordnen:

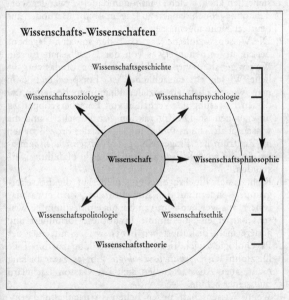

Abb. 1: Wissenschaften, die Wissenschaft zum Gegenstand haben

1. Wenn nach dem historischen Gang einer Wissenschaft gefragt wird, so soll mit den Methoden des Historikers zur Darstellung gebracht werden, wie eine Wissenschaft

sich entwickelt hat: In der *Wissenschaftsgeschichte* wird die Veränderung wissenschaftlicher Theorien untersucht. Dabei spielt es keine Rolle, ob diese Theorien aus heutiger Sicht wahr oder falsch, brauchbar oder unsinnig sind; es kommt allein darauf an, wie deren Entwicklung im Gang der Ideengeschichte beschaffen gewesen ist, und sicherlich auch, welche Methoden dabei verwendet wurden, ohne jedoch danach zu fragen, ob die Methoden aus heutiger Sicht angemessen sind.

2. Die Wissenssoziologie fragt nach den sozialen Gegebenheiten, unter denen etwas von der Gesellschaft für ein Wissen gehalten wird, unabhängig davon, ob das vorgebliche Wissen ein tatsächliches ist. Entsprechend kann man Wissenschaft als soziales Phänomen begreifen, zu dessen Erfassung das Verhalten von Forschergruppen zu untersuchen ist. Die Interaktion von Forschern und die wissenschaftliche Entwicklung als sozialer Prozeß stehen im Zentrum der Fragestellung der *Wissenschaftssoziologie*. In ihr wird Wissenschaft als soziale Handlung verstanden.

3. Richtet sich die Fragestellung nicht auf die Forschergruppe, sondern auf den Einzelforscher, wird etwa analysiert, aus welchen Motiven heraus ein bestimmter Wissenschaftler eine bestimmte Hypothese formuliert und andere nicht diskutiert hat, haben wir es mit einer der Psychologie zugehörigen Problemstellung zu tun. Eine Disziplin *Wissenschaftspsychologie* gibt es zwar bislang nicht, aber Ansätze finden sich bei Gaston Bachelard und seiner Schule.

4. Wenn Wissenschaft unser Leben so nachhaltig beeinflußt, liegt es nahe, den Versuch zu unternehmen, diesen Einfluß zu kanalisieren, also Wissenschaft auf Ziele hin zu orientieren. Es geht dabei nicht um die Wissenschaftspraxis, wie sie in der Wissenschaftssoziologie untersucht wird, sondern um die Setzung von Handlungsnormen im politischen Bereich. Entsprechend heißt die-

ses Gebiet *Wissenschaftspolitologie.* In ihr wird Wissenschaft als Institution gesehen. Da aber die Gesellschaft in ihren wirtschaftlichen Bedingungen von dieser Institution gerade heute in so hohem Maße abhängt, erscheint es wünschenswert, mehr über die Struktur dieses Zusammenhangs zu erfahren, um Wissenschaftsentwicklung unter politischen Vorgaben planbar zu machen. Daß alle diese Versuche bislang gescheitert sind, spricht nicht gegen eine solche Fragestellung.

Das Gemeinsame dieser vier sich mit Wissenschaften befassenden Disziplinen ist, daß sie gar nicht auf Wissenschaft als Wahrerin und Mehrerin unserer Erkenntnis gerichtet sind, sondern auf die jetzige oder vergangene Wissenschafts*praxis.* Alle vier Betrachtungsweisen sind dabei deskriptiv: sie beschreiben vorgefundenes Material, und es kann ihnen nicht darum gehen zu sagen, wie Wissenschaftspraxis eigentlich sein sollte oder in welcher Richtung Wissenschaft als Wissenschaft schwerpunktmäßig betrieben werden sollte, wenn es um *Erkenntnis* geht. Natürlich kommen in der Wissenschaftspolitologie normative Aspekte hinzu, nämlich Handlungsnormen, die aber den Wissenschaften selbst fremd gegenüberstehen und von außen an die Wissenschaften herangetragen werden. All diese Betrachtungsweisen, die auch als *Wissenschaftswissenschaften* (*science of science*) bezeichnet werden, liegen auf einer anderen Ebene als der Gegenstand der Wissenschaftstheorie und der Wissenschaftsethik:

5. Die Verantwortung des einzelnen Wissenschaftlers wird heute oft thematisiert, beispielsweise wenn ihm vorgeworfen wird, er helfe, Kriegsmaterial zu entwickeln, ohne sich darum zu kümmern, was daraus werde. Die Forderung, solche Probleme zu behandeln, geht zwar von gesellschaftlichen Zielsetzungen aus wie die Wissenschaftspolitik, reicht aber insofern weit darüber hinaus, als es nicht um Handlungsmaximen im Einzelfall, sondern um allgemeinverbindliche Grundsätze verantwort-

lichen Handelns im Kontext der Wissenschaften geht. Die Frage, ob ein einzelwissenschaftliches Resultat zum Wohl oder zum Schaden der Menschheit angewendet wird, ist selbst keine Frage der betreffenden Wissenschaft mehr, sondern der Setzung und Begründung von Handlungsnormen im Rahmen der Ethik. Der neue Bereich, der sich hier als eigenständige Disziplin entwickelt hat, ist der der *Wissenschaftsethik*. In ihr wird nach der moralischen Rechtfertigung wissenschaftlichen Handelns vom Experiment über die Theorienbildung bis hin zur Anwendung der Theorien gefragt. Wissenschaftsethik ist also eine durch und durch normative Disziplin.

6. Von allen genannten Sichtweisen auf das Phänomen Wissenschaft unterscheidet sich die *Wissenschaftstheorie*. Sie fragt nach Wissenschaft als *Erkenntnis*. Insofern ist Wissenschaftstheorie eine spezielle Erkenntnistheorie, denn wenn unter ›Erkenntnis‹ eine *als wahr nachgewiesene Aussage* verstanden wird, muß sich Wissenschaftstheorie wie die Erkenntnistheorie mit dem Problem auseinandersetzen, worin ein Wahrheitsnachweis oder eine Begründung – nun bezogen auf Wissenschaftsaussagen – besteht. Als eine Metatheorie aller Wissenschaften untersucht Wissenschaftstheorie auch nicht die Methoden bestimmter Einzelwissenschaften, sondern fragt ganz allgemein, was die Bedingungen der Möglichkeit wissenschaftlicher Erkenntnis sind.

Wissenschaftstheorie ist damit ein Teil der Erkenntnistheorie, ein Teil allerdings, der von vornherein voraussetzt, daß Erkenntnis in gewisser Form (gegebenenfalls mit Einschränkungen) möglich und anwendbar ist. Bei der Analyse dieser Erkenntnisbedingungen werden wir jedoch sehen, daß auch Sichtweisen der eben skizzierten wissenschaftshistorischen, wissenschaftssoziologischen, wissenschaftspolitischen und – zumindest am Rande – auch wissenschaftspsychologischen Sichtweisen in die wissenschaftstheoretische Analyse Eingang finden.

Einleitung 17

Etwas unpassend ist der englische Ausdruck für Wissenschaftstheorie – er lautet *philosophy of science*. Tatsächlich hat sich die Philosophie der Wissenschaften lange Zeit in Wissenschafts*theorie* erschöpft, obgleich es gerade in Deutschland eine alte Tradition gibt, die weit über die Wissenschaftstheorie hinausgeht:

7. Auf *Wissenschaftsphilosophie* oder vielleicht sogar *Wissenschaftsmetaphysik* zielte im 19. Jahrhundert die *Wissenschaftslehre* Fichtes wie die Bolzanos im Sinne einer alles umfassenden Theorie systematischen Wissens. Auch wenn wir heute bescheidener geworden sind, bleibt doch die Frage bestehen, wie sich Wissenschaft zu dem verhält, was – als Weltanschauung des einzelnen oder als Weltsicht einer Kultur – in seiner theoretischen Gestalt Metaphysik ist. Verzichtet man auch hier auf den alten Anspruch der Metaphysik, in einer philosophia perennis ewige Wahrheiten zu formulieren, und versteht man statt dessen unter Metaphysik einen Ordnungsvorschlag für den Zusammenhang von Mensch, Gesellschaft und Welt, so wird Wissenschaftsphilosophie oder Wissenschaftsmetaphysik darin eine bedeutende Rolle zu spielen haben. Doch verlangt gerade eine solche revidierbare und kritisierbare Metaphysik, die Verbindung zu den Wissenschaften und vor allem zu den Wissenschaftswissenschaften nicht zu kappen, sondern deren Resultate für sich fruchtbar zu machen.

Wissenschaftsphilosophie setzt deshalb Wissenschaftstheorie voraus. Doch Wissenschaftstheorie wird aus einem weiteren Grund im folgenden zunächst im Vordergrund stehen müssen; denn zentral und deshalb zwingender Ausgangspunkt für jedes Nachdenken über Wissenschaft ist doch der Anspruch, daß wissenschaftliche Aussagen eine *Erkenntnis* beinhalten und *wahr* sind. Beginnen wir also mit diesem Wesensmerkmal und fragen uns, worauf sich der Anspruch der Wissenschaft gründet, wahre Aussagen zu formulieren.

18   Einleitung

2. Wissenschaft als System wahrer Aussagen

Ein Fischer besitzt ein Netz von fünf Zentimeter Maschenweite und geht damit auf Fang.[1] Zurückgekehrt mißt er die
Länge der Fische, die ihm ins Netz gegangen sind, und findet, daß alle länger als fünf Zentimeter sind. Er stellt deshalb das Naturgesetz auf:

Es gibt keine Fische, die kleiner als fünf Zentimeter sind.

– und seine späteren Fänge bestätigen sein Gesetz aufs beste. Drei charakteristische Standpunkte kann man dem Fischer und seinem Gesetz gegenüber einnehmen. Der erste
ist ein ganz lapidares »Was kümmert's mich, ich mag sowieso keinen Fisch«. Der zweite sieht etwa so aus: »Wie groß-
artig ist doch die Natur eingerichtet, denn welche Mühe
hätten Hausfrauen und Hausmänner mit Fischen, die kleiner als fünf Zentimeter wären!« Der dritte Standpunkt
schlägt sich nieder in einer Frage, nämlich: »Womit hat der
Fischer seine Fische gefangen?« – oder auch: »Wie hat der
Fischer sein Gesetz gewonnen?«
Diese drei Standpunkte sind es im wesentlichen, die die
Philosophie gegenüber den Einzelwissenschaften einnehmen kann: Der erste besteht in der schlichten Zurückweisung der Wissenschaften als irrelevant, weil dort die
dem Philosophen wichtigen Probleme gar nicht zur Sprache kommen. Diese Auffassung vertritt beispielsweise Martin Heidegger, wenn er für die Philosophie einen von allen
anderen Wissenschaften geschiedenen Wissenschaftsbegriff
postuliert, denn die Möglichkeit des Bezugs auf andere
Wissenschaft ist damit abgeschnitten: »Die Frage nach dem
Wesen der Wahrheit kümmert sich nicht darum, ob die

---

1 Das Beispiel vom »Fischkundigen« stammt von Arthur Eddington: *The Philosophy of Physical Science*, Cambridge University Press 1939 (dt.: *Philosophie der Naturwissenschaft*, Wien:
Humboldt [1949], Slg. Die Universität 6, S. 28).

Einleitung 19

Wahrheit jeweils eine Wahrheit der praktischen Lebenser-
fahrung oder [...] im besonderen eine Wahrheit der wissenschaftlichen Forschung [...] ist«, schreibt er in *Vom Wesen
der Wahrheit*; und in *Was ist Metaphysik?* heißt es: »Die
Metaphysik ist das Grundgeschehen im Dasein. Sie ist das
Dasein selbst. Weil die Metaphysik in diesem abgründigen
Grunde wohnt, [...] erreicht keine Strenge einer Wissenschaft den Ernst der Metaphysik. Die Philosophie kann nie
am Maßstab der Idee der Wissenschaft gemessen werden.«[2]
– Der zweite Standpunkt knüpft an Ergebnisse der Wissenschaften an und extrapoliert sie in philosophische Bereiche.
Hierher gehört etwa der Versuch des Atomphysikers Pascual Jordan, die menschliche Freiheit auf den Indeterminis-
mus der Quantenphysik zu gründen. Zunächst formuliert
er auf der Grundlage des Bohrschen Komplementaritäts-
prinzips von Welle und Korpuskel vorsichtig, dieses er-
mögliche es, »eine tiefgreifende naturwissenschaftliche Erfassung der Lebensvorgänge zu vereinbaren mit der Überzeugung, daß das Charakteristische des Lebendigen gerade
in seiner Fähigkeit liegt, sich der festlegenden Objektivierung seiner inneren Zustände zu entziehen«; später aber, in
einer Anwendung auf den Begriff der Verdrängung in der
Freudschen Psychoanalyse, schreibt er, dies nötige »zu einem neuen und letzten Schritt: Verdrängung als Beispiel
von Komplementarität erkennend, müssen wir die menschliche Willensfreiheit als beweisbare und bewiesene Tatsache
betrachten«.[3] Diese Haltung hat mit der ersten gemein, daß
die philosophische Konzeption im Grunde vorgegeben ist;
nur wird sie hier – weitgehend nachträglich – durch einzel-

2 Martin Heidegger: *Vom Wesen der Wahrheit*, Frankfurt a. M.:
  Klostermann [2]1949, S. 5; ders.: *Was ist Metaphysik?*, Frankfurt
  a. M.: Klostermann [6]1951, S. 38.
3 Pascual Jordan: *Die Physik des 20. Jahrhunderts*, Braunschweig:
  Vieweg [5]1943, S. 127; ders., *Der Naturwissenschaftler vor der reli-
  giösen Frage*, Oldenburg: Stalling [6]1972, S. 348.

wissenschaftliche Resultate gestützt, wobei weder ein Kriterium für die unter ihnen getroffene Auswahl angegeben noch gar nach deren Voraussetzungen gefragt wird. – Während der erste Standpunkt vollkommen getrennt von den Wissenschaften und der zweite gewissermaßen über ihnen angesiedelt ist, kann man die dritte Einstellung der Philosophie dadurch kennzeichnen, daß die Wissenschaften sozusagen von unten angegangen werden, indem nach ihren Grundlagen und Voraussetzungen – kantisch formuliert: nach den Bedingungen ihrer Möglichkeit – gefragt wird. Diesen Standpunkt nimmt die Wissenschaftstheorie ein.

Wissenschaftstheorie ist eine recht junge Disziplin; der deutsche Begriff erhielt seine heutige Bedeutung durch Rückübersetzung des anglo-amerikanischen *philosophy of science*. Zu einem eigenständigen Bereich der Philosophie ist sie erst in den sechziger Jahren des 20. Jahrhunderts geworden, obwohl die Frage selbst von Aristoteles bis in die Neuzeit nie zur Ruhe gekommen ist und im 19. Jahrhundert durch die Spanne oder Kluft zwischen Fichtes metaphysisch-spekulativer *Wissenschaftslehre* mit der Entwicklung der dialektischen Methode einerseits und Bolzanos gleichnamigem, stark logisch-analytischem Werk von 1837 andererseits recht deutlich schon zu finden ist, wobei sich beide Werke mühelos auf Platons dialogisch-dialektischen Ansatz einerseits und Aristoteles' *Organon* andererseits zurückbeziehen ließen, denn die Problematik der Wissenschaftstheorie ist so alt wie die Wissenschaften selbst. Gewichtiger jedoch ist die Frage, warum erst im letzten Jahrhundert aus einer solchen Problemkonstellation eine eigene Disziplin entstanden ist. Dies scheint eine Folge der Frage zu sein, wozu wir überhaupt Wissenschaft treiben. Sie entstammt keiner der oben genannten Teildisziplinen zur Wissenschaftsforschung, denn in ihnen wird Wissenschaft im Grundsatz anerkannt, gleich, ob sie kritisch-emanzipatorisch, dialektisch, kritisch-rationalistisch oder sonstwie betrieben wird, ob sie als soziales Phänomen, als geschichtliche, psychische oder politische Gegebenheit gesehen wird. Die Frage aber ist berechtigt, nicht nur, weil Wissenschaft heute viel Geld verschlingt, sondern weil sie als eine existentielle Frage gesehen wird. So ist es das *Legitimationsproblem von Wissenschaft*, das uns heute in ganz anderer Weise als in früheren Jahrhunderten zwingt, über den Status von Wissenschaft nachzudenken und damit in die Wissenschaftsphilosophie überzugehen. Im 18. und 19. Jahrhundert bestand dieses Problem nicht, denn Wissenschaftsfortschritt erschien eo ipso als Menschheitsfortschritt, weil, so der Grundgedanke, jedes bessere Wissen über die Folgen unseres Handelns uns solche Handlungen vermeiden läßt, die zu einem Ende führen, das wir nicht wollen können. Zwei Weltkriege haben diese optimistische Illusion gründlich zerstört, denn statt eines Wachstums der Moralität in Gestalt eines moralischen Fortschrittes, wie ihn das 19. Jahrhundert mit dem Wissenschaftsfortschritt verbunden sah, stehen wir heute vor den erschütterndsten und lebensbedrohendsten Folgen wissenschaftlicher Forschung und verwissenschaftlichter Technik; Beispiele sind überflüssig. Die Frage nach einer Bestimmung von Wissenschaft ist also kein Problem, das einer distanziert-zurückhaltenden, auf bloße Erkenntnisklärung ausgerichteten Analyse entspringt, sondern aus einem existentiellen Bedürfnis der Gegenwart erwächst.

Doch was ist Wissenschaft? Kant definiert auf der ersten Seite der Vorrede seiner *Metaphysischen Anfangsgründe der Naturwissenschaft*:

> »Eine jede Lehre, wenn sie ein System, d. i. ein nach Prinzipien geordnetes Ganzes der Erkenntnis sein soll, heißt Wissenschaft«.

Diese Definition ist sehr aufschlußreich, enthält sie doch wesentliche Elemente dessen, was wir mit Wissenschaft verbinden: Erstens und vor allem geht es um *Erkenntnis*; und im Begriff der Erkenntnis ist bereits enthalten, daß die

Aussagen einer Wissenschaft *begründet* sein müssen, weil eine Erkenntnis eine als wahr nachgewiesene Aussage ist. Zweitens stellt Kants Definition fest, daß es nicht mit einzelnen Aussagen getan ist, so gut begründet sie sein mögen, sondern daß diese Aussagen ein *System* bilden müssen; Wissenschaft wird also verstanden als das Resultat eines wie auch immer gearteten methodischen Verfahrens, das zu einem Zusammenhang der Aussagen untereinander führt. Ein drittes Element der Definition besteht darin, daß dieses System eine *argumentative Struktur* haben muß; eben dies ist mit der These Kants gemeint, es müsse sich um ein »nach Prinzipien geordnetes Ganzes« der Erkenntnis handeln. Wissenschaft, so verstanden, ist Ausdruck eines Begründungsanspruchs, eines Rationalitätsanspruchs, der begann, als griechische Denker auf den lebenspraktisch gänzlich überflüssigen Gedanken kamen, den aus Feldvermessungen wohlbekannten Satz des Pythagoras zu *beweisen*! Wissenschaft, wo immer und wie immer sie betrieben wird, zielt also ab auf Aussagensysteme oder Theorien, die *begründet* sind.

Die Gefahr einer Definition ist nun, daß man, wenn man von ihr ausgeht, Bereiche ausblendet, die eigentlich mit unter den Begriff fallen sollten, und durch die willkürliche Grenzziehung Elemente einbezieht, die möglicherweise nach allgemeinem Verständnis nicht unter den fraglichen Begriff fallen sollten. Um dies zu vermeiden, hat Rudolf Carnap eine Methode entwickelt, die den Namen *Begriffsexplikation* trägt; auf sie wird als Grundmethode der analytischen Philosophie noch einzugehen sein. Unter Anwendung dieser Methode, die sich bemüht, einen unscharfen, dem Sprachgebrauch innewohnenden Begriff herauszuschälen und in geeigneter Weise zu präzisieren, hat Rudolf Wohlgenannt den Begriff ›Wissenschaft‹ in einer umfangreichen Untersuchung nach fast 200 Seiten folgendermaßen präzisiert:

Einleitung   23

»Unter ›Wissenschaft‹ verstehen wir einen widerspruchsfreien Zusammenhang von Satzfunktionen (Aussageformen) oder geschlossenen Satzformeln (Aussagen), die
einer bestimmten Reihe von Satzbildungsregeln entsprechen und den Satztransformationsregeln (logischen Ableitungsregeln) genügen, oder aber wir verstehen darunter
einen widerspruchsfreien Beschreibungs- und Klassifika-
tions- und/oder Begründungs- oder Ableitungszusam-
menhang von teils generellen, teils singulären, zumindest
indirekt intersubjektiv prüfbaren, faktischen Aussagen,
die einer bestimmten Reihe von Satzbildungsregeln entsprechen und den Satztransformationsregeln (logischen
Ableitungsregeln) genügen.«[4]

Nun mag man einwenden, Kant habe das, was Wohlgenannt so kompliziert darstellt, von Anbeginn gesehen; aber
hierum geht es jetzt nicht. Auch der Inhalt der Definition
bzw. der Explikation – über welch letztere man geteilter
Meinung sein kann – ist im Augenblick unerheblich; maß-
geblich für die folgenden Überlegungen ist allein der methodische Ansatz. Während nämlich der Einstieg mit einer
Definition eine Vorentscheidung trifft, die nicht weiter in
Frage gestellt werden kann und die demzufolge das Resultat – man denke an das Fischernetz – im Sinne eines Be-
gründungszirkels vorwegnimmt, wird bei der Explikation
erstens ein vorgängiger Dogmatismus vermieden, zweitens
wird mit der Explikation zwar eine Festsetzung getroffen,
aber im Gegensatz zur Definition bleibt deren Überholbar-
keit stets sichergestellt: Das Explikat kann, wenn es sich als
erforderlich erweist, revidiert werden. Die Revision ist dabei, wie sich zeigen wird, selbst nicht voraussetzungslos,
allerdings ist auch sie immer wieder kritisierbar und revidierbar. Dennoch zeigt gerade die Wohlgenanntsche Explikation, daß uns die Kantische Definition eine als Ausgangs-

4 Rudolf Wohlgenannt: *Was ist Wissenschaft?*, Braunschweig: Vieweg 1969, S. 197.

punkt brauchbare, unser gemeinsames Verständnis von Wissenschaften leitende Sicht vermittelt, die einen ersten Zugang erlaubt, so sehr eine Ergänzung und Entfaltung nötig sein wird.

3. *Der Gang der Überlegungen*

Eigentlich müßte den Anfang einer wissenschaftlichen Untersuchung, insbesondere einer über die Wissenschaft selbst, eine Begründungs- und Methodenreflexion bilden; aber diese wäre kaum verständlich, weil sie voraussetzt, was im folgenden an Material erst ausgebreitet werden soll. Die Rechtfertigung wird sich also erst vom Ende her und nach dem Durchgang durch die Probleme ergeben müssen, nämlich im Ausblick auf den Horizont der weit über die Wissenschaftstheorie hinausgehenden Wissenschaftsphilosophie. Das Ziel ist es, einige der grundlegenden Fragen und Standpunkte der Wissenschaftstheorie vorzuführen. Zu den häufigsten Standpunkten, die heute eingenommen werden, zählen der analytische, der konstruktivistische, der hermeneutische und der dialektische Standpunkt.

– Der *analytische Standpunkt* geht aus von der *logisch-begrifflichen Analyse* der Wissenschaften als Aussageformen.
– Der *konstruktivistische Standpunkt* sieht Wissenschaften als *Konstruktionen* auf der Grundlage vernünftigen Handelns.
– Der *hermeneutische Standpunkt* zielt auf ein methodisches Erfassen des *Verstehens* in den Wissenschaften *im historischen Horizont.*
– Der *dialektische Standpunkt* bemüht sich um ein Erfassen des *Erkenntnis- und Wissensprozesses,* der den Wissenschaften zugrunde liegt, wobei auch die Veränderung des Gegenstandsbereiches der Wissenschaften als dialektischer Prozeß verstanden wird.

Der erste dieser Standpunkte ist sehr weit ausgebildet worden. Er ist, was seine Resultate anlangt, auch der neutralste, denn nicht die Ergebnisse der analytischen Philosophie werden von den anderen Positionen bestritten; ihr wird vielmehr vorgeworfen, zu früh mit dem Fragen aufzuhören und beispielsweise nur das Erklären zu analysieren, nicht das Verstehen, und die Dialektik vollkommen zu ignorieren. – Der zweite Standpunkt ist der der Erlanger Schule; er wurde in den siebziger Jahren ausgebaut, doch nur im Bereich der Logik und Mathematik ist er wirklich erfolgreich gewesen. Seine Bedeutung steht also hinter den anderen Standpunkten zurück, deshalb wird er auf dem Wege an geeigneter Stelle seinen Platz finden. – Der hermeneutische Ansatz ist in den Geisteswissenschaften entwickelt worden und wirft vor allem dem analytischen Ansatz vor, Geisteswissenschaften über den Leisten der Naturwissenschaften schlagen zu wollen. Angesichts der langen Tradition der hermeneutischen Fragestellung und angesichts seiner methodischen Angemessenheit für historische Phänomene wird er im folgenden dort zum Tragen kommen, wo es um die Verbindung von Wissenschaftstheorie mit Wissenschaftsgeschichte geht. – Der dialektische Ansatz hat den Nachteil, daß es ebenso viele Dialektikbegriffe wie Dialektiker gibt und eine einheitliche ausgebildete Methode fehlt, ja, daß sie nach Meinung mancher Dialektiker auch unmöglich ist. Dennoch scheint er in einer gewissen Deutung geeignet zu sein, die voraufgegangenen Standpunkte zu integrieren, vor allem, weil sich an ihn eine evolutionäre Sicht anschließen läßt, die als Ausblick auf die Wissenschaftsphilosophie am Ende stehen soll.

Da nun jeder Ansatz beansprucht, den vorhergehenden zu umfassen, soll mit dem analytischen begonnen werden, um dann über die Wissenschaftsgeschichte zum hermeneutischen und zum dialektischen Standpunkt zu gelangen. Dabei soll auf dem Wege ein verbindendes Modell vorgeschlagen werden, das es abschließend ermöglicht, den Ort der Wissenschaftsphilosophie zu markieren.

A
Der analytische Ansatz

I. Grundbegriffe

Wissenschaften hatte Kant als Systeme von Erkenntnissen gekennzeichnet. Tatsächlich ist das wissenschaftliche Wissen als Erkenntnis stets in *Aussagen* präsent – beispielsweise in Lehrbüchern, wissenschaftlichen Abhandlungen oder Vorträgen. Und da die Wissenschaften Erkenntnisse vermitteln, darstellen oder gewinnen sollen, da weiter Erkenntnisse als wahr oder wahrscheinlich nachgewiesene Aussagen sind, wäre zunächst zu fragen:

1. Was sind Aussagen?
2. Was sind wahre Aussagen?
3. Worin besteht der Wahrheits- oder Wahrscheinlichkeitsnachweis einer Aussage?

Nun gehören diese Fragen in ihrer Allgemeinheit in die Erkenntnistheorie; sie sollen und können deshalb hier nicht ausführlich diskutiert werden, sondern nur so weit, als Antworten gefunden werden müssen, um zu den besonderen Problemen *wissenschaftlicher Aussagen* vorstoßen zu können. Zuvor jedoch sind noch einige klärende und abgrenzende Bemerkungen notwendig.

Wenn etwas erkannt wird, setzt dies nicht nur einen Erkenntnisgegenstand, das *Objekt* voraus, und eine Darstellung des Erkannten etwa in einer *Aussage*, sondern auch ein erkennendes *Subjekt*. Die Grundproblematik der Erkenntnistheorie besteht darin zu untersuchen, wieso es dem Erkenntnissubjekt überhaupt möglich ist, vom Erkenntnisobjekt, das ja außerhalb von ihm steht, etwas in Erfahrung zu bringen. Von entscheidender Wichtigkeit ist dabei, daß eine naive Abbildtheorie, die davon ausgeht, die Wirklichkeit

28 A Der analytische Ansatz

werde im Denken oder in der Sprache gespiegelt, nicht tragfähig ist, weil es im Subjekt liegende Bedingungen und Grenzen unseres Denkens bzw. Sprechens gibt, die das Erkenntnisobjekt bestimmen. Dieser Anteil des Erkenntnissubjektes wird sich auch in den Gegenständen der Wissenschaften ausmachen lassen, und wir werden ihn herauszuarbeiten haben (besonders deshalb, weil die Wissenschaften sich gern für so objektiv halten, daß sie glauben, vom Erkenntnissubjekt absehen zu können). Dazu bedarf es allerdings einer Reihe von Grundbegriffen, die uns als Werkzeug zur Verfügung stehen müssen.

1. *Die Sprache als Ausgangspunkt*

Wenn wir die Sprache als Ausgangspunkt unserer Untersuchung wählen, so hat dies nicht nur den Vorzug, daß Wissenschaften als sprachlich formulierte Gebilde vorliegen und wir deshalb an dieses Material anknüpfen können, sondern auch einen tiefer liegenden erkenntnistheoretischen Grund. Früher fragte die Erkenntnistheorie nach dem Verhältnis von Erkenntnisgegenstand und Denken. Nun kann man aber des Denkens gar nicht anders als sprachlich vermittelt habhaft werden; und selbst wenn es niedrige Formen sprachlosen Denkens geben mag, ist Abstraktion ohne Sprache nicht vorstellbar. Da Sprache weiter keine Privatangelegenheit ist (eine Privatsprache, die nur ich verstehen und die ich grundsätzlich niemandem mitteilen kann, kann es, wie Ludwig Wittgenstein gezeigt hat, nicht geben), garantiert die Sprache die Möglichkeit der Intersubjektivität, weil sie selbst eine Kommunikationsgemeinschaft voraussetzt.

Nun bestimmt aber die Sprache in gewissem Umfang das, was wir als Wirklichkeit bezeichnen. Dieses Verhältnis von Sprache und Wirklichkeit ist für die Wissenschaften von fundamentaler Bedeutung, weil Wissenschaften ihre Gegenstände sprachlich erfassen und ihre Resultate sprachlich, in Aussagen und Theorien, niederlegen; deshalb muß jetzt schon deutlich werden, welcher Art die Probleme sind, die sich daraus ergeben, daß die wissenschaftliche Wirklichkeit immer auch eine sprachlich gefaßte Wirklichkeit ist.

Die Sprache gehört zu den Verhaltensweisen von Lebewesen, die den Form eines *Ausdrucks* haben. Ausdruck ist an sinnlich wahrnehmbare *Zeichen* gebunden. Nun können Zeichen sehr verschieden sein; wir sprechen etwa von *Anzeichen*, bei denen wir von einer Wirkung auf eine Ursache schließen. Ein Schmerzensschrei ist beispielsweise ein Ausdruckszeichen, aber kein Sprachzeichen. *Sprachzeichen* müssen *willkürlich* und *absichtsvoll* hervorgebracht werden; ferner müssen wir uns des erzeugten Ausdrucks bewußt sein. Damit wird die Verwendung von Sprachzeichen zu einer Handlungsweise, die für den Menschen in herausragender Weise kennzeichnend ist.

Im Hinblick auf die Wissenschaftssprachen ist allein die *Mitteilungsfunktion* der Sprache von Bedeutung. Das, worauf es ankommt, läßt sich am Schema der Abbildung 2 illustrieren.[5]

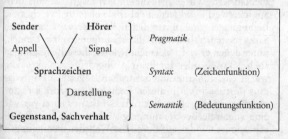

Abb. 2: Syntax, Semantik und Pragmatik: Dimensionen des Zeichengebrauchs

---

[5] Das Schema, das heute in der Linguistik vielfach differenziert wird, geht zurück auf Karl Bühler: »Die Axiomatik der Sprachwissenschaften«, in: *Kant-Studien* 38 (1933), S. 90.

30 A Der analytische Ansatz

Im Rahmen der Erkenntnistheorie und der Wissenschaftstheorie wird praktisch nur die Semantik relevant, weil die
Syntax allein zu wenig leistet, während die Pragmatik in
einer entwickelten Theorie gerade nichts zu suchen hat, weil
eine wissenschaftliche Aussage unabhängig vom jeweiligen
Sprecher und Hörer sein soll. Im Rahmen der Semantik
wieder kommt es vor allem auf die Darstellungsfunktion der
Sprache an, weil eine wissenschaftliche Erkenntnis sicherlich
eine mit einem Wahrheitsanspruch verbundene Darstellung
eines Sachverhaltes ist. Wichtig ist hierbei dreierlei:

1. Die Sprache erlaubt nicht nur wahre, sondern auch falsche Aussagen zu formulieren, die wir trotzdem verstehen. Wir verstehen, was »Es schneit jetzt« heißt, auch
   wenn gerade Sommer ist. Die wahren oder falschen Sätze machen also eine Aussage, haben einen Sinn und bezeichnen einen Sachverhalt, gleichgültig, ob dieser Sachverhalt eine Tatsache ist oder nicht.

2. Die Wirklichkeit ist unendlich komplex, und durch die
   Sprache wird aus ihr etwas herausgegriffen und durch sie
   thematisiert. Wir lernen dieses Herausgreifen mit dem
   Spracherwerb, und lernen dabei gleichzeitig, welches die
   Bedingungen sind, unter denen ein Satz wahr ist. Einen
   Satz verstehen bedeutet, die Bedingungen zu kennen,
   unter denen er wahr ist (nicht jedoch, diese Bedingungen
   auch faktisch oder im Prinzip überprüfen zu können,
   wie es das Sinnkriterium des frühen Logischen Positivismus postulierte). Mit diesen Bedingungen wird aber zugleich das Material strukturiert, so daß es so etwas wie
   eine »neutrale Beobachtung« gar nicht gibt: Jede Beobachtung ist mindestens durch die Wahrheitsbedingungen
   des Satzes vorgeprägt, in der sie ausgedrückt wird.

3. Diese Vorprägung geht jedoch noch weiter; Benjamin
   Lee Whorf hat mit eindrucksvollen Beispielen darauf
   aufmerksam gemacht, daß unsere Vorstellungen von der
   Wirklichkeit durch die Sprache, durch ihren Wortschatz
   und ihre Begrifflichkeit ebenso wie durch ihre Struktur

I. Grundbegriffe 31

geprägt sind:[6] So berichtet er von einer Anlage zum
Trocknen von Häuten. Diese waren in einem Raum auf-
gehängt, der auf der einen Seite eine Öffnung mit einem
Gebläse besaß, auf der anderen eine Öffnung, um die
Trockenluft abziehen zu lassen. Durch Funkenflug am
Kollektor des Gebläses war ein Brand entstanden, der
die Trockenanlage in Schutt und Asche gelegt hatte. Der
Brand hätte vermieden werden können, wenn man den
Ventilator an der Auslaßstelle eingebaut hätte, was aero-
dynamisch hinsichtlich der Trocknung denselben Effekt
gehabt hätte, während die Funken nach außen geflogen
wären, ohne Schaden anzurichten. Daß dies jedoch nicht
geschah, lag an der Bezeichnung »Gebläse« (*blower*), so
daß die Wortwahl einen Gebrauch festzulegen scheint,
der einen Einbau als »Gesauge« ausschließt: Hier bestimmt ein Wort die Bedeutung eines Begriffes und eine
ganze Handlungsweise. – Viel tiefer dringt ein anderes
Beispiel Whorfs. Er benennt Indianersprachen, in denen
nicht, wie in indogermanischen Sprachen, Substantiva
und Verba vorkommen, sondern wo alles in einer Verb-
form ausgedrückt wird. Nun bringen Verben eine Tätigkeit oder Dynamik zum Ausdruck, und dies hat zur Folge, daß die ganze Welt anders gesehen wird: Während
die indogermanischen Sprachen wegen der Dominanz
der Substantiva den Eindruck einer Welt der Gegenstände vermitteln, die Eigenschaften haben, besteht diese In-
dianersprachenwelt wesentlich aus dynamischen Prozessen. Die Sprache kann also die ganze Ontologie, ja, die
Weltsicht bestimmen!
Wir werden uns zu fragen haben, ob und wieweit solche
Besonderheiten, die sprachlicher Art sind, auch in den Wissenschaftssprachen eine Rolle spielen.

6 Benjamin Lee Whorf: *Language, Thought, and Reality*, Cambridge, Mass.: MIT Press 1956 (dt.: *Sprache, Denken, Wirklichkeit*, Reinbek: Rowohlt 1963).

2. *A priori / a posteriori*

In den Wissenschaften treten uns Aussagen verschiedensten
Typs entgegen, die wir begrifflich müssen differenzieren
können. Einer der wichtigsten Unterschiede ist der nach
der Art ihrer Erkenntnis, nämlich (1) die *Erkenntnis aus
Erfahrung* und (2) die *von der Erfahrung unabhängige Erkenntnis*, die allein mit den Mitteln der Vernunft begründet
werden kann: Erstere ist die Erkenntnis *a posteriori*, letzt-
re die Erkenntnis *a priori*. Ein Beispiel für den ersten Fall
ist: »Dieses Papier ist bedruckt.« Ein Beispiel für den zweiten Fall ist: »2 + 2 = 4«. Die Unterscheidung hat nichts damit zu tun, daß wir das Addieren etwa in der Schule und
unter Zuhilfenahme unserer Finger lernen, daß also dem
»2 + 2 = 4« ein Anstoß in der Erfahrung vorausgegangen
sein muß, sondern vielmehr mit dem Faktum, daß wir
»2 + 2 = 4« ohne Rückgriff auf die Erfahrung beweisen, ve-
rifizieren, während wir dies hinsichtlich des Bedrucktseins
oder Unbedrucktseins eines Papiers beim besten Willen
nicht vermögen: Wir müssen hinsehen, um herauszube-
kommen, ob ein Papier bedruckt ist oder nicht.

Nun enthält jede Wissenschaft Aussagen a priori, Aussagen
nämlich, deren Gültigkeit ohne Erfahrungskontrolle vorausgesetzt wird. Sie treten dort vor allem als *Konventionen*
auf, d. h. als (willkürliche) Festsetzungen, ebenso als *Grundprinzipien*, und damit sind beide der Nachprüfung entzogen; dasselbe gilt für *Definitionen*. Da diese Aprioris auf-
hebbar sind, spricht man bei ihnen von einem *relativen
Apriori*. Von besonderem wissenschaftstheoretischen Interesse ist dabei, ob ein apriorischer Anteil der Wissenschaft
überhaupt als solcher erkannt ist und, wenn ja, ob etwa ein
relatives, also revidierbares Apriori für absolut gehalten
wurde – etwa, wenn die Axiome der Newtonschen Mechanik als die einzig möglichen angesehen wurden und damit
eine bestimmte Betrachtungsweise als allein mögliche und
deshalb den Erkenntnisobjekten zukommende aufgefaßt

I. Grundbegriffe   33

wird, und zwar aus Vernunftgründen, nicht aus Erfahrung.
Darüber hinaus werden wir zu fragen haben, welchen Status die a-priori-Aussagen der Mathematik in einer erfahrungswissenschaftlichen Theorie besitzen.

3. *Deskriptiv/normativ und der naturalistische Fehlschluß*

Aussagen, die angeben, daß etwas so und so *ist*, heißen *deskriptiv* oder faktisch; solche, die angeben, daß etwas *sein soll* oder allgemeiner, so und so zu bewerten ist, heißen *normativ* (oder präskriptiv). Diese Unterscheidung ist problematisch und in der Umgangssprache häufig schwer zu treffen, weil wir deskriptive und normative Elemente miteinander mischen. So ist ein Mord ein »Totschlag aus niederen Motiven«, wie die rechtliche Definition lautet: Hierbei bezeichnet ›Totschlag‹ eine Sachverhaltsbeschreibung, nämlich daß ein Mensch einen anderen Menschen durch Gewalteinwirkung vom Leben zum Tode gebracht hat; die ›niederen Motive‹ sind hingegen eine Mischung von deskriptiven und normativen Elementen, weil der Begriff ›Motiv‹ einen inneren Zustand, nämlich eine Intention eines Handelnden beschreibt, also deskriptiver Natur ist, während die Bezeichnung einer Intention oder eines Motivs als ›nieder‹ den wertenden Bestandteil ausmacht, bedeutet sie doch, daß dieses Motiv oder diese Intention verabscheuungswürdig ist. Selten aber machen wir uns diese Mischung normativer und deskriptiver Elemente klar; so fließt in die Beschreibung eines Elendsviertels ein, dort zu wohnen sei menschenunwürdig, obwohl dies eine Bewertung dessen ist, was wir beschreiben – beispielsweise ein löchriges Dach, ein zerbrochenes Fenster, Kot und Harn in der Gosse und herumhuschende Ratten. – In den Wissenschaften werden wir diese Art Vermischung so nicht finden, wohl aber, wenn von einem »eleganten Beweis«, einer

»zuverlässigen Methode«, einer »exakten Messung« oder einer »zweckmäßigen Funktion eines Organs« gesprochen wird. Vielfach zeigen sich hier Festsetzungen im Sinne eines relativen Apriori, die einen normativen Faktor für die betreffende Wissenschaft darstellen – bis hin zur logischen Strukturierung oder der Befolgung eines Ideals der Mathematisierung.

Die erwähnten Beispiele machen auf einen wichtigen Unterschied aufmerksam. Das sogenannte normative Fundament der Wissenschaft stellt, wenn es sich nicht explizit um Soll-Sätze handelt, eine Normierung der Sprechweise über Fakten wie Normen einschließlich der Handlungsanweisungen etwa bei Experimenten dar – aber damit werden die *Inhalte* der betreffenden Aussagen und die Resultate einer Messung nicht normativ: Die Bewertung einer Messung als »exakt« beläßt dem Meßwert den Charakter einer Deskription.

Obgleich der Unterschied deskriptiv/normativ sprachsystemabhängig sein mag (weil letztlich Normierungen des Sprechens auch für die Umgangssprache erforderlich sind), ist es nicht möglich, von deskriptiven auf normative Aussagen zu schließen, obwohl dies im sogenannten *naturalistischen Fehlschluß* sehr häufig vorkommt. Er heißt ›naturalistisch‹, weil man in ihm ein Prädikat wie ›gut‹ auf die selbe Ebene stellt wie Eigenschaftsprädikate vom Typ ›groß‹, ›blau‹, ›spitz‹ etc., um irgend etwas nicht nur mit solchen, die Fakten beschreibenden Prädikaten, sondern gleichermaßen als ›gut‹ ›beschreiben‹ zu können – aber eben um eine Beschreibung handelt es sich keineswegs, sondern um eine Bewertung!

Zur Verdeutlichung sei ein Beispiel herangezogen, das aus der Ästhetik stammt, aber unmittelbar auch auf unseren Fall übertragbar ist:

a) Stellen Sie sich ein Bild A vor, das einem Bild B völlig gleicht, bis auf die Eigenschaft, daß an einer Stelle des Bildes A eine Fläche rot, auf dem Bild B dagegen blau

I. Grundbegriffe 35

gemalt sei, beispielsweise eine rote bzw. eine blaue Haustür. Wir haben keine Schwierigkeiten, uns derlei vorzustellen, denn es handelt sich um gleichgestellte Prädikate, die auf einer Ebene mit den übrigen Beobachtungsprädikaten liegen.

b) Stellen Sie sich ein Bild A vor, das einem Bild B völlig gleicht, bis auf die Eigenschaft, daß das Bild A gut, das Bild B hingegen nicht gut ist, – etwas, was völlig absurd ist. ›Gut‹ ist keine naturalistische Eigenschaft, sondern ein Prädikat, das auf einer ganz anderen Ebene liegt wie die deskriptiven Eigenschaften. Man kann deshalb den Begriff ›gut‹ auch nicht durch Beobachtungsprädikate definieren.

Nun scheint es andererseits, als ließen sich die wertenden Prädikate durch Beobachtungsprädikate definieren. So könnten wir sagen, eine Behausung sei ›menschenunwürdig‹, wenn das Dach ein Loch habe, Fenster zerbrochen seien, Ratten herumliefen und davor Kot und Urin in der Gosse flössen. Oder man könnte sagen, ein Bild sei ›gut‹, wenn es den Gesetzen des goldenen Schnitts folge. Solche Kriterien erwecken den Eindruck, es gelinge sehr wohl, normative Prädikate durch deskriptive Prädikate zu bestimmen; doch der Schein trügt. Wenn ich nämlich danach frage, ob eine dieser Definitionen zutreffend sei, zeigt sich, daß ich zusätzlich zu den Faktenaussagen, die sich auf die deskriptiven Eigenschaften stützen, einen *Wertmaßstab* haben muß; dann erst, nämlich im Lichte des Wertmaßstabes, wird eine Zuschreibung möglich.

Beispiele für den naturalistischen Fehlschluß lassen sich auch in den Wissenschaften finden. So entwickelt Jacques Monod in seinem Buch *Zufall und Notwendigkeit* den Gedanken, aufgrund der Molekularbiologie ergäben sich Instinktmängel des Menschen, die durch eine Sozialethik zu bewältigen seien. Solche Argumentationen sind vergleichsweise häufig; so finden wir in der Soziologie die Beschreibung einer gesellschaftlichen Lage, aus der dann auf die

Notwendigkeit geschlossen wird, eine Veränderung zu bewirken. Beides aber ist als Schluß unzulässig, denn aus der Molekularbiologie kann in keiner Weise eine Sozialethik, aus der Beschreibung einer gesellschaftlichen Lage in keiner Weise die Notwendigkeit einer Veränderung folgen; vielmehr wird im ersten Fall vorausgesetzt, daß das Fehlen von Instinkten ein ›Mangel‹ sei (was ja selbst eine Bewertung ist), der wiederum angesichts der normativen Forderung, Menschen sollten nach ethischen Prinzipien zusammenleben, einen Ersatz der Mängel durch sozialethische Regeln nach sich zieht. Die normative Komponente entstammt also einer wertenden Vorgabe, nicht aber der Tatsachenbeschreibung auf der Ebene der Molekularbiologie. Dasselbe gilt natürlich auch für das Beispiel aus der Soziologie; denn nur wenn die beschriebene gesellschaftliche Lage zugleich negativ *bewertet* wird, ergibt sich die Forderung nach einer Veränderung aufgrund dieser Wertung.

Was hier am Beispiel des Begriffes ›gut‹ vorgeführt wurde, gilt für alle wertenden Prädikate, so daß man jeweils einen Bereich der Faktenaussagen von einem Bereich normativer Aussagen zu trennen haben wird. Einer der in den Wissenschaften üblichen Unterteilungsgesichtspunkte geht gerade hiervon aus, wenn Naturwissenschaften, empirische Sozialwissenschaften und empirische Sprachwissenschaften als deskriptive Wissenschaften verstanden werden, dagegen beispielsweise die Rechtswissenschaft oder die Ethik als normative Wissenschaften. Fraglos gibt es auch Wissenschaften, in denen beide Elemente gemischt vorkommen, so die Geschichtswissenschaften, die Literaturwissenschaften, die Pädagogik, die Philosophie und die Wissenschaftstheorie. Dies aber enthebt uns nicht der Aufgabe, jeweils zu klären, ob ein Prädikat oder eine Aussage deskriptiver oder präskriptiver Natur ist.

I. Grundbegriffe 37

4. *Die Explikation*

Eine große Schwierigkeit besteht darin, daß wichtige Begriffe der Wissenschaften wie ›Erklärung‹, ›Beobachtung‹, ›Naturgesetz‹, ›Gesellschaft‹, ›Epoche‹ und andere in ihrer Bedeutung keineswegs fest vorgegeben sind, sondern vergleichsweise unscharf verwendet werden. Solange aber solch zentrale Begriffe verwaschen und unscharf gebraucht werden, obwohl sie doch von größter Wichtigkeit sind, läßt sich mit ihnen für wissenschaftstheoretische Untersuchungen wenig anfangen. Andererseits kann man sie nicht einfach definitorisch festlegen, getreu dem Motto, Definitionen seien beliebig; denn es muß gewährleistet sein, daß die Definition mit dem eingeführten wissenschaftlichen Gebrauch des fraglichen Begriffes konform geht. Bleibt aber die Definition dem Umgangssprachlichen verhaftet, ist die Gefahr groß, daß der unscharfe umgangssprachliche Begriffshorizont ebenfalls herangezogen wird. Solche Schwierigkeiten lassen sich beispielsweise an Jürgen Habermas' Interesse-Begriff ablesen, den er in seinem Werk *Erkenntnis und Interesse* erst spät und zwischen den Zeilen definiert: Einerseits weicht seine spätere Definition vom gängigen Sprachgebrauch ab, andererseits wird oft die umgangssprachliche Bedeutung mitgemeint.

Die Hauptgefahr, die von unscharfen Begriffen ausgeht, besteht aber gerade darin, daß im Zuge der Verwendung innerhalb einer Argumentation auf verschiedene Varianten V_1 und V_2 zurückgegriffen wird. Etwa so:

$$V_1 = A \wedge B \wedge C \wedge D$$
$$V_2 = \phantom{A \wedge {}} B \wedge C \wedge D \wedge E$$

In der Argumentation wird dann einmal von der Eigenschaft A, ein anderes Mal von der Eigenschaft E Gebrauch gemacht, ohne zu prüfen, ob sie jeweils in allen Bedeutungsvarianten vertreten sind.

38 A Der analytische Ansatz

Hier vermag die schon erwähnte Carnapsche Methode der *Begriffsexplikation*, eine zentrale Methode der analytischen Philosophie, weiterzuhelfen:

> *Unter Explikation wird die Methode verstanden, für unscharfe umgangssprachliche Begriffe präzise Begriffe einzuführen. Dabei heißt*
> *Explikandum der gegebene unscharfe Begriff in der Umgangssprache oder Wissenschaftssprache,*
> *Explikat der resultierende scharfe Begriff, und*
> *Explikation das Verfahren der Analyse und Ersetzung des unscharfen durch einen scharfen Begriff. Darüber hinaus muß das Explikat bestimmte Bedingungen erfüllen, die*
> *Adäquatheitsbedingungen, um befriedigend zu sein.*

Betrachten wir diese Methode näher. Offensichtlich kann das Resultat, das *Explikat*, nicht ›richtig‹ oder ›falsch‹ sein; aber man kann verlangen, daß es *adäquat* ist. Doch wann soll man es adäquat nennen dürfen? Eben dies genauer zu umreißen ist der Zweck der von Carnap herausgearbeiteten Adäquatheitsbedingungen, die das Herzstück der Methode ausmachen. Sie gilt es nun darzulegen.[7]

Zunächst einmal wird man die verschiedenen Sprachgebräuche sammeln, in denen das Wort vorkommt, dessen Begriff es zu klären gilt: Von ihnen wird man auszugehen haben. Doch muß sich das Explikat keineswegs mit dem Explikandum decken: Die Bedeutung von ›Fisch‹ beispielsweise ist heute dank des Einflusses der Biologen auf unsere Sprache so beschnitten, daß Wale und Delphine nicht als Fische gelten, obwohl sie jahrhundertelang dazu gezählt

---

7 Rudolf Carnap: *Logical Foundations of Probability*, University of Chicago Press 1950, Kap. 1 und 2 (dt. Bearbeitung: Rudolf Carnap / Wolfgang Stegmüller: *Induktive Logik und Wahrscheinlichkeit*, Wien: Springer 1959, S. 12–15).

I. Grundbegriffe 39

worden waren – schwimmen sie doch im Wasser, haben ›Flossen‹ und sehen aus, wie wir uns Fische vorstellen. Das Explikat wird also, allgemein gesehen, einerseits eine *Tatsachenkomponente*, andererseits eine *Festsetzungskomponente* enthalten. Die Tatsachenkomponente wird sich dabei auf die Fälle stützen, die aus dem umgangssprachlichen Sprachgebrauch übernommen werden, die Festsetzungskomponente hingegen wird in der Abgrenzung bestehen, die mit dem Ziel einer Präzisierung vorgenommen wird. Im Grunde handelt es sich mithin darum, Forderungen, also Festsetzungen, für diese konventionelle Komponente zu finden. Diese wiederum müssen sich daran orientieren, was mit der Begriffspräzisierung erreicht werden soll. An diesen Zielvorstellungen sind Carnaps Adäquatheitsbedingungen ausgerichtet:

Zum einen geht es um die Präzisierung eines *vorliegenden* unscharfen Begriffs; deshalb wird man als eine erste Adäquatheitsbedingung fordern, daß das Explikat dem unscharfen Begriff *ähnlich* ist (Adäquatheitsbedingung der Ähnlichkeit). – Da das Explikat wegen der intendierten Präzisierung *exakter* sein soll als das Explikandum, wird man zweitens verlangen, daß der neue Begriff nach festliegenden Regeln zu verwenden ist und nicht etwa dauernd Ausnahmen erfordert (Adäquatheitsbedingung der Regelhaftigkeit). – Nun ist bei der Explikation nicht an bloßes ›Begriffeklopfen‹ gedacht; die erarbeiteten Begriffe sollen vielmehr anwendbar sein, mehr noch, sie sollen vom systematischen Standpunkt aus mehr leisten als die unscharfen; insbesondere ist von mehreren möglichen Explikaten stets dasjenige zu wählen, welches für theoretische Zwecke am brauchbarsten, also am *fruchtbarsten* ist (Adäquatheitsbedingung der Fruchtbarkeit). Dies war der Grund, weshalb Biologen den Begriff ›Fisch‹ so verwenden sehen wollen, daß Säugetiere wie Wale und Delphine nicht darunter fallen, weil man sonst immer Ausnahmeregeln in die allgemeinen Aussagen über Fische einflechten müßte. – Schließlich

40   A Der analytische Ansatz

wird noch eine Forderung an die Handlichkeit gestellt, die
aber nur dann wirksam wird, wenn man zwischen sonst
gleichwertigen Alternativen zu entscheiden hat; dann nämlich ist die jeweils *einfachste* zu wählen (Adäquatheitsbedingung der Einfachheit). Dabei ist sowohl die Einfachheit
des Explikats selbst als auch die Einfachheit der mit ihm
formulierbaren generellen Aussagen oder Theorien einbezogen. Insgesamt ergeben sich also die als Schema in Abbildung 3 zusammengefaßten Adäquatheitsbedingungen der
Explikation.

A₁ Ähnlichkeit

Das Explikat muß dem Explikandum so weit *ähnlich* sein, daß in den
meisten Fällen, in denen bisher das Explikandum benutzt wurde, statt
dessen das Explikat verwendet werden kann.

A₂ Regelhaftigkeit

Die *Regeln* für den Gebrauch des Explikats müssen in exakter Weise
angegeben werden (so daß das Explikat Teil eines wohlfundierten
Systems wissenschaftlicher Begriffe wird).

A₃ Fruchtbarkeit

Das Explikat soll *fruchtbar* sein, d. h. es soll möglichst viele generelle
Aussagen erlauben.

A₄ Einfachheit

Das Explikat soll so *einfach* wie möglich sein.

Abb. 3: Adäquatheitsbedingungen der Explikation

Mit der Explikation als einem zentralen Analyseverfahren
neben Logik und Definitionslehre ist die analytische Methode in der Lage, sich vom Sprachgebrauch und vom
Selbstverständnis der Wissenschaften zu lösen. Deshalb
wurde hier auf die Explikationsmethode ein so großes Gewicht gelegt, denn ein wesentlicher, immer wieder geäußer-
ter Vorwurf gegenüber der analytischen Methode lautet, sie

I. Grundbegriffe

gehe von den Wissenschaften als gegeben aus (was im übrigen naturgemäß für jeden wissenschaftstheoretischen Ansatz wird gelten müssen) und reproduziere nur deren Wissenschaftsverständnis. Wissenschaftstheoretiker seien also nur »Wiederkäuer des Geistes«. Aber gerade das ist jetzt nicht mehr zutreffend, weil über eine Deskription des Sprachgebrauchs hinaus eine Normierung der Begriffe mit dem Ziel einer Präzisierung erfolgt.

II. Erklärung und Voraussage

1. *Spielarten des Erklärungsbegriffes*

Von den Wissenschaften erwarten wir mehr als das Sammeln sogenannter Fakten; selbst ein Ordnen der Fakten ist immer noch ein Frühstadium. Entscheidend ist vielmehr eine begriffliche Durchdringung, welche eine Erklärung des jeweils Vorliegenden zu geben vermag. Die eigentlich vorantreibende Frage ist darum die *Erklärung heischende Frage: Warum ist dies so und so?* Nicht zufällig wird die Ablösung vom mythischen Denken, vollzogen von den ionischen Naturphilosophen, gerade hierin gesehen; denn der Mythos erzählt, bevor die Erklärung heischende Frage gestellt wird und damit sie nicht gestellt wird.

Nun ist ›Erklärung‹ selbst ein recht unscharfer umgangssprachlicher Begriff. Es ist deshalb nötig, ihn im Sinne der Explikationstheorie zu präzisieren. Hierzu ist es zweckmäßig, sich auf Erklärung heischende Warum-Fragen zu beschränken und andere Spielarten von Erklärungen auszuklammern. Unberücksichtigt bleiben also beispielsweise die Erklärung der Bedeutung eines Wortes oder eines Textes, die Erklärung als moralische Rechtfertigung des Handelns, die Erklärung des Funktionierens eines komplexen Gebildes oder die Erklärung, wie etwas gemacht wird. Diese sollen nur so weit Berücksichtigung finden, als sie Anteil an einer Antwort auf eine Erklärung heischende Warum-Frage haben.

Nun gibt es zwei verschiedene Arten, solche Warum-Fragen zu stellen, denn zum einen können wir nach *Ursachen*, zum zweiten nach *Gründen* fragen; traditionell nannte man die Antwort im ersten Fall den *Realgrund*, im zweiten den *Idealgrund*. Dies sei an einem Beispiel erläutert. Das vorliegende Faktum sei: Es regnet; die Straße ist naß. Nun kann ich sagen: »Weil es regnet, ist die Straße naß«;

II. Erklärung und Voraussage

bei dieser Antwort auf eine *nach Ursachen suchende War-um-Frage* wird ein *Real*-Grund angegeben. Anders ist die Lage, wenn wir sagen: »Weil die Straße naß ist, regnet es« (oder: hat es geregnet). Hier handelt sich um eine *nach Gründen suchende Warum-Frage* nach dem Erkenntnis-grund oder nach dem *Ideal*-Grund. Sie gibt es auch in den Wissenschaften, etwa wenn ein Arzt bei einer Diagnose konstatiert: »Weil das Kind Bläschen hat, hat es Windpok-ken.« Dasselbe geschieht, wenn beim Röntgen aus der Schwärzung der Fotoplatte auf eine Strahlung und deren Abschattung (etwa durch einen Knochen) zurückgeschlos-sen wird, die die Ursache der Schwärzung bzw. der Auf-hellung sein muß. Es geht dabei nicht um die zeitliche Rei-henfolge, denn mit »Wenn die Schwalben kommen, wird es Sommer« ist nicht gemeint, daß die Schwalben den Sommer verursachen – so wenig wie die Schulkinder, die kurz vor 8 Uhr ins Schulgebäude gehen, die Ursache dafür wären, daß um 8 Uhr die Schulglocke läutet. Vielmehr setzt der Ideal-Grund den Real-Grund im Sinne einer Ur-sache voraus, sonst ließe sich eine Erklärung gar nicht ge-ben. Was man zu präzisieren hat, ist also der erste, *nach Ursachen suchende Typ von Warum-Fragen*. Wenden wir uns ihm zu, um ihn im Sinne der Methode der Explikation zu klären.

Unmöglich lassen sich im Vorbeigehen unzählige Beispiele von Erklärungen sammeln und diskutieren, um auf diese Weise das Verfahren der Explikation direkt nachzuvollzie-hen; vielmehr seien zwei Beispiele herausgegriffen, die hin-reichend deutlich machen, worauf es ankommt. Der erste Sachverhalt, den es zu erklären gilt, sei: Die Milch ist sauer geworden. Eine Alltagserklärung könnte etwa so aussehen: »Du hast vergessen, die Milch in den Kühlschrank zu stel-len, und hast sie einen Tag herumstehen lassen.« Offen-sichtlich ist diese Erklärung nur rudimentär und unvoll-ständig, denn um tatsächlich als Erklärung akzeptierbar sein zu können, wird etwas vorausgesetzt, das uns aus der

44   A Der analytische Ansatz

Alltagserfahrung vollkommen vertraut ist, daß nämlich
Milch, die offen stehenbleibt und nicht in den Kühlschrank
gestellt wird, nach einem Tag sauer zu sein pflegt. Das aber
ist eine sehr alltägliche gesetzesartige Regelmäßigkeit. –
Dasselbe Bild ergibt sich im zweiten Beispiel: Es soll erklärt werden, daß ein bestimmter, an der Decke befestigter
Faden reißt, wenn ein Gewicht von 2 kg daran gehängt
wird. Eine Erklärung würde so vorgehen, daß man zunächst die Fakten feststellt, nämlich die Anfangsbedingungen (in der Wissenschaftstheorie nennt man sie *Antecedensbedingungen*) – also eine Charakterisierung des gegebenen
Fadens F, die etwa lauten könnte:

Faden F von der Struktur S wird mit 2 kg belastet.

Hierzu kommt das zu erklärende Ereignis, es würde lauten:

Faden F reißt.

Aber für eine Erklärung reichen diese beiden Sätze nicht
aus; es ist ein weiterer Satz nötig, etwa:

Ein Faden X der Struktur S hat eine Reißfestigkeit von
1 kg.

Obwohl dieser Satz wie ein singulärer Satz über »einen
Faden« aussieht, ist er eine ganz einfache *Gesetzesaussage*
über »alle Fäden X der Struktur S«. Mit ihr wird es tatsächlich möglich, aus der Anfangsbedingung logisch das
zu folgern, was erklärt werden soll. Dieses Vorgehen läßt
sich überall wiederfinden; oft allerdings pflegt man im Alltag die Anfangsbedingungen ebenso wie die Gesetzesaussagen zu unterdrücken oder unvollständig zu benennen,
weil man sie in einer gegebenen Situation für selbstverständlich hält. Vollständig zusammengestellt jedoch ergibt
sich ein Schema, das in seiner einfachen Struktur wenigstens ins 19. Jahrhundert zurückreicht und auf das sich
Karl R. Popper in seiner *Logik der Forschung* von 1935

stützt, dessen Besonderheiten jedoch erst von Carl Gustav Hempel und Paul Oppenheim 1945 herausgearbeitet wurden:[8]

2. Das Hempel-Oppenheim-Schema

Das von Hempel und Oppenheim angegebene sogenannte *HO-Schema* (Abb. 4) erfaßt die formale Struktur einer Erklärung als Antwort auf eine nach Ursachen suchende Warum-Frage.

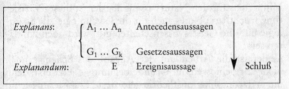

Abb. 4: Hempel-Oppenheim-Schema einer wissenschaftlichen Erklärung

In Worten: Aufgrund welcher Antecedensaussagen A_1 bis A_n über die Ausgangsbedingungen und aufgrund welcher Gesetzesaussagen G_1 bis G_k kommt das Ereignis E vor? Und als Antwort formuliert: Das Ereignis E (das *Explanandum*; das, was zu erklären ist) wird erklärt durch einen Schluß oder eine Ableitung aus den Gesetzesaussagen G_1 bis G_k zusammen mit den Antecedensbedingungen A_1 bis A_n als Prämissen; beide zusammen bilden das *Explanans*, d. h. das, womit erklärt wird.

---

8 Carl Gustav Hempel / Paul Oppenheim: »Studies in the Logic of Explanation«, in: *Philosophy of Science* 15 (1948), S. 135–175. Später wurde dies weiter entfaltet in Carl Gustav Hempel: *Aspects of Scientific Explanation and Other Essays in the Philosophy of Science*, New York: Free Press 1965 (dt. in Auswahl: *Aspekte wissenschaftlicher Erklärung*, Berlin / New York: de Gruyter 1977).

In das Schema gehen durchgängig *Aussagen* über Anfangsbedingungen, Gesetzmäßigkeiten und Ereignisse ein, denn
nur Aussagen lassen sich in Schlüssen miteinander verbinden. Der Schluß selber ist im einfachsten Falle ein logischer,
in anderen Fällen möglicherweise ein wahrscheinlichkeits-
theoretischer oder induktiver Schluß.
Die *Erklärung heischende Warum-Frage* hat damit folgende
Präzisierung erfahren:

> *Aufgrund welcher Antecedensdaten und gemäß welcher*
> *Gesetze kommt das Ereignis E vor?*

Mindestens für den Naturwissenschaftler ist diese Präzisierung fruchtbar; ob dies auch für die Psychologie, die Soziologie und die Geisteswissenschaften gilt, wird noch zu klären sein.
Leider ist die Arbeit mit der Angabe des Schemas noch
nicht abgeschlossen; im Grunde beginnt sie jetzt erst, denn
die in der Explikationstheorie geforderte Präzisierung fehlt,
weil sich sehr leicht Gegenbeispiele angeben lassen. Betrachten wir folgenden, etwas ungewöhnlichen Fall:

> Zu erklären sei das Explanandum: Der Faden F reißt.

Für die gesuchte Erklärung wird uns nun eine gesetzesartig
erscheinende Aussage angeboten, aus der sich tatsächlich
das Explanandum unter beliebigen Antecedensbedingungen
formal korrekt ableiten läßt, nämlich:

> Alle Hexen sind böse, und der Faden F reißt.

Aus dem angeblichen Explanans hätten wir also das Reißen
des Fadens ›erklärt‹. Ersichtlich muß man Bedingungen
formulieren, die Fälle solcher Art ausschließen. Ohne an
dieser Stelle einzelne Beispiele zu diskutieren, gelingt dies
aufgrund der in Abbildung 5 zusammengefaßten *Adäquatheitsbedingungen einer wissenschaftlichen Erklärung*, denen eine Erklärung als Antwort auf eine nach Ursachen suchende Warum-Frage genügen muß.
Diese Bedingungen spiegeln die Vorstellung, daß Wissen-

II. Erklärung und Voraussage 47

B_1 Folgerungsbedingung
   Der Schluß vom Explanans auf das Explanandum muß *korrekt* sein.

B_2 Gesetzesbedingung
   Das Explanans muß mindestens ein *allgemeines Gesetz* enthalten.

B_3 Signifikanzbedingung
   Das Explanans muß *empirischen Gehalt* haben.

B_4 Wahrheitsbedingung
   Die Sätze, aus denen das Explanans besteht, müssen *wahr* sein.

Abb. 5: Bedingungen für eine HO-Erklärung

schaften die Aufgabe haben, die Welt zu erklären – und
zwar auf eine solche Weise, daß Beliebigkeit ausgeschlossen
ist und Objektivität und Begründetheit sichergestellt sind.
Man kann darum das HO-Schema zusammen mit seinen
Adäquatheitsbedingungen geradezu als Leitgedanken der
neuzeitlichen Wissenschaften verstehen. – Die Bedingungen selbst kommen folgendermaßen zustande:
Zur Folgerungsbedingung B_1: Eine Erklärung kann nur akzeptiert werden, wenn die Folgerung korrekt ist, d. h. wenn
sie sich auf die regelgemäße Anwendung eines akzeptierten
Schlußverfahrens stützt. Zumeist wird es sich hierbei um die
klassische deduktive Logik handeln; aber das muß nicht sein,
denkbar ist eine Einengung auf die intuitionistische Logik
oder eine Erweiterung auf induktive Logik, ebenso sollen
statistische Schlüsse zugelassen sein; immer aber muß der jeweilige Folgerungsbegriff präzise angegeben werden.
Zur Gesetzesbedingung B_2: Vom Aufbau der Erklärung her
ist die Forderung nach einem allgemeinen Gesetz unmittelbar
verständlich und einsichtig. Was in dieser Adäquatheitsbedingung allerdings vorausgesetzt wird, ist, daß wir echte Gesetze, insbesondere Naturgesetze, von gesetzesartig erscheinen-

den Aussagen, also von bloß scheinbaren Gesetzen wie unserem Hexen-Beispiel, müssen unterscheiden können.

Zur Signifikanzbedingung B_3: Diese Adäquatheitsbedingung soll sogenannte metaphysische Aussagen ausschließen. Dahinter steht die Idee, daß alle Aussagen und Begriffe der Erfahrungswissenschaften ›im Prinzip‹ auf Erfahrungsdaten zurückführbar sein müssen, um empirisch signifikant zu sein. Diese Adäquatheitsbedingung nimmt also das Problem des sogenannten *Sinnkriteriums* auf, ein Kriterium, das der Wiener Kreis zu formulieren suchte, um sicherzustellen, daß eine Aussage wirklich kognitiv sinnvoll ist und einen empirischen Gehalt besitzt, mit dem Ziel, nur sie in einer Wissenschaftssprache zuzulassen.

Zur Wahrheitsbedingung B_4: Die Forderung nach Wahrheit sowohl der Antecedensaussagen als auch der Gesetzesaussagen soll die zeitliche Relativierung einer Erklärung verhindern: Wenn etwas als Erklärung gegeben und akzeptiert wird, werden die Sätze des Explanans als wahr unterstellt. Nur dann gelingt es uns beispielsweise sagen zu können, etwas sei im 18. Jahrhundert als Erklärung akzeptiert worden, weil man die und die Gesetzesaussagen für wahr gehalten habe. In der Sache jedoch verbirgt sich hinter dieser Adäquatheitsbedingung ein tiefgehendes Problem, denn formal gesehen kann eine Erklärung nur dann befriedigend sein, wenn es gelingt, nicht nur für die Antecedensaussagen als Sachverhaltsaussagen, sondern auch für die Gesetzesaussagen einen Wahrheits*nachweis* zu führen!

3. *Das HO-Schema als Explikat des Erklärungsbegriffs*

Mit dem HO-Schema sind zwangsläufig Fragen verbunden, die uns weit in die Wissenschaftstheorie und Wissenschaftsphilosophie hineinführen werden, nämlich:
Bezüglich B_1: Was ist ein gültiger, vor allem auch: was ist ein induktiver Schluß?

II. Erklärung und Voraussage 49

Bezüglich B_2: Was ist ein Naturgesetz?
Bezüglich B_3: Was ist empirische Signifikanz?
Bezüglich B_4: Was ist Wahrheit?
Bevor wir uns diesen Fragen stellen, wollen wir untersuchen, wieweit dieses Schema den oben entwickelten Adäquatheitsbedingungen A_1 bis A_4 für eine Explikation gerecht wird:
A_1 (Adäquatheitsbedingung der Ähnlichkeit): Die Ähnlichkeit des HO-Schemas mit dem umgangssprachlichen Erklärungsbegriff ist offensichtlich; denn alles, was eine HO-Erklärung ist, ist ohne Frage auch eine umgangssprachliche Erklärung. Allerdings genügt nicht jede umgangssprachliche Erklärung dem HO-Schema.
A_2 (Adäquatheitsbedingung der Regelhaftigkeit): Die Regeln für den Gebrauch sind durch die Adäquatheitsbedingungen des HO-Schemas sehr genau umrissen; daran liegt es ja gerade, daß umgangssprachliche Erklärungen oft nicht dem HO-Schema genügen und deshalb auch nicht als eine wissenschaftliche Erklärung zu betrachten sind.
A_3 (Adäquatheitsbedingung der Fruchtbarkeit): Daß das HO-Schema fruchtbar ist, zeigt sich in der Breite seiner Anwendungsmöglichkeiten, denn mit ihm gelingt es, eine ganze Reihe von Typen gleichartiger Erklärungsschemata deutlich nebeneinander zu stellen. Dazu gehören das *Voraussageschema*, das *Schema der Retrodiktion* (d. h. eines Rückschlusses in die Vergangenheit), das Schema der *Erklärung von Gesetzen*, die Charakterisierung *statistischer* und schließlich *teleologischer Erklärungen*; hierauf wird im nächsten Abschnitt noch im einzelnen einzugehen sein.
A_4 (Adäquatheitsbedingung der Einfachheit): Diese Bedingung braucht hier nicht diskutiert zu werden, weil es zumindest an dieser Stelle keinen konkurrierenden Erklärungsbegriff gibt.
Im Rahmen der Untersuchungen zum Erklärungsbegriff wird nun viel Mühe und Akribie darauf verwandt, die eben unter A_3 genannten Fälle einzeln und genau zu untersuchen. Obwohl hierbei hochinteressante Resultate erarbeitet

50 A Der analytische Ansatz

werden konnten, würde es zu weit führen, sie hier auszu-
breiten; an dieser Stelle kann es nur um eine summarische
Kennzeichnung gehen.[9]

4. Leistungen und Grenzen des HO-Schemas

Das Ausgangsmodell, wie es eben dargestellt wurde, bezieht
sich auf deterministische Gesetze im Explanans, also auf
Kausalgesetze. Da es sich beim verwendeten Schlußverfah-
ren um die klassische Logik handelt, wird dieses Modell
heute als der *deduktiv-nomologische Fall* bezeichnet. Diese
sogenannten *DN-Erklärungen* des HO-Schemas sind fraglos
die häufigste und fruchtbarste Form von Erklärungen. Sie
kommen überall dort vor, wo wir es mit klassischer Physik
oder allgemein mit Kausalzusammenhängen zu tun haben.
Nun wurden hier bisher immer nur Erklärungen betrachtet;
doch es zeigt sich, daß *Voraussagen* formal dem gleichen
Schema genügen wie Erklärungen, und dasselbe gilt für *Retrodiktionen*: Jeder Sachverständige, der einen Unfall und
dessen Ursachen zu rekonstruieren hat, macht solche Retrodiktionen. Unser Erklärungsschema ist also viel fruchtbarer
als zunächst angenommen. Allerdings müssen bei Vorhersagen andere Adäquatheitsbedingungen angenommen werden;
so kann nur die Wahrheit der zur Erklärung herangezoge-
nen Gesetzesaussagen vorausgesetzt werden, während die
Annahme über die Antecedensbedingungen hypothetischer
Natur sein kann: Greifen wir das Beispiel von der Reißfestigkeit des Fadens auf. Man könnte etwa vorhersagen, der
Faden werde nicht reißen, wenn man eine Reißfestigkeit

9 Ausführlich sind Typen des Schemas und ihre Leistungsfähigkeit
auf 1000 Seiten dargestellt und diskutiert von Wolfgang Stegmüller: *Probleme und Resultate der Wissenschaftstheorie und Analytischen Philosophie*, Bd. 1: *Wissenschaftliche Erklärung und Begründung*, Berlin/Heidelberg: Springer 1969. Auch das hier Folgende stützt sich auf dieses Standardwerk.

II. Erklärung und Voraussage 51

>2 kg wählen würde. Diese Hypothese wird nicht etwa als wahr vorausgesetzt, sondern aufgrund der mit dem Schema getroffenen Vorhersage als wahr gefolgert. Nichts anderes geschieht, wenn beispielsweise ein Statiker die Dimensionierung eines Pfeilers im Bauplan eines Architekten ändert, um die Standfestigkeit des Baus zu sichern.

Auch in einem ganz anderen Zusammenhang erweist sich das HO-Schema als fruchtbar, denn es dient nicht nur der Erklärung singulärer Fakten, sondern in gleicher Weise auch der *Erklärung von Naturgesetzen* selbst. Setzt man nämlich an die Stelle der Antecedensbedingungen bestimmte Größen (beispielsweise Naturkonstanten) und an die Stelle der bisher betrachteten einfachen Gesetze sehr allgemeine Gesetze, so lassen sich spezielle Gesetze ableiten und in diesem Sinne erklären. Wählen wir etwa als ein sehr allgemeines Gesetz das Gravitationsgesetz und als eine Antecedensbedingung die Erdmasse und den Erdradius, so ergibt sich – zugestanden, nach etwas Rechnerei – im Explanandum das Fallgesetz!

Bisher sind wir von deterministischen Gesetzen ausgegangen. Nun sind die Grundgesetze der Physik nach heutiger Auffassung statistischer Natur; ebenso sind Gesetze der Psychologie und Soziologie allenfalls statistische Aussagen. Wie verträgt sich dies mit dem HO-Schema? Das bisherige Schema lautete:

Alle A sind B
Dies ist ein A
Dies A ist ein B

An die Stelle dieses deduktiven Falls tritt nun im statistischen Fall – ich wähle eine wenig präzise, aber für unsere Zwecke ausreichende Formulierung – folgendes Schema:

Beinahe alle A sind B
Dies ist ein A
Es ist beinahe sicher, daß dieses A ein B ist.

Offensichtlich handelt es sich hier nicht um einen logischen Schluß, auch wenn wir in der Lebenspraxis so argumentieren. Vielmehr ist an die Stelle der Deduktion eine bloß statistische Aussage getreten. Erklärt werden sollte aber ursprünglich »Dies A ist ein B« – das ist aber nicht zu erreichen; die Conclusio »Dies A ist ein B« wird durch die Obersätze nur *in hohem Grade gestützt*. Doch selbst hier zeigt sich, daß das HO-Schema insofern fruchtbar ist, als es deutlich auf die begrenzte Erklärungsleistung hinweist, die zu erwarten ist, wenn die Gesetzesaussagen statistischer Natur sind oder die zu ziehenden Schlüsse nur von statistischer oder induktiver Dignität sind.

Ein weiterer Prüfstein ist die Frage, ob das HO-Schema auch auf sogenannte *teleologische Erklärungen* anwendbar ist, d. h. auf Erklärungen, die auf Ziele Bezug nehmen. Schon Hempel – und mit ihm alle analytischen Wissenschaftstheoretiker – waren sehr skeptisch gegenüber teleologischen Erklärungen, wie sie beispielsweise in der aristotelischen Naturwissenschaft gang und gäbe waren. Die ganze, bis ins Mittelalter wirksame aristotelische Naturauffassung beruhte auf der Ansicht, daß in den Dingen nicht nur Möglichkeiten, sondern auch Ziele angelegt seien, auf die hin sich die Dinge dynamisch entwickeln: Ein Stein, den ich loslasse, trägt sein Ziel in sich, den Erdmittelpunkt zu erreichen, und so lange ihn nichts hindert, wird er sich auf den Weg dorthin machen; eine Bohne, die wir in die Erde stecken, wird zu einem Bohnenbusch mit all seinen charakteristischen Eigenschaften heranwachsen, nicht zu einem Kastanienbaum. Hempel ging es vor allem darum zu zeigen, daß man teleologische Aussagen, wenn sie heute noch akzeptabel sein sollen, nicht so verstehen darf, als wirke die Zukunft auf die Gegenwart, als wirke also ein in der Zukunft zu erreichendes Ziel auf einen heutigen Zustand ein und führe ihn in Richtung auf dieses Ziel. Solche Modelle gab es etwa im Gedanken eines christlichen Heilsgeschehens, auf das hin alle Vorkommnisse in der Welt aus-

II. Erklärung und Voraussage

gerichtet sind; dies spiegelt sich im Hegelschen Geschichtsverständnis, wonach im Gang der Geschichte die Spaltung von Subjekt und Objekt im Absoluten aufgehoben wird; und die säkularisierte Form findet sich im Marxschen Geschichtsverständnis, wonach der dialektische Prozeß eines Ausgleichs von Produktionsmitteln und Produktivkräften auf das Ziel einer klassenlosen Gesellschaft gerichtet ist. Demgegenüber kann eine befriedigende teleologische Erklärung nach Hempel nur so aufgefaßt werden, daß das Handeln in der Gegenwart allein zu verstehen ist aus dem in der Gegenwart wirksamen Willen des Handelnden, ein bestimmtes Ziel in der Zukunft zu erreichen, so daß jeder Einzelschritt im HO-Schema erklärbar wird:

$$\text{Gegenwart} \rightarrow \text{Zustand } Z_i \rightarrow Z_k \rightarrow Z_l \rightarrow \text{Ziel in der Zukunft}$$
$$\text{HO} \qquad\qquad \text{HO} \quad \text{HO} \quad \text{HO}$$

Der Handelnde antizipiert also das gewünschte Ziel in der Gegenwart und läßt es zum Motiv seines Handelns werden.

Abweichend von der Auffassung Hempels ergibt sich damit allerdings ein ganz anderes Erklärungsschema als das, welches wir bislang kennengelernt haben, nämlich der sogenannte *praktische Syllogismus* als Erklärungsschema für Handlungen:

A will Z erreichen

Nur wenn A x tut, wird er Z erreichen

A muß x tun   (Oder auch: A tut x)

Der Schluß, um den es hier geht, ist weder deduktiver noch statistischer, sondern intentionaler Natur.[10] Aristoteles hat

---

10 Ausführlich wurde dies untersucht und als Erklärungsschema der Humanwissenschaften entwickelt von Georg Henrik von Wright: *Explanation and Understanding*, Ithaka, N. Y.: Cornell University Press 1971 (dt.: *Erklären und Verstehen*, Frankfurt a. M.: Athenäum 1974; vgl. auch ders.: *Handlung, Norm und Intention*, Berlin / New York: de Gruyter 1977).

ihn als erster beschrieben und damit deutlich gemacht, wie wir den Zusammenhang von Ziel und Mittel in unseren Handlungen sehen. Damit begegnet uns erstmals ein konkurrierendes Erklärungsschema, eines, wo das HO-Schema versagt. Tatsächlich allerdings ist das Erklärungsschema des praktischen Syllogismus *allein für menschliche Handlungen* tauglich; für eine Erklärung in der Natur wäre es nur anwendbar, wenn wir der Natur einen Willen zusprächen, ein Gedanke, der uns fremd geworden ist, obwohl es ihn jahrhundertelang gegeben hat. Nun sind menschliche Handlungen Gegenstand aller Humanwissenschaften; dort wird also als Erklärungsschema nicht nur das HO-Schema, sondern auch der praktische Syllogismus zu finden sein.

Was noch zu diskutieren bleibt, ist die *Erklärung von Funktionsaussagen*, die ja weder menschliche Handlungen betreffen, noch ohne weiteres dem HO-Schema einzuordnen sind. An einem Beispiel sei verdeutlicht, worin das Problem besteht: Das Vorhandensein von weißen Blutkörperchen im menschlichen Organismus wird durch ihre Funktion – nämlich die Abwehr von Mikroorganismen – erklärt. Sofern man solche Funktionsaussagen nicht als Kausalaussagen umformulieren kann – und das gelingt keineswegs immer –, ergibt sich (mit W = weiße Blutkörperchen; B = Beseitigung von Mikroorganismen; M = Mensch) folgendes Schema:

W hat den Effekt B, wobei B eine notwendige Bedingung
    für das adäquate Funktionieren des Systems M ist
M funktioniert adäquat
_____
M verfügt über W

Offensichtlich ist die letztgenannte Behauptung nicht schlüssig, denn hier wird so getan, als bringe nur W den Effekt B hervor; das aber muß nicht sein: Jede *funktionelle Alternative* würde dasselbe wie B leisten! Hierauf beruht ja das medizinische Verfahren der Blutwäsche. Korrekt können wir also nur schließen:

II. Erklärung und Voraussage

Das System M verfügt über W oder eine funktionelle Alternative.

Diese Alternativen sind aber nur unter einer Zielperspektive angebbar. Damit wird deutlich, daß das HO-Schema, auf funktionelle Erklärungen angewendet, gerade deren Lücken aufzuzeigen gestattet, nicht jedoch die Zielperspektive wiederzugeben vermag. Funktionelle Erklärungen spielen aber in allen Biowissenschaften (bezogen auf Organe, Zellen und deren Funktion etc.) ebenso wie in den Technikwissenschaften (bezogen auf Maschinen, technische Systeme und Prozesse im Hinblick auf deren Funktionen) eine zentrale Rolle.

Wenden wir uns nun der grundsätzlichen Frage zu, ob es – von der Erklärung menschlicher Handlungen durch den praktischen Syllogismus abgesehen – nicht ernst zu nehmende andere Typen von Erklärungen in den Wissenschaften gibt, die anders strukturiert sind als das HO-Schema. Wie dies gemeint ist, sei an einem grundsätzlichen Einwand verdeutlicht:

Jede Erklärung ist eine Erklärung in einer bestimmten Situation, ist eine Erklärung von jemandem für jemanden; davon aber wurde im HO-Schema grundsätzlich abgesehen. Diese sogenannte *pragmatische Erklärung* ist vielmehr eine 4stellige Relation:

Person A erklärt Person B das Explanandum E durch das Explanans (G, A).

Was gewinnt man, wenn man so verfährt und den Sender A und Empfänger B, also die pragmatische Dimension (vgl. Abb. 2), mit einbezieht? Offensichtlich geht es nicht nur um zwei Personen, sondern um deren faktischen Erkenntnisstand, denn der Erklärende wird sich auf den Erkenntnisstand dessen beziehen müssen, dem er die Erklärung gibt. Gerade von dieser Komponente wird in den Wissenschaften abgesehen. Begründet wird dies damit, daß erstens eine Reihe von für die Wissenschaften konstitutiven Voraussetzungen als bekannt angesehen werden können, und daß zweitens die wissenschaftliche Erklärung als intersubjektiv akzeptable gerade vom Einzelsubjekt absehen muß: Die Erklärungen in einem Lehrbuch sollen ja für *jeden* sachkundigen Leser annehmbar sein und nicht nur aus Erklärungen bestehen, die ein Autor einem bestimmten Leser gibt. Insofern ist die Beschränkung des HO-Schemas auf den nicht-pragmatischen Anteil nicht nur zulässig, sondern entspricht vielmehr dem wissenschaftlichen Erklärungsbegriff! Daß allerdings die dabei einfließende Vorstellung keineswegs selbstverständlich ist, man könne (und müsse) von der pragmatischen Situation in den Wissenschaften absehen, wird uns noch mehrfach beschäftigen.

Nun ist die Frage zu diskutieren, ob einzelne Wissenschaften vielleicht einen ganz anders gearteten Erklärungsbegriff verwenden, der nicht unter das HO-Schema subsumiert werden kann. In der Psychologie findet sich etwa folgender Fall von Erklärung: Jemand begeht eine bestimmte Fehlleistung, er schreibt als Datum in einem Brief »24. Dezember«, obwohl es noch November ist, weil – so die Erklärung – er wünscht, Weihnachten stehe schon unmittelbar bevor. Die Fehlleistung in der Schreibweise des Datums wird also mit dem Verweis auf diesen Wunsch ›erklärt‹: die Fehlleistung, so wird gesagt, drücke den unbewußten Wunsch des Schreibers aus. Die dahinterstehende Theorie ließe sich etwa in folgendem allgemeinen Satz formulieren:

> »Wenn irgendeine Person einen starken (bewußten oder unbewußten) Wunsch hegt, dann wird, wenn sie eine Fehlleistung im Schreiben begeht, diese Fehlleistung den Wunsch direkt oder symbolisch ausdrücken.«

Versucht man, damit das HO-Schema zu füllen, stellt sich heraus, daß diese Aussagen nicht genügen, um das Ereignis einer Fehlleistung zu erklären, denn nicht die Fehlleistung und ihr Auftreten ist ableitbar, sondern nur eine Aussage

II. Erklärung und Voraussage

über die besondere Art der Fehlleistung. Die Fehlleistungstheorie erklärt also weniger als sie zu erklären behauptet. Dies zeigt sich unmittelbar darin, daß eine Prognose über das Auftreten einer Fehlleistung auf dieser Grundlage gar nicht möglich ist. Das Beispiel spricht keineswegs gegen das HO-Schema, sondern zeigt im Gegenteil dessen Wichtigkeit; denn wir werden anhand eines idealen Modells darauf aufmerksam, daß das, was hier vorgelegt wurde, nur eine *partielle Erklärung* ist!

Argumentiert man so, wie es gerade geschah, wird deutlich, welche Funktion – und zwar welche *normierende Funktion* – der Wissenschaftstheorie und speziell dem Erklärungsbegriff zukommen kann. Sehen wir in ihm nämlich eine Präzisierung eines Grundanliegens zumindest der Erfahrungswissenschaften, so müssen wir, wenn wir konsequent sind, auch bestrebt sein, Erklärungen nach dem HO-Schema zu geben, oder doch, falls sich das nicht bewerkstelligen läßt, nicht darauf beharren, eine vollständige Erklärung gegeben zu haben, sondern nur eine partielle Erklärung oder eine Erklärungsskizze, während eine vollständige Erklärung weiterhin das Ziel erfahrungswissenschaftlicher Bemühungen bleibt. Das HO-Schema wird damit zum normativen Ideal, dem zumindest die Erfahrungswissenschaften folgen sollen.

Sehr viel schwieriger ist dagegen dem Einwand zu begegnen, der seitens der Historiker vorgebracht wird. Danach strebt ein Historiker, der nicht bloß Chronist sein will (der also nicht nur Fakten nach Kalenderdaten ordnet), die Beantwortung der Warum-Frage für ein bestimmtes historisches Ereignis gar nicht im Sinne einer Erklärung in Form des HO-Schemas an, da er im Gegensatz zu den Naturwissenschaften nicht an historischen Gesetzen interessiert ist – mehr noch: da historische Gesetze, die Naturgesetzen entsprechen würden, gar nicht bekannt sind. Die Erklärung eines Historikers kann sich deshalb gar nicht auf im Explanans vorkommende Gesetzesaussagen stützen; statt dessen wird das Schwergewicht auf das *Verstehen des individuellen Ereignisses* gelegt. Die Voraussetzung des Verstehens ist das Sich-Einleben, das Nachempfinden oder Nachvollziehen, das in der *hermeneutischen Methode* zum Zentralbegriff wird. Nun soll hier nicht schon auf diese Methode eingegangen werden, sondern allein betrachtet werden, wie die Wissenschaftstheoretiker, die dem HO-Schema auch in den Geschichtswissenschaften dennoch den Vorzug geben wollen, gegen die hermeneutische Auffassung argumentieren. Sie geben ohne weiteres zu, daß historische Gesetze als Erfahrungsgesetze nicht bekannt sind; statt dessen aber, so sagen sie, wird auf soziologische und psychologische Gesetzmäßigkeiten rekurriert, die nur nicht expliziert formuliert werden – gerade so wie in unserem Beispiel von der sauer werdenden Milch. Das sogenannte Verstehen, so meinen sie, bestehe in der stillschweigenden Anwendung dieses Hintergrundwissens auf bestimmte Aspekte eines vorgelegten Falls. Dies aber sei zugleich der entscheidende Mangel der hermeneutischen Methode des Verstehens, weil man mit ihr so gut wie alles ›erklären‹ könne, denn im nachhinein finde sich immer die passende Deutung. Betrachten wir ein Beispiel:

1. Fall: Eine mittelalterliche Stadt wird heftig belagert und ergibt sich nach fünf Monaten. Die Erklärung dazu: Das Aufgeben ist wohl zu verstehen, denn angesichts der psychischen Anspannung, der Not und der fehlenden Nahrungsmittel wurde die Bevölkerung mürbe und öffnete dem Feind die Stadttore.

2. Fall: Eine mittelalterliche Stadt wird heftig belagert, aber nach fünf Monaten ziehen die Belagerer unverrichteter Dinge ab. Die Erklärung dazu lautet: Das Abziehen der Belagerer ist wohl verstehbar, denn angesichts des Drucks von außen wurde die Bevölkerung der Stadt zum äußersten Widerstand geführt, den die Belagerer nicht zu brechen vermochten.

II. Erklärung und Voraussage 59

Beispiele dieser Art sind zahllos, und sie beziehen sich in gleicher Weise auf individuelles wie auf kollektives Handeln. Offensichtlich wird in unseren beiden Beispielen von allgemeinmenschlichen Erfahrungen ausgegangen, die einander jedoch widersprechen. Es könnte also als eine Notwendigkeit erscheinen, die geforderten Handlungsprinzipien im Sinne des HO-Schemas zu präzisieren, um zu einer Klarstellung zu gelangen. Doch erstens haben wir es hier mit *Handlungen* zu tun, so daß außer den Elementen des HO-Schemas auch Elemente des praktischen Syllogismus eingehen, und zweitens wird man bei so komplexen Phänomenen wie der Belagerung einer Stadt oder der Französischen Revolution das HO-Schema gar nicht anwenden können, weil überhaupt nicht klar genug ist, was erklärt werden soll. Die Auswahl des Erklärungsbedürftigen ist hier, bei menschlichen Handlungen, von gänzlich anderer Natur als im Falle der Erklärung eines erfahrungswissenschaftlichen Sachverhalts. Deshalb liegen die Probleme in den Geschichtswissenschaften tatsächlich anders (vgl. Teil C I).

Doch auch in einer weiteren Hinsicht zeigt sich heute eine Grenze des HO-Schemas; denn es eignet sich nicht für die Erklärung evolutionärer Vorgänge! Wenn es nämlich ein wesentliches Kennzeichen jeder Evolution im strikten Sinne ist, daß Mutationen vorkommen, so wird gerade die Existenz grundsätzlich nicht vorhersehbarer Ereignisse angenommen. Das aber ist auf keine Weise mit dem HO-Schema vereinbar; deshalb muß das Evolutionsschema als Erklärungsschema eine andere Struktur haben, eine, die zwar Erklärungen der geschichtlichen Genese (in der Biologie geradeso wie in anderen Anwendungsbereichen) erlaubt, aber keine Prognosen zuläßt. Daß wir heute bereit sind, anders als in Zeiten Darwins ein Evolutionsschema als Erklärungsschema zu akzeptieren, zeigt, daß auch der ursprüngliche Gedanke zu eng ist, allein ein Schema von der Art des HO-Schemas tauge zu einer wissenschaftlichen Erklärung. Auch dies wird noch weiter auszuloten sein (vgl. Teil C III).

Zum Abschluß sind noch einige generelle Bemerkungen zum Erklärungsbegriff notwendig, die ihn in einen allgemeinen Zusammenhang einordnen sollen. Im Hinblick auf unseren Ausgangspunkt, daß nämlich Wissenschaften versuchen, Warum-Fragen zu beantworten, zeigt sich am Erklärungsbegriff, daß jede Erklärung die Geltung von irgend etwas – zumeist von Gesetzen – voraussetzt. Diese Gesetze lassen sich wiederum erklären, und so fort, aufsteigend zu den jeweils allgemeinsten Theorien; aber es gibt kein ›natürliches‹ Ende einer solchen aufsteigenden Erklärungskette: In diesem Sinne *ist nie alles erklärbar*. Doch auch in einem anderen Sinne ist nicht alles erklärbar; denn mit dem Erklären eines bestimmten Sachverhaltes wird niemals ›alles‹ erklärt, was zu der betreffenden komplexen Situation gehört: Aus der komplexen, aus unzählig vielen Komponenten bestehenden Situation, die gar nicht in allen Elementen zugleich überschaubar ist, lösen wir mit den Mitteln der Sprache etwas, einen Sachverhalt, heraus. *Ihn* allein erklären wir – aber nie die komplexe Situation. So kann es eine ›Erklärung‹ für die Französische Revolution im Sinne einer vollständigen Kausalanalyse gar nicht geben.

Umgekehrt zeigt uns gerade die Idealisierung, die durch das Erklärungsmodell im HO-Schema vorgenommen wird, wo überall im alltäglichen Gebrauch stillschweigende Prämissen übersprungen werden. Messen wir das Erklärbare am HO-Schema – und eine andere Möglichkeit wird es prinzipiell kaum geben –, so erweist sich die grundsätzliche Begrenztheit menschlichen Erkenntnisvermögens. Was die Welt im Innersten zusammenhält, entzieht sich grundsätzlich jeder wissenschaftlichen Erklärbarkeit. Das hat Philosophen aller Zeiten nicht ruhen lassen. Sie haben versucht, *totale Systeme* zu entwickeln, aber leider um den Preis des Verzichtes auf Prüfbarkeit und Erklärbarkeit. Die Abwehr solcher Versuche verbirgt sich hinter der dritten Adäquatheitsbedingung. Auch hier hat der Erklärungsbegriff eine normative Komponente!

III. Regeln, Naturgesetze und Theorien

Es gilt nun, Schritt für Schritt die mit den Adäquatheitsbedingungen des HO-Schemas verbundenen Voraussetzungen und Probleme auszuloten – ein Vorgehen, das nicht nur tiefer in die Wissenschaftstheorie hineinführt, sondern das zugleich dazu zwingen wird, deren engen Rahmen zu verlassen: Am Ende wird sich zeigen, daß jedes Verständnis von Wissenschaft nicht nur die Wissenschaftsgeschichte einbeziehen muß, sondern bis in die Wissenschaftsmetaphysik reicht.

Die erste Adäquatheitsbedingung verlangt formal korrekte Schlüsse bei der Anwendung des HO-Schemas. Es würde weit in Logiktheorien hineinführen, wenn diese Bedingung näher analysiert würde; nehmen wir sie also für die hier zu verfolgenden Ziele hin, ohne schon an dieser Stelle mit der Problematisierung zu beginnen. Es genügt, Logik als einen Formalismus aufzufassen, mit dem man wahre Aussagen in wahre Aussage transformieren kann, und Mathematik als eine Strukturwissenschaft, deren Strukturangebot bis hin zum Rechnen und Berechnenkönnen in den exakten Wissenschaften herangezogen wird. Im vorliegenden Zusammenhang ist hinsichtlich der Logik allein von Belang, daß sie Deduktionen ermöglicht (was allerdings die logische Verknüpfbarkeit der Aussagen voraussetzt). Auch die Frage nach der Möglichkeit einer induktiven Logik sei noch zurückgestellt (vgl. Kap. A V.2). Und hinsichtlich der Mathematik ist im vorliegenden Zusammenhang nicht nach der Begründung der Mathematik selbst zu fragen, sondern nach der Rechtfertigung für deren Anwendung auf die Erfahrung. Beides aber kann am angemessensten auf dem Weg über die anderen Adäquatheitsbedingungen geschehen. Darum soll hier mit der Gesetzesbedingung B_2 begonnen werden, die verlangt, daß mindestens ein allgemeines Gesetz in die HO-Erklärung eingehe.

1. *Was ist ein Naturgesetz?*

Nichts scheint einfacher als zu sagen, was ein *allgemeines Gesetz* – oder ein Naturgesetz – ist; sollten dennoch Unklarheiten bestehen, könnte man sich ja auch hier der Methode der Explikation bedienen, um einen schärferen Begriff zu entwickeln. In Naturgesetzen sehen wir gemeinhin allgemeine, universelle Aussagen über notwendige Zusammenhänge zwischen Naturerscheinungen. Naturgesetze gelten nicht nur als Ausdruck der Regelhaftigkeit der Welt, sondern auch als Garant der vernünftigen Erfaßbarkeit des Universums. Der Gesetzesbegriff wird so zum Kristallisationspunkt des neuzeitlichen Wissenschafts- und Naturverständnisses; darum wurde bei der Ausbildung der Humanwissenschaften vom Ende des 18. Jahrhunderts an die Suche nach Gesetzen – sei es in der Gesellschaft (Comte), in der Geschichte (Hegel), in der Ökonomie (Marx) – zur Leitschnur, der sich selbst die Geisteswissenschaften beugen sollten. Tatsächlich jedoch zeigt sich, daß schon beim Naturgesetzesbegriff grundsätzliche Schwierigkeiten verborgen liegen, die kennzeichnend für die Problementwicklung sind, die aus der analytischen Wissenschaftstheorie heraus in die wissenschaftsgeschichtlich-wissenschaftssoziologischen Fragestellungen hineinführen und von dort weiter in eine Theorie des Erfassens geschichtlicher Phänomene; denn in aller Suche nach Erkenntnis, in allem Streben nach der Beantwortung von Warum-Fragen in einer Wissenschaft bleibt doch jede ihrer Aussagen an den Horizont ihrer Schule, ihrer Disziplin und ihrer Zeit gebunden.

Eben dieses der Geschichte Verhaftetsein mag es erlauben, sich dem Gesetzesbegriff des HO-Schemas historisch zu nähern. Natürlich haben Hempel und Oppenheim unter ›Gesetzen‹ das verstanden, was wir ein ›Naturgesetz‹ zu nennen pflegen (oder zu nennen pflegten – umsichtige Physiker sprechen statt dessen längst von ›Hypothesen‹ und

III. Regeln, Naturgesetze und Theorien 63

›Modellen‹: eine Folge der wissenschaftstheoretischen Diskussion). Doch bis ins 18. Jahrhundert wurde unter ›lex naturae‹ oder ›Gesetz der Natur‹ – trotz der wörtlichen Verwendung im heutigen Sinne schon bei Sextus Empiricus – zumeist etwas gänzlich anderes verstanden, nämlich das, was wir heute ein ›moralisches Gesetz‹ nennen würden, eines, das von der Vernunft-Natur Gottes oder des Menschen abhängt. Die heute als ›Naturgesetz‹ bezeichneten Aussagen wurden dagegen von Newton noch *principia naturae*, ›Naturprinzipien‹ genannt, aus denen als ersten Grundsätzen sich speziellere ›theoremata‹ über die Natur ableiten lassen. Nach beidem zu suchen, nach den Prinzipien und nach den Theoremen, war die leitende Aufgabe. Die heutige Bedeutung des Begriffes ›Naturgesetz‹ entstand durch Übertragung, *per analogiam*, wie Spinoza anmerkt, der göttlichen Gesetzgebung auf die Natur: So werden den Ereignissen der Natur *Regelhaftigkeit, Gesetzmäßigkeit und Notwendigkeit* in ihrer Abfolge zugesprochen.

Die größte Schwierigkeit bereitet die Notwendigkeit. Zwar sind wir im Alltagsleben fest davon überzeugt, daß Naturabläufe durch eine besondere Unausweichlichkeit gekennzeichnet sind – im Gegensatz zu bloß zufälligen Ereignissen. Aber worin soll diese physische Notwendigkeit bestehen und wie ist sie zu begründen? Solange man sich darauf berufen konnte, daß in einer von Gott geschaffenen Welt nichts ohne Grund und Ursache geschieht (also ein Leibnizsches metaphysisches *Prinzip des zureichenden Grundes* gilt), oder man mit Kant voraussetzen konnte, daß wir als erkennende Wesen die Kausalität unausweichlich als Denkform in alle Phänomene hineintragen, so lange konnte man in der Naturnotwendigkeit eine zwar schwerwiegende, aber doch vertretbare Voraussetzung aller Naturwissenschaften sehen und sie zum Fundament eines kausalen Natur- oder gar Weltbildes machen. Doch heute, wo mit der Quantentheorie nicht-kausale, nämlich statistische Gesetze als fundamental angesehen werden und wo wir in Evoluti-

onstheorien ganz selbstverständlich die prinzipielle Nicht-
vorhersagbarkeit von Mutationen akzeptieren, sind beide
Lösungen, die Leibnizsche wie die Kantische, nicht mehr
tragfähig, weil wir gerade nicht-notwendige Zustandsände-
rungen akzeptieren.

Zu der durch die Quantenphysik veränderten Problemlage
kommt ein zweites: Alle Versuche, die kausale Notwendigkeit, die wir ja für die klassische Physik weiterhin als gegeben ansehen, durch einen Formalismus beschreibend einzu-
fangen, haben sich bislang als gänzlich unbefriedigend erwiesen; denn es wäre dazu erforderlich, statt der logischen
Implikation eine ›Kausalimplikation‹ eines kausalen ›immer
wenn a – dann notwendig immer b‹ zu entwickeln, die diese Art von Unausweichlichkeit in einer passenden Modal-
logik auszudrücken vermag. Das aber ist bisher mißlungen;
warum dies so ist, wird gleich noch zu besprechen sein.

Ein dritter wichtiger Gesichtspunkt ist von Hume ins Spiel
gebracht worden, der davon ausging, daß die behauptete
Notwendigkeit in der Natur in keiner Weise zu beobachten
sei – sie beruhe vielmehr auf unserer gewohnheitsmäßigen
Zuschreibung. Niemals nämlich läßt sich beobachten »*Weil*
die Sonne den Stein bescheint, wird der Stein warm«, sondern stets nur »*Wenn* die Sonne den Stein bescheint, wird
der Stein warm«; der Kausalzusammenhang entzieht sich
schlechterdings jeder Wahrnehmung, und mit ihm die ange-
nommene Naturnotwendigkeit. Hume geht sogar noch einen Schritt weiter, denn selbst die Naturgesetzesform »*Immer* wenn die Sonne den Stein bescheint, wird der Stein
warm« entzieht sich unserer Beobachtung, weil wir beispielsweise heute nicht beobachten können, was morgen
geschieht, so daß unsere gestrige und heutige Beobachtung
keine Rechtfertigung für ein uneingeschränktes ›Immer‹
zulassen; alles, was wir in einer solch skeptischen Sicht zu
sagen vermögen, lautet: »Für all meine bisherigen Beobachtungen gilt: Wenn die Sonne den Stein bescheint, wird der
Stein warm.« Angewandt auf den Begriff des Naturgesetzes

III. Regeln, Naturgesetze und Theorien 65

bedeutet dies aber, daß Naturgesetze weder eine Kausalität noch eine Notwendigkeit noch eine Extrapolation auf die Zukunft ausdrücken, sondern, richtig verstanden, nur die Zusammenfassung bisher beobachteter Regelmäßigkeiten darstellen! Damit zerbricht die Fähigkeit, auf den Gesetzesbegriff ein ganzes kausales Weltbild zu gründen. Zugleich geht aber zu viel verloren; denn selbst wenn der skeptische Einwand Humes dazu zwingt, den Notwendigkeitsbegriff (und gegebenenfalls – wie bei Kant – auch die Kausalität als Denkform) ins erkennende Subjekt zu verlagern, so verlöre man doch die Möglichkeit, Handlungen – die ja vermöge der Gesetzmäßigkeit auf Zukünftiges zielen – und die technische Anwendung von Erfahrungswissenschaften überhaupt für sinnvoll zu halten, obwohl unser ganzes Leben hierauf beruht. Dies war allerdings auch nicht Humes Anliegen; doch es geht nicht um Hume, sondern um ein Element des Gesetzesbegriffs, das unabdingbar ist, selbst wenn an seine Stelle nur der Begriff der Regel tritt; nämlich der Anspruch von Regelhaftigkeit ohne eine zeitliche oder räumliche Begrenzung.

Eine erste Kennzeichnung des Begriffs ›Naturgesetz‹ kann darum lauten:

Universalitäts-Bedingung

Ein Naturgesetz ist eine All-Aussage, die weder räumlich noch zeitlich in ihrer Gültigkeit eingeschränkt ist (»Alles Glas ist zerbrechlich«).

Hierzu wird noch eine zweite Bedingung treten müssen, doch betrachten wir zunächst die Universalitäts-Bedingung. Sie zielt darauf ab, ganz universelle und uneingeschränkte Gesetze in der Natur von nur lokal gültigen Regelmäßigkeiten (zum Beispiel in einer soziologischen oder ethnologischen Aussage) zu unterscheiden. Allerdings verbergen sich hier Schwierigkeiten. Diese betreffen sowohl die Allheit als auch die Uneingeschränktheit. Die Allheit etwa ist so gemeint, daß nicht nur eine bestimmte Zahl von

Dingen oder Sachverhalten betrachtet wird; aber kann man fordern, es sollen unendlich viele sein, da nach heutigen Vorstellungen das Weltall insgesamt endlich ist? Wohl kaum. Doch ebensowenig läßt sich eine Art Mindestzahl benennen. Denken wir an eine gesetzesartige Aussage wie »Alle Schwäne sind weiß« (und lassen einmal Jungschwäne und australische schwarze Schwäne außer Betracht). ›Alle‹ – das sind alle vergangenen, gegenwärtigen und zukünftigen Schwäne, sicherlich recht viele, doch endlich in der Anzahl: die Evolution hat sie irgendwann einmal hervorgebracht, und irgendwann werden sie aussterben. Doch diese Sicht führt auf eine falsche Fährte; es geht gar nicht nur um die faktischen Schwäne, sondern auch um die bloß möglichen; denn von einem befruchteten Schwanenei, das nicht ausgebrütet wird, würden wir im Sinne unseres Verständnisses von Naturgesetz behaupten wollen, wenn es zum Schlüpfen gekommen wäre, hätte sich ein weißer Schwan entwickelt. Entscheidend bei der geforderten Universalität, die sich hinter dem ›alle‹ verbirgt, ist also die grundsätzliche Offenheit, die mit dem Bezug auf Möglichkeit einher geht und die nicht in einem logischen All-Quantor eingefangen werden kann, weil sich dieser nur auf Extensionen, d. h. auf tatsächliche Fälle einschließlich Vergangenheit und Zukunft bezieht.

Doch auch die geforderte *raum-zeitliche Unbeschränktheit* bereitet Schwierigkeiten: Vermutlich gibt es Schwäne nur auf dem Planeten Erde und nur in einem begrenzten Zeitraum des Evolutionsgeschehens; unser ›Schwanen-Gesetz‹ gilt also nur mit räumlicher und zeitlicher Beschränkung; es wäre also kein Kandidat für ein Naturgesetz. Betrachten wir im Hinblick auf diese neue Konstellation das Fallgesetz, das über die bloße Formel hinaus etwa so ausgedrückt werden kann. »Für alle Ereignisse von freiem Fall gilt: $s = \frac{1}{2} gt^2$.« Wie soll diese Aussage unbeschränkt sein, da sie doch nur für die Erdoberfläche gilt – wo doch die Erde irgendwann einmal entstanden ist und g überdies bei genauer

III. Regeln, Naturgesetze und Theorien 67

Betrachtung vom jeweiligen Ort abhängt? Um hier nicht schon zu scheitern, muß man erläutern, das Fallgesetz gelte nicht nur für die Erde, sondern für jeden planetarischen Körper, der dieselbe Masse und denselben Durchmesser wie die Erde habe oder hätte; deshalb sei die Gesetzesaussage auch zeitlich und räumlich universell. Der Möglichkeitsbereich wird also in ganz charakteristischer Weise auch von räumlichen und zeitlichen Begrenzungen freigehalten! Dies bringt folgende zweite, in der Formulierung zunächst vielleicht nicht sofort einleuchtende Bedingung zum Ausdruck:

Kontrafaktizitäts-Bedingung

Ein Naturgesetz ist eine Aussage, die sich in kontrafaktischen Aussagen sinnvoll verwenden läßt (»Wenn ich [m]eine Brille fallen lassen würde, würden die Gläser zerbrechen«).

Um besser zu verstehen, worum es dabei geht, muß man sich zunächst ein Problem vor Augen halten, das sich aus der ersten Bedingung ergibt; denn wenn man sich allein auf sie stützt, lassen sich leicht Beispiele ersinnen, die, obwohl sie nur einen einzigen kontingenten Sachverhalt im Universum betreffen, wie Gesetzesaussagen erscheinen: »Alle Sokratesse, die auf den Markt gehen, um dort mit den Leuten zu reden, sterben durch einen Schierlingsbecher.« Sollte es außer dem Lehrer Platons zufällig doch noch einen Sokrates$_2$ geben, der die Markt-Bedingung erfüllt, nicht aber den Schierlingsbecher trinkt, so ließe sich das ›Gesetz‹ passend durch weitere Kennzeichnungen erweitern, etwa durch Hinzufügen von »die mit einer Xanthippe verheiratet sind«. Damit wäre unser Sokrates$_2$ ausgeschlossen. Es läßt sich also jede beliebige singuläre Aussage über einen Sachverhalt so umformen, daß sie äußerlich wie ein Gesetz anmutet. Genau dem soll nun die zweite Bedingung entgegenwirken. Sie erscheint auf den ersten Blick ungewöhnlich, doch gerade sie ist innerhalb der Umgangssprache ein

vorzügliches Kriterium für Gesetzmäßigkeit und Regelmäßigkeit; denn wir können sofort erkennen, daß das ange-
führte Brillen-Beispiel eine sinnvolle Aussage ist, während
»Wenn meine Katze bellen würde, wäre sie ein Hund«
überhaupt nicht zu verstehen ist. Das liegt nicht etwa an
der Irrealität des Vordersatzes; und auch nicht daran, daß
wir keine bellenden Katzen kennen, denn wir haben keine
Schwierigkeiten mit dem Satz »Wenn einige Löwen Fische
wären, wären einige Fische Löwen«, obwohl es solche
Fisch-Löwen nicht gibt. Vielmehr geht es bei den beiden
sinnvollen Aussagen um hinter den kontrafaktischen, irrealen Bedingungen stehende Regelmäßigkeiten: Dies sind im
Glas-Zerbrechen-Falle Regelmäßigkeiten in der Natur, hingegen logische Regelmäßigkeiten, nämlich ein logisches
Gesetz, im Löwen-Fisch-Falle. Dagegen fehlen uns alle Regelmäßigkeiten der einen wie der anderen Art im Katze-
Hund-Fall. In der Umgangssprache, im Alltag (und oft
genug auch in der Wissenschaftspraxis) haben wir also
deshalb gar keine Schwierigkeiten, sinnvolle von sinnlosen
kontrafaktischen Aussagen zu unterscheiden, weil wir über
ein *Alltags- und Hintergrundwissen von Regelmäßigkeiten*
verfügen! Dieses Hintergrundwissen steckt schon in jedem
Begriff unserer Umgangssprache, weil dieser sozusagen ge-
ronnene Erfahrung enthält. Es läßt sich zwar explizit her-
ausarbeiten, wo das im Einzelfall erforderlich ist, doch wiederum nur im Rahmen und unter Voraussetzung anderer,
nicht in Frage gestellter Begriffe. Dies ist der Grund, weshalb Bemühungen zur Formalisierung der Kausalimplikation scheiterten: Das Hintergrundwissen über Regularitäten
müßte explizit verfügbar sein, um sich darauf stützen zu
können. Genau damit läßt sich aber auch unser Sokrates-
Beispiel ausscheiden; denn erstens können wir unterscheiden zwischen einem Namen ›Sokrates‹ für eine bestimmte
Person und einem Allgemeinbegriff ›Sokrates‹, der in einem
scheinbaren Gesetz über alle Sokratesse auftaucht, denn
niemand würde ernsthaft glauben, daß jemand, weil er So-

krates heißt und auf dem Markt mit Leuten redet, zum Tode durch den Schierlingsbecher verurteilt würde. Dies wirft aber rückblickend ein interessantes Licht auf die Frage, wie universell denn eine gesetzesartige Aussage sein müsse. Die unerwartete Antwort lautet, daß es gar nicht um zu zählende Fälle in dieser Welt geht, sondern um *mögliche* Fälle: wir sind beispielsweise überzeugt, daß das Fallgesetz auch gilt, wenn wir unsere Brille nicht fallen lassen; und darum pflegen wir sie festzuhalten. *Mögliche* Fälle aber sind immer unbegrenzt viele Fälle.

2. *Regeln und Gesetze*

Die Humesche Kritik am Kausalgesetzesbegriff hatte deutlich werden lassen, daß es ratsam sein könnte, statt von Gesetzen nur noch von *Regeln* und Regularitäten zu sprechen. (Dabei lassen wir einmal außer acht, daß auch Regeln ursprünglich auf Handlungen bezogen sind und als Gebot vorschreiben, was ich tun soll, oder sagen, welches probate Mittel ich zur Erreichung eines Ziels zu wählen habe.) Tatsächlich hat sich ein solcher Sprachgebrauch nicht eingebürgert, obwohl der alte Glaube an eherne Gesetze der Vorstellung gewichen ist, daß in den Erfahrungswissenschaften nur mehr oder weniger bewährte *Hypothesen* formulierbar sind, von Kausalgesetzen zu schweigen. Dies liegt an Begründungsproblemen, die im nächsten Abschnitt zur Sprache kommen sollen; aber es berührt nicht den Unterschied zwischen Regeln auf der einen und Gesetzeshypothesen auf der anderen Seite. Tatsächlich ist eine HO-Erklärung durchaus zulässig, die sich auf eine Regel als gesetzesartige Aussage stützt. Doch läßt sich im Sprachgebrauch sicher folgende Abgrenzung beobachten: Jahrhunderte, vielleicht Jahrtausende war die Regularität der Planetenbewegungen geläufig, ohne daß mehr als Regeln darüber formuliert worden wären, und schon gar nicht Gesetze. Dies läßt sich inhaltlich darauf beziehen, daß es jeder theoretischen Vorstellung darüber ermangelte, warum diese Regularität in der Natur besteht und wie sie mit anderen Regularitäten zusammenhängt. Erst in dem Augenblick, in dem auch nach Gründen für die Regelmäßigkeit selbst gefragt wird, erfolgt eine solche Einbettung in einen Theoriezusammenhang, und von nun an läßt sich von Gesetzen oder von Gesetzeshypothesen sprechen, die den oben entwickelten Bedingungen genügen. Formal gesehen wird dadurch eine Regel selbst zum Explanandum einer HO-Erklärung, wobei das Explanans aus allgemeineren Gesetzen und speziellen Bedingungen besteht – wie im Falle der Ableitung der Keplergesetze oder des Fallgesetzes aus der Newtonschen Gravitationstheorie.

Der hier vorgeschlagene Regelbegriff ist sicherlich nicht wirklich scharf vom Begriff einer Gesetzeshypothese zu trennen; denn Kepler beispielsweise hatte keinerlei Erklärung für seine ›Gesetze‹ der Planetenbewegung; wir müßten sie also ›Regeln‹ nennen. Nun suchte er aber nach einer Begründung; und dies muß im vorliegenden Fall genügen, weil die Regularität ausdrücklich in einen weiteren theoretischen Zusammenhang eingebettet gesehen wird. Umgekehrt mag es günstig sein, in soziologischen Zusammenhängen, wo es um die Beschreibung kulturspezifischer Verhaltensweisen geht, nicht von Gesetzeshypothesen, sondern von Regeln im Sinne kulturspezifischer Regularitäten zu sprechen, obwohl der Rahmen einer soziologischen Theorie fraglos gegeben ist, auch wenn sich aus ihm die betreffende Regel als Handlungsregel nicht ableiten läßt. Leitend ist bei der Verwendung des Regelbegriffs in diesem Zusammenhang ein schwächerer Anspruch auf Verallgemeinerbarkeit und Universalität, der aber zugleich verdeutlicht, daß darauf bauende Erklärungen die Gesetzesbedingung B_2 des HO-Schemas nicht nur nicht erreichen, sondern für sich auch nicht in Anspruch nehmen, während das Umgekehrte für Regularitäten im Sinne der Keplergesetze

III. Regeln, Naturgesetze und Theorien   71

der Fall ist. In humanwissenschaftlichen Aussagen sollte deshalb überall dort, wo es um Handlungszusammenhänge geht, besser von ›Regeln‹ gesprochen werden, und dies schon deshalb, weil in solchen Fällen letztlich Erklärungen nach dem Schema des praktischen Syllogismus unter Rekurs auf Handlungsnormen und kognitive Prämissen gefragt sind, nicht aber HO-Erklärungen.

3. Verfügen wir über Gesetze?

Ist mit dem eben Entwickelten für unsere Zwecke geklärt, was eine Gesetzesaussage im Sinne der Adäquatheitsbedingungen ist? Für die alltägliche Verständigung sicherlich, nicht aber für die Wissenschaftstheorie, denn dort gelangen wir durch unser unvorsichtiges Ausweichen auf mögliche Fälle in ein überhaupt nicht mehr überschaubares Terrain, weil man zwar Faktisches beobachten kann, niemals aber bloß Mögliches. Überdies läßt sich niemals schlüssig nachweisen, daß eine behauptete Gesetzeshypothese der Universalitäts-Bedingung und der Kontrafaktizitäts-Bedingung genügt. Wir hätten also den Bereich der Erfahrung verlassen und kämen damit in Konflikt mit der Signifikanzbedingung B_3, die eben dies verhindern soll. Trotzdem kommen wir nicht umhin, von dem skizzierten Alltagsverständnis von Gesetz auszugehen, und sei es, um nur noch tiefer in die Schwierigkeiten einzudringen, die hier verborgen liegen. Zugleich aber gilt es festzuhalten, daß niemand über Aussagen verfügt, die nicht nur gesetzesartig aussehen, sondern tatsächlich (nämlich nachweislich) Naturgesetze sind.

Mit diesen Bemerkungen ist das Anliegen der HO-Erklärung als Kernstück der wissenschaftlichen Auseinandersetzung mit der Welt nicht unsinnig geworden, sondern es wird deutlich, daß eine Erklärung von Bedingungen abhängt, die zwar nicht erfüllbar sind, die zu erfüllen aber ein normativer Anspruch des wissenschaftlichen Denkens ist: Die ganze Entwicklung der neuzeitlichen Naturwissenschaften ist geprägt von dem Anliegen, zu immer universelleren und der Kontrafaktizitäts-Bedingung genügenden Aussagen über die Welt zu gelangen – und dies ungeachtet aller Umbrüche und Irrwege: An die Stelle der mittelalterlichen Trennung in eine translunare Physik für den Himmel (die Astronomie) und eine sublunare Physik für die Erde (die Mechanik) war mit Descartes der Gedanke einer einheitlichen, durch wenige universelle Gesetze erfaßbaren umfassenden Naturwissenschaft getreten, mochten seine Stoßgesetze noch so wenig mit der beobachtbaren Realität übereinstimmen. Verwirklicht wurde das Konzept erstmals in Newtons Mechanik, auch wenn wir diese heute mit Einstein durch die Relativität als begrenzt ansehen. Leitend für diese Veränderungen war die Suche nach besserer Erfüllung von Bedingungen, die mit der Forderung nach kausalen Erklärungen zusammenhängen. So führt eine bessere Kenntnis der Bedingungen und Voraussetzungen nicht in die Irre oder zu Beliebigkeit, sondern sie wird zum Antrieb, eben dieses Gefüge weiter auszuloten.

IV. Beobachtungssprache, theoretische Sprache und empirische Signifikanz

Wir haben von Fakten, Naturgesetzen und Theorien gesprochen, ohne danach zu fragen, wieso eigentlich Naturgesetze und Theorien einen empirischen Gehalt haben können. Nun verlangt aber die Signifikanzbedingung B₃ des HO-Schemas gerade den empirischen Gehalt, nämlich die *empirische Signifikanz* des Explanans auf allen seinen Ebenen. Wie also steht es um diese Adäquatheitsbedingung in Bezug auf Beobachtungen und Theorien insbesondere unter dem leitenden Problem, daß in Gesetzen und Theorien Begriffe vorkommen, denen keine unmittelbar zu beobachtende Eigenschaft korrespondiert; denn wer hätte je eine Masse, ein elektrisches Feld oder H₂O gesehen? Wie also ist der Zusammenhang von Beobachtung, Gesetzen und Theorien beschaffen, damit die empirische Signifikanz gewährleistet ist?

1. *Phänomenalismus und Physikalismus: Protokollsätze, Basissätze und das Sinnkriterium*

Ursprünglich ist in der ganzen empiristischen und positivistischen Tradition versucht worden, die Erfahrungswissenschaften auf dem positiv Gegebenen, dem Erfahrbaren aufzubauen. Nun liegt hier ein erkenntnistheoretisches Begründungsproblem verborgen, das seit der Antike wohlvertraut ist, denn der Beobachtende kann sich hinsichtlich einer Beobachtung immer irren. Ein Ausweg bot sich in folgender Überlegung an: Der Beobachtende kann sich nicht darin irren, *daß er selbst bestimmte Wahrnehmungen hat*! Ganz ohne Frage liegt hier etwas Unbezweifelbares vor, und so lag es nahe, hierauf aufzubauen. Diese Möglichkeit einer Fundierung der erfahrungswissenschaftlichen Er-

74   A Der analytische Ansatz

kenntnis ist es, die der *Phänomenalismus* sucht. Er nimmt den Ausgang von einer Sinnesdatentheorie, denn was uns nach seiner Vorstellung primär gegeben ist, sind allein die Wahrnehmungen: *Esse est percipi*, Sein ist Wahrnehmung, wie Berkeley schrieb. Dies hat schon vor ihm bei Locke und nachfolgend bei Hume, Mill, Mach und Carnap bis zum frühen Goodman immer wieder zu Versuchen geführt, all unsere Begriffsbildungen bis hinein in die Theorien auf Sinneswahrnehmungen zu gründen. Otto Neurath und Rudolf Carnap hatte dies bewogen, statt von irgendwelchen Beobachtungssätzen von sogenannten *Protokollsätzen* auszugehen:[11]

> Herr A sieht am 25. 11. 1998 im Hörsaal B um 17 Uhr einen Mantel auf dem Tisch.

Oder in verallgemeinerter Form:

> Person A beobachtet an der Raumzeitstelle (x,y,z,t) den Sachverhalt Y.

(– wobei Y etwas ist, was man direkt beobachten, beispielsweise sehen und anfassen kann.) Sofern die betreffende Person nicht lügt, sieht sie tatsächlich Y; die Aussage ist also als Aussage über einen inneren Zustand der Person A sicherlich und unbezweifelbar wahr. Aber ist damit auch die Sachverhaltsaussage

> An der Raumzeitstelle (x,y,z,t) besteht der Sachverhalt Y.

wahr? Keineswegs, und genau hierin liegt das Problem: Wie soll ich von *meiner Wahrnehmung* eines Sachverhaltes auf das *Bestehen des Sachverhaltes* gesichert schließen können? Neurath wie Carnap stellen darum fest, daß Protokollsätze kein endgültiges, absolut sicheres Mittel sind, eine Erfah-

---

11 Otto Neurath: »Protokollsätze«, in: *Erkenntnis* 3 (1932/33), S. 204–214, sowie Rudolf Carnap: »Über Protokollsätze«, in: *Erkenntnis* 3 (1932/33), S. 215–228.

IV. Beobachtungssprache, theoretische Sprache   75

rungswissenschaft auf sie aufzubauen. Wie weiß ich, wie wissen wir, ob eine Sachverhaltsaussage wahr ist? Wenn sich uns dieses Problem praktisch stellt, etwa, weil wir unserer Sache nicht sicher sind, reiben wir uns die Augen oder holen andere herbei oder nehmen Untersuchungen vor, von denen wir meinen, daß sie den Sachverhalt Y bestätigen. Gerade dieses Vorgehen zeigt, daß jede Sachverhaltsaussage aufgrund der eingehenden Begriffe (deren Sinn wir ja kennen) in rudimentäre Theorien eingebettet ist, denn sonst könnte man solche Prüfverfahren gar nicht vornehmen. So schauen wir in den Kalender, um das Datum zu überprüfen, auf das Hörsaalschild, um die Raumnummer zu kontrollieren, und insbesondere heben wir den Mantel auf, um sicher zu sein, daß es sich nicht um eine Jacke, einen Lappen oder gar um ein bloßes Hologramm handelt, das uns nur den Augenschein eines Mantels vermittelt. Doch wie wir den Mantel auch drehen und wenden – *bewiesen* ist damit gar nichts, denn immer habe ich nur eine taktile und visuelle *Wahrnehmung*, nicht den Mantel ...

Der metaphysikkritische Leitgedanke, der allen Versuchen einer Begründung von Sachverhaltsaussagen durch Beobachtung zugrunde liegt und der auch noch hinter der Adäquatheitsbedingung der empirischen Signifikanz steht, war, daß Inhalte, auf die sich nicht verweisen läßt, *nicht mitteilbar* und damit natürlich auch *nicht überprüfbar* sind. Dies war leitend von der Lockeschen Erkenntnistheorie über Carnaps Versuch eines logischen Aufbaus der Welt bis hin zum *empiristischen Sinnkriterium* des Wiener Kreises. Dieses Sinnkriterium kann man geradezu als die radikalste Ausformulierung des Bemühens verstehen, die Sprache, insbesondere die wissenschaftliche Sprache, von allen Elementen freizuhalten, für die eine Mitteilbarkeit, also eine Fundierung auf Beobachtbarkeit, nicht gewährleistet ist. Dies wird ausgedrückt in zwei Forderungen:

Empiristisches Sinnkriterium

(1) *Ein Begriff hat nur dann einen Sinn, wenn er auf Wahrnehmungsdaten gegründet ist.*

(2) *Ein Satz hat nur dann einen Sinn, wenn es eine Methode seiner Verifikation gibt.*

Das Bemühen des Phänomenalismus als ein radikal antimetaphysischer Ansatz scheint geeignet, die Wissenschaftssprache endlich von metaphysischen Beimischungen zu reinigen und damit den Wissenschaftsfortschritt unmittelbar von allen Hemmnissen und Hindernissen zu befreien. Doch gerade die Entfaltung dieses Ansatzes hat gezeigt, daß er undurchführbar ist:[12] Der Phänomenalismus scheitert nämlich schon bei dem Versuch, einen Dingbegriff einzuführen; denn in welcher Weise sollte der Phänomenalist von einem Ding sprechen, das gerade nicht wahrgenommen wird? Daß aber Dinge unabhängig davon existieren, ob irgend jemand sie wahrnimmt, gehört sicherlich zu den Grundeigenschaften, die man einem Ding zuschreibt. Ist eine Wiese grün, wenn keiner sie beobachtet? Um diese Frage mit ›ja‹ beantworten zu können, muß der Phänomenalist etwa folgendermaßen argumentieren: Die Wiese, die gerade niemand ansieht, ist dennoch *wahrnehmbar*; insofern existiert sie und ist grün. Wie aber soll eine Wahrnehmungs*möglichkeit* – denn nichts anderes steckt ja in dem Wort ›wahrnehmbar‹ – in einer phänomenalistischen Sprache fundiert werden? Eine *Möglichkeit* als nicht realisierte Möglichkeit ist gewiß nicht wahrnehmbar – und damit handelt es sich um einen im Lichte des Sinnkriteriums unzulässigen Begriff! Wenn wir aber die Konstanz eines Dinges in der Zeit zum Ausdruck bringen wollen, können wir nicht anders, als ihm eine solche Wahrnehmungsmöglichkeit zuzuschreiben. Dasselbe gilt auch für all diejenigen Be-

---

12 Vgl. Wolfgang Stegmüller: *Der Phänomenalismus und seine Schwierigkeiten*, Darmstadt: Wissenschaftliche Buchgesellschaft 1969.

IV. Beobachtungssprache, theoretische Sprache   77

griffe, die wir in der Sprache so behandeln, als hätten wir es mit manifesten, also in der unmittelbaren Beobachtung gegebenen Prädikaten zu tun, während es sich in Wirklichkeit um Möglichkeiten, um *Dispositionen* handelt. Endungen von Adjektiva auf ›-lich‹ und ›-bar‹ wie beispielsweise in den Wörtern ›wasserlöslich‹, ›zerbrechlich‹, ›zerstörbar‹, ›sichtbar‹ haben den gleichen Status, denn in ihnen wird von Anbeginn eine Möglichkeit zum Ausdruck gebracht. Daß diese Möglichkeiten zugleich Gesetzmäßigkeiten zum Ausdruck bringen (man denke an das Beispiel »Glas ist zerbrechlich«), entzieht sich vollends der Wahrnehmbarkeit.

Dies alles hat dazu geführt, den phänomenalistischen Standpunkt Anfang der dreißiger Jahre zugunsten des *physikalistischen Standpunktes* aufzugeben. Danach ist von den physikalischen Gegebenheiten als Grundgegebenheiten auszugehen: Es wird *unterstellt*, daß der Rasen auch ohne Beobachtung existiert und grün ist. Hier, in diesem physischen Bereich, sind nach der von Carnap entwickelten Vorstellung Beobachtungen vorzunehmen; und die Sprache, die diese Beobachtungen ausdrückt, wird *Beobachtungssprache* genannt. Ihre Begriffe werden letztlich durch *Hinweisdefinitionen* eingeführt, denn ein Begriff wie ›rot‹ läßt sich nicht wieder auf andere Begriffe zurückführen. Das Hauptproblem besteht nun darin, wie man von solchen Begriffen zu abstrakteren, den sogenannten *theoretischen Begriffen*, aufzusteigen vermag; denn Humes klassischer Einwand ist völlig zutreffend: Wir haben noch nie eine Kraft gesehen, stets nur die Wirkung einer Kraft. Wie aber kann ich dann den Begriff der Kraft in die Sprache, gar in die Wissenschaftssprache einführen? Niemand hat die Gesellschaft gesehen, trotzdem soll in ihrem Namen gehandelt werden – und so fort. Damit ist wohl klar, um welches Problem es sich bei den theoretischen Begriffen handelt, nämlich, wie sie mit der Beobachtung zusammenhängen, da sie doch einerseits etwas Nicht-Beobachtbares bezeichnen, sich aber

78 A Der analytische Ansatz

anderseits auf die Erfahrungswelt beziehen und deshalb
empirische Signifikanz haben sollten. Um dieser Frage näher zu kommen, sollen zunächst einige Arten von Begriffen
betrachtet werden, die gemeinhin mit Beobachtungen verbunden werden.

2. Qualität und Quantität

Galilei hatte für die Erfahrungswissenschaften das Programm formuliert, zu messen, was meßbar ist, und meßbar
zu machen, was noch nicht meßbar ist. So geht auf ihn der
neuzeitliche Leitgedanke quantitativer Wissenschaften zurück, also der Gedanke der Verwendung quantitativer statt
bloß qualitativer Aussagen, um damit insbesondere Theorien zu ermöglichen, die funktionale Zusammenhänge in einer mathematischen Formelsprache darzustellen gestatten.
Dieser Gedanke war so wirkmächtig, daß noch im 19. Jahrhundert die Forderung vertreten wurde, auch die Geisteswissenschaften diesem Programm zu unterwerfen; und in
den Humanwissenschaften ist dieser Methoden- und Rich-
tungsstreit bis heute noch nicht zur Ruhe gekommen. Worin aber besteht der Unterschied zwischen qualitativen und
quantitativen Begriffen?

Ein Begriff heißt *qualitativ*, wenn er eine Eigenschaft von
etwas beinhaltet. Dabei denkt man meist an Prädikate wie
›grün‹, ›süß‹, ›heiß‹, also an das, was uns unsere Sinne
scheinbar ›unmittelbar‹ als Qualität anzeigen. Aber man
darf sich nicht durch die Sprache irreführen lassen, die zwischen Subjekten und Prädikaten, also zwischen Dingen und
ihren Eigenschaften unterscheidet; denn logisch gesehen
sind auch Dingausdrücke nichts anderes als Prädikate.
Wenn man etwas als ein Ding einer bestimmten Art (beispielsweise als einen ›Apfel‹) kennzeichnet, bedeutet dies
nichts anderes als einem x eine Eigenschaft zuzusprechen
(nämlich die Qualität, Apfel zu sein).

IV. Beobachtungssprache, theoretische Sprache 79

Die Umgangssprache verwendet durchgängig qualitative Begriffe. Diese werden zumeist an charakteristischen Beispielen, an einem *Typ* eingeführt und werden deshalb *typisierend* genannt. Dabei ist es unerheblich, ob es ein solcher Begriff erlaubt, Einzeldinge voneinander zu isolieren (Beispiel: Apfel) oder nicht (Beispiel: Wasser), auch wenn sich im ersten Falle solche aufgrund einer Qualität begrifflich unterschiedene Dinge zählen lassen, was im anderen Falle nicht gelingt: Durch die Möglichkeit, Dinge abzuzählen, wird der fragliche Begriff keineswegs zu einem quantitativen Begriff. – Aufgrund der Form der Einführung durch charakteristische Beispiele haben qualitative Begriffe unscharfe Grenzen, denn immer gibt es Fälle, in denen wir nicht recht wissen, ob wir etwas die fragliche Eigenschaft zusprechen sollen oder nicht. Nehmen wir als Beispiel das Wort »Glatzkopf«: Es ist keineswegs festgelegt, wie viele Haare jemand wenigstens haben muß, wie lang diese sein müssen und vielleicht auch wie dick, damit man nicht mehr von einer Glatze, sondern von schütterem Haarwuchs spricht. Nicht anders liegen die Dinge beispielsweise bei Farbprädikaten, denn obwohl wir diese (ausgenommen weiß, schwarz und braun) bei farbigem Licht durch Wellenlängen charakterisieren können, sind sie doch umgangssprachlich durch charakteristische Beispiele eingeführt, die überdies von Sprache zu Sprache durchaus verschieden sein können. ›Gelb‹ oder ›grün‹ lernen wir an Exempeln, und die hochdifferenzierten Farbtafeln, die es seit Ende des 19. Jahrhunderts zur Normung von Farbschattierungen gibt, sind Tafeln von Typen.

Nun kann man durch Übereinkunft scharfe Grenzen zwischen einzelnen Qualitäten ziehen; in diesem Falle spricht man von *klassifikatorischen* Begriffen. So könnten wir, wenn wir wollten, sagen: 0 bis 10 Haare kennzeichnen einen Kahlkopf, 11 bis 250 Haare einen Glatzkopf, 251 bis 350 Haare schütteren Haarwuchs – aber dies ist natürlich Haarspalterei (bei der der Begriff ›Haar‹ selbst immer noch

80 A Der analytische Ansatz

ein typisierender Begriff bliebe). Wissenschaftlich bedeut-
samer sind diejenigen Fälle, in denen für den Aufbau einer
wissenschaftlichen Terminologie Klassifikationssysteme eingeführt wurden; das bekannteste ist wohl das Linnésche
System der Pflanzen. Linné war der Überzeugung, mit seiner Klassifikation eine Ordnung gefunden zu haben, die
vollkommen mit der Natur übereinstimmt, ein Gedanke,
den wir rückblickend und aus der Sicht der Evolutionstheorie kaum unterschreiben können. Vielmehr handelt es
sich um ein Klassifikationssystem, das es erlaubte, die bis
dahin bekannten Pflanzen einzuordnen, weshalb es sich als
eminent zweckmäßig erwies. Dasselbe gilt für das Klassifikationssystem der chemischen Elemente, das schon vor der
Unterscheidung mit Hilfe von Atomgewichten eingeführt
worden ist. Jedes Klassifikationssystem enthält also ein Element der Willkür und eines der Zweckmäßigkeit. Deutlich
wird dies etwa, wenn wir Menschen nach ihrer Nationalität
klassifizieren: Diese Klassifikation ist kaum natürlich, sondern beruht auf bestimmten geschichtlichen und rechtli-
chen Festschreibungen, über deren Zweckmäßigkeit sich
trefflich streiten läßt.

Klassifikationssysteme bilden den Anfang einer jeden Wissenschaft, weil sie zur Ordnung des Phänomenbereichs dienen. Von der Seite der Begriffsbildung gesehen ist es dabei
sinnlos, nach ›natürlicher‹ oder ›künstlicher‹ Klassifikation
zu fragen; immer ist es das Erkenntnissubjekt, das Grenzen
zieht. Gefragt wird nur, ob die Grenzziehung fruchtbar ist,
ob sich also mit ihrer Hilfe viele möglichst allgemeine Aussagen in Form von Gesetzen oder einfache Theorien formulieren lassen.

Nun wird man bei qualitativen Begriffen nicht stehenbleiben wollen, so, wie die Umgangssprache nicht bei Typen, Klassen oder bei polaren Gegensätzen wie groß/klein,
warm/kalt stehenbleibt, sondern *Vergleiche* formuliert: a ist
wärmer als b, c ist höher als d, e ist härter als f ...; teilweise
galt dies schon für die eben gewählten Beispiele. Man

IV. Beobachtungssprache, theoretische Sprache   81

spricht hier von *komparativen* Begriffen; zumeist werden sie durch eine Typisierung zueinander in Beziehung gesetzt. Klassische, in den Wissenschaften gebräuchliche komparative Begriffe sind die bekannte Beaufort-Skala der 12 Windstärken oder die Härtegrade durch Normierungsmineralien, die sogenannte Mohrsche Härteskala. Auch die bipolaren Schätzskalen, die in der Pädagogik, in der Psychologie und zum Teil auch in der Soziologie Verwendung finden, gehören hierher:

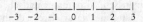

Hier wird eine Versuchsperson aufgefordert, eine beobachtete Eigenschaft entsprechend einzuordnen, etwa: »Wie gut war der Dozent vorbereitet: sehr gut – gut – befriedigend – / – mangelhaft – schlecht – gar nicht?« Oft wird so getan, als habe man es hier schon mit quantitativen Begriffen zu tun, aber davon kann keine Rede sein – es handelt sich um komparative Begriffe, die überdies im Falle der Schätzskalen eine so starke subjektive Komponente enthalten, daß die Vergleichbarkeit der Schätzung verschiedener Subjekte schwer zu gewährleisten ist. Mathematisch gesehen handelt es sich in allen Fällen komparativer Begriffe um Quasi-Reihen, für die eine $\leq$-Relation, also eine Topologie, aber keine Metrik definiert ist.

Der nächste Schritt, von Carnap herausgearbeitet, besteht nun darin, die Quasi-Reihe durch ein Maß zu verfeinern, so daß ein *metrischer* Begriff entsteht. Damit ist auch die Verwendung der Mathematik sichergestellt, wenn das Maß passend gewählt wird. Dazu aber ist die Einführung von Maßkonventionen notwendig, die die Wahl des *Nullpunktes*, der *Einheit* und des *Skalentyps* betreffen, um hernach mit den gemessenen Größen innerhalb einer Theorie auch mathematisch umgehen zu können.

All dies ist nicht so selbstverständlich wie es scheinen mag,

82 A Der analytische Ansatz

denn es bedeutet, daß sich nicht einfach mit Galilei sagen läßt, das Buch der Natur sei in Zahlen geschrieben; vielmehr sind *wir* es, die wir die Größen als quantitative Begriffe durch geeignet gewählte (Maß-)Konventionen so einführen, daß sich Mathematik in einem Phänomenbereich anwenden läßt! Das dahinterstehende Problem reicht tief und kann hier nur angedeutet werden: Descartes hatte die Mathematisierbarkeit der Natur und die Möglichkeit einer quantitativen Naturwissenschaft damit begründet, daß die essentielle Eigenschaft der Natur die Ausdehnung sei, die wiederum geometrisch, also mathematisch erfaßt werden könne; Leibniz hatte die Natur als ein Phänomen verstanden, das auf der Wahl Gottes beruht, unter den logisch strukturierten möglichen Welten die geordnetste zu schaffen – eine Welt, in der Naturgesetze gelten, die, da Leibniz die Mathematik als auf Logik zurückführbar ansah, selbst mathematisch darstellbar sein müssen, ohne doch mathematische Gesetze zu sein. Kant dagegen sieht die Natur als Phänomen, das durch menschliche Erkenntnisbedingungen konstituiert ist, nämlich durch die transzendentalen Bedingungen der Möglichkeit der Erkenntnis, die zugleich Bedingungen der Möglichkeit der Gegenstände der Erkenntnis sind; so versteht er die Mathematisierbarkeit als gewährleistet durch eine Konstruktion, die auf Denk- und Anschauungsformen beruht: Das Erkenntnissubjekt kann die Welt nicht anders als mathematisch strukturiert erkennen.

Doch nun, nach dem Aufweis der Meßkonventionen, zeigt sich, daß diese Mathematisierung nicht eine Folge transzendentaler Bedingungen ist, sondern darauf beruht, daß wir das Netz der Mathematik zur Strukturierung des Objektbereiches in die Erfahrungswirklichkeit über unsere Begriffsstrukturen hineintragen. Das bedeutet nicht, daß damit die Natur eigentlich mathematisch ist, sondern daß diese Mathematisierung eine Form des erkennenden Zugriffs und Umgangs mit ihr ist. Aussagen wie »2 Äpfel plus 2 Äp-

IV. Beobachtungssprache, theoretische Sprache 83

fel ergeben 4 Äpfel« sind darum – anders als »2 + 2 = 4« – gerade *keine* mathematischen, sondern empirische Aussagen, in denen die mathematischen Größen eine empirische Deutung durch eine Zuordnung erfahren haben. Dasselbe geschieht, wenn etwa eine Bewegung als stetige Kurve dargestellt wird: Woher sollte es Stetigkeit in der Natur geben, wenn wir einen Atomismus zugrunde legen? Wieso dürfen wir einen Radumfang mit »$2\pi r$« berechnen, wo doch π eine Irrationalzahl, ein nichtperiodischer unendlicher Dezimalbruch ist, der so gar nicht in der Realität seinen Platz finden kann? Das Problem wird lösbar, sobald klar geworden ist, daß die Mathematisierung eine Strukturierungsleistung menschlichen Denkens ist – eine Leistung überdies, die *offen* hinsichtlich der verwendeten Strukturen ist: genau dies zeigt sich, wenn neu entwickelte mathematische Strukturen, die fern jeder Anwendbarkeit zu sein scheinen, sich in den Wissenschaften oft genug als eminent anwendbar erweisen.

Ein erster und einfacher Fall mathematischer Strukturierung liegt in den quantitativen Begriffen vor. Betrachten wir die dabei eingehenden Konventionen nun etwas näher.

Die Wahl des *Nullpunktes* scheint selbstverständlich, denn was sollte die Länge 0 anderes sein als das Zusammenfallen zweier begrenzender Größen, also das Fehlen einer Länge, oder das Gewicht 0 das Fehlen eines Gewichtes; aber schon der Nullpunkt der Temperaturskala zeigt, daß es sich um eine Konvention handelt, und zwar gleichgültig, ob wir hierbei an die Celsius- oder an die Fahrenheit-Skala denken, wo die konventionelle Wahl ja ganz deutlich ist, oder aber an den absoluten Nullpunkt, denn bei ihm handelt es sich um eine rein theoretische Größe, weil dieser Nullpunkt nach dem Dritten Hauptsatz der Thermodynamik unerreichbar ist. – Ganz und gar konventionell ist die *Einheit*, d. h. die Festlegung der metrischen Distanz zwischen zwei Meßpunkten als eine Einheitsgröße. Doch auch der *Skalentyp* muß durch eine Konvention eingeführt werden,

84 A Der analytische Ansatz

verbunden im übrigen mit Vorschriften darüber, wie die
Messung im einzelnen zu erfolgen hat. So ist beispielsweise
die Längenskala – wie die meisten Skalen – arithmetischer
Art: »1 cm + 1 cm = 2 cm«. Als Meßvorschrift kommt hinzu, daß die Längen längs einer Geraden, realisiert beispielsweise durch einen Lichtstrahl, zu messen sind. Doch will
man Temperaturen messen, so ist keineswegs selbstverständlich, wie die Skala aufzubauen ist, denn

»20° C + 20° C = 40° C«

ist eine völlig unsinnige Aussage; die Normierung der Ska-
leneinheit erfolgt hier vielmehr über die Wärmemenge, die
benötigt wird, ein festes Volumen um 1° C zu erwärmen;
die Wärmemenge nämlich verhält sich additiv. Daß dieser
Skalentyp auf dem Thermometer wie eine arithmetische
Skala aussieht, liegt daran, daß sich Quecksilber im großen
und ganzen bei Erwärmung linear ausdehnt. Würde man
aber beispielsweise statt des sogenannten absoluten Null-
punkts wegen dessen Unerreichbarkeit den Skalenwert – ∞
einführen (was ja intuitiv wegen der Unerreichbarkeit einsichtig wäre), ergäbe sich ein ganz anderer Skalentyp, der
jedoch für den Gebrauch innerhalb der Thermodynamik
nicht besonders günstig wäre. Andere Skalentypen kommen in der Physik durchaus vor: Zum Glück für unsere
Ohren empfinden wir den Krach zweier Mopeds nicht
doppelt so laut wie den eines Mopeds, sondern geringer,
nämlich etwa proportional ln 2; will man dies in einer
Lautstärkeskala ausdrücken, erweist sich eine logarithmi-
sche Skala als am geeignetsten.

Die Beispiele zeigen, daß quantitative Begriffe, um überhaupt in den exakten Wissenschaften verfügbar zu sein,
eine Reihe theoretisch motivierter Konventionen verlangen,
zu denen nun noch Meßvorschriften und in aller Regel
auch Meßgeräte und deren Normierung hinzutreten. Ihr
Vorteil ist aber, daß metrische Begriffe es erlauben, komparative und qualitative Begriffe zu definieren, und das heißt

IV. Beobachtungssprache, theoretische Sprache 85

insbesondere, daß qualitative Begriffe nicht die ›eigentlichen‹ Begriffe sind, nur weil sie in der Umgangssprache die primären Begriffe darstellen.

Interessant ist die Frage, ob es Bereiche gibt, wo sich eine Topologie oder Metrik für einen Gegenstandsbereich prinzipiell nicht angeben läßt, so daß man niemals über qualitative Aussagen hinauszugelangen vermag. In den Geisteswissenschaften gilt dies – von wenigen Fällen quantitativer Analysemöglichkeit wie in der Linguistik abgesehen – so gut wie durchgängig. Auch in den Humanwissenschaften scheint dies der Fall zu sein, weil es sicherlich unsinnig ist, Liebe, Haß oder Freundschaft quantitativ erfassen zu wollen; da aber Affekte dieser Art für den Menschen ganz fundamental sind, setzt sich zunehmend die Einsicht durch, daß Wissenschaftlichkeit auch in den Humanwissenschaften nicht zwangsläufig an die Einführung metrischer Begriffe gebunden ist. So gibt es Fragestellungen, in denen eine qualitative Soziologie oder eine qualitative Psychologie bei weitem angemessener sind als – um es in einem Beispiel auf die Spitze zu treiben – die Größe der Angst durch die Quantität der Schweißabsonderung messen zu wollen.

An dieser Stelle mag ein kleiner Hinweis erlaubt sein. Gestützt auf Friedrich Engels und seine *Dialektik der Natur* wird in Dialektiktheorien vom »Umschlag der Quantität in Qualität« gesprochen. Das, was eben ausgeführt wurde, hat jedoch mit dem bei Engels verwendeten Begriff von Quantität so gut wie nichts zu tun, weil es bei Engels, allgemein gesprochen, um gezählte Einheiten geht, sei es nun die Anhäufung von Äpfeln, Menschen, Geld oder Regentropfen. »Quantität« bezeichnet also bei Engels keine Meßgröße, sondern die gezählten Einzeldinge mit den ihnen eigenen Qualitäten; unter diesen gibt es solche Qualitäten, die für den Einzelfall vernachlässigbar sind, während sie sich beim Auftreten einer größeren Zahl derselben Entität als bedeutsam erweisen.

3. Der operationalistische Ansatz

Unser Problem war, woher Begriffe der theoretischen Sprache ihren Sinn und insbesondere ihre empirische Signifikanz haben; schließlich sind sie nicht der direkten Beobachtung zugänglich und können deshalb weder durch Typen noch durch begrenzende klassifikatorische Bedingungen oder durch Meßprozeduren eingeführt werden. Es geht also letztlich darum, wie die theoretische Sprechweise überhaupt gerechtfertigt ist. Dabei lassen sich drei Stufen einer Verbindung beider Seiten unterscheiden, die durch zunehmend liberalere Forderungen gekennzeichnet sind:

1. *Der operationalistische Standpunkt* (Bridgman):[13] Ein wissenschaftlicher Begriff hat nur durch die Meßoperationen, durch die er eingeführt wird, einen Sinn, also nur insoweit, als ein Rückbezug auf *Handlungen* erfolgen kann.
2. *Der Übersetzungsstandpunkt* (Reichenbach):[14] Jeder theoretische Term läßt sich durch Zuordnungsregeln einem oder einigen Beobachtungstermen zuordnen.
3. *Der Signifikanzstandpunkt* (Carnap/Hempel):[15] Ein theoretischer Term ist nur unter bestimmten Bedingungen definiert; er ist zulässig, wenn man mit ihm etwas vorherzusagen vermag, was ohne ihn nicht vorhersagbar wäre.

Beginnen wir mit dem ersten Standpunkt, der auf den sogenannten *operationalistischen Definitionen* beruht. Ein Be-

---

13 Percy W. Bridgman: *The Logic of Modern Physics*, New York: Macmillan 1927 (dt.: *Die Logik der heutigen Physik*, München: Hueber 1932). Vgl. auch Jürgen Klüver: *Operationalismus. Kritik und Geschichte einer Philosophie der Wissenschaften*, Stuttgart: Frommann 1971.
14 Hans Reichenbach: *Axiomatik der relativistischen Raum-Zeit-Lehre* (1924), Nachdr. Braunschweig: Vieweg 1965.
15 Carl Gustav Hempel: *Fundamentals of Concept Formation in Empirical Science* (International Encyclopedia of Unified Science II,7), University of Chicago Press 1952.

IV. Beobachtungssprache, theoretische Sprache   87

griff – zumeist ein metrischer Begriff – ist nach dieser Auffassung durch die Meßmethode definiert; unabhängig von ihr hat er keinen Sinn. Bridgman formuliert ganz lapidar:

> »Wenn eine bestimmte Frage einen Sinn hat, muß es möglich sein, Operationen zu finden, durch die eine Antwort auf sie gegeben werden kann.«[16]

Dahinter steht eine Grundthese: »Die Erfahrung wird ja in Begriffen beschrieben, und da unsere Begriffe mittelst Operationen gebildet werden, muß alle Erkenntnis notwendig relativ zu den gewählten Operationen sein.«[17] Dieser Standpunkt ist sicher der radikalste und antimetaphysischste, der sich denken läßt. Bridgman sieht dabei seine Vorgehensweise als konsequente Verallgemeinerung dessen, was für Einstein Ausgangspunkt für die allgemeine Relativitätstheorie gewesen war; denn dieser schrieb in seiner *Relativitätstheorie* (1917) bezüglich des Gebrauchs des Gleichzeitigkeitsbegriffes: »Der Begriff [›gleichzeitig‹] existiert für den Physiker erst dann, wenn die Möglichkeit gegeben ist, im konkreten Fall herauszufinden, ob der Begriff zutrifft oder nicht. Es bedarf also einer solchen Definition der Gleichzeitigkeit, daß diese Definition die Methode an die Hand gibt, nach welcher im vorliegenden Falle aus Experimenten entschieden werden kann, ob beide Blitzschläge gleichzeitig erfolgt sind oder nicht. Solange diese Forderung nicht erfüllt ist, gebe ich mich als Physiker (allerdings auch als Nichtphysiker!) einer Täuschung hin, wenn ich glaube, mit der Aussage der Gleichzeitigkeit einen Sinn verbinden zu können.«[18]

So wichtig und richtig das Vorgehen Bridgmans ist – es hat doch seine Schwierigkeiten; denn man kann bei konsequenter Anwendung des Operationalismus nicht mehr sagen,

16 Bridgman, *Logik der heutigen Physik*, S. 19.
17 Bridgman, *Logik der heutigen Physik*, S. 18.
18 Albert Einstein: *Über die spezielle und die allgemeine Relativitätstheorie* (1917), Braunschweig: Vieweg [21]1969, § 8, S. 21f.

88   A Der analytische Ansatz

man habe beispielsweise den Begriff ›Temperatur‹ operatio-
nal definiert, sondern man müßte auf einmal je nach ge-
wähltem Meßverfahren zwischen sehr unterschiedlichen
Temperaturbegriffen unterscheiden:

T_1 =: Quecksilberthermometer-Temperatur
T_2 =: Alkoholthermometer-Temperatur
T_3 =: Gasthermometer-Temperatur
T_4 =: Thermoelement-Temperatur
T_5 =: Farbthermometer-Temperatur   usw.

Dasselbe wiederholt sich bei den anderen Grundbegriffen
der Mechanik, etwa bei der Längenmessung, wo wir unterscheiden müßten zwischen Zentimetermaß-Länge, Fern-
rohrmethoden-Länge, Mikrometerschrauben-Länge, Mikro-
skopskala-Länge etc. Nun beruht aber die Fruchtbarkeit
der ganzen klassischen Physik gerade darauf, daß wir einheitlich und unabhängig vom jeweiligen Meßverfahren von
›der‹ Temperatur, Länge, Masse, Zeit etc. sprechen – was
nach dem operationalistischen Ansatz gar nicht zulässig ist.
Der Operationalismus muß sich also entweder damit zufrieden geben, daß es eine Vielzahl höchst unterschiedlicher
Temperatur-, Längen- etc. -Begriffe gibt, oder aber er muß
seinen rigorosen Standpunkt aufgeben und als Grundlage
eine die Meßoperationen verbindende Theorie zulassen.
Offensichtlich geschieht letzteres, denn vermöge der Über-
lappungsbereiche der verschiedenen Meßmethoden wird
der Versuch unternommen, sie aneinander anzuschließen,
obwohl es keine gemeinsame Operation gibt, die die Temperatur an der Sonnenoberfläche ebenso festzustellen gestatten würde wie eine Temperatur in der Nähe des absoluten Nullpunktes. Dennoch hat Bridgman ein durchaus
richtiges Problem gesehen, denn die emotional aufgeladene
Diskussion um die Intelligenzmessung zeigt, daß es gerade
nicht gelingt, einen allgemeinen Begriff von ›Intelligenz‹
herauszuschälen, sondern daß jede Messung auf den Test
bezogen bleibt, der ihr zugrunde gelegt wurde.

IV. Beobachtungssprache, theoretische Sprache 89

Der Operationalismus ist trotz der Schwierigkeiten, in die er durch seine rigorose Theorievermeidung gerät, von großer wissenschaftstheoretischer Bedeutsamkeit, denn er geht davon aus, daß wir als handelnde Wesen eigentlich nur das zu verstehen vermögen, was wir tun und was wir selbst hervorgebracht haben. In der Erlanger Schule ist der Ansatz von Bridgman und Hugo Dingler als Konstruktivismus systematisch von Paul Lorenzen ausgebaut und von Peter Janich vor allem als »Protophysik« weitergeführt worden;[19] aufgrund seiner Auffassung, sinnvoll sei nur, was sich gemäß des vorausgesetzten Konstruktionsbegriffes terminologisch einführen lasse, ergab sich allerdings vielfach ein Dogmatismus, der die Fruchtbarkeit der Grundidee zu verschütten drohte. Sein Leitgedanke, daß wir nur zu verstehen vermögen, was wir selbst hervorgebracht haben, ist in der Hermeneutik-Tradition als das »Vico-Axiom« bekannt; es wird dort auf die Geschichte bezogen, denn nach Giambattista Vicos Auffassung können wir deshalb einzig die Geschichte verstehen, während uns die Natur stets unverständlich und unzugänglich bleiben muß. Der Operationalismus hingegen versucht diese Kluft zu überwinden und über unseren handelnden Umgang mit der Natur einen Zugang zu ihr zu finden. Ähnlich hat der Operationalismus in der Mathematik die Auffassung vertreten, die mathematischen Gegenstände seien uns nur deshalb zugänglich und verständlich, weil wir sie selbst in einem kantischen Sinne konstruiert hätten. In allen drei Fällen zeigt sich, daß unser ursprünglicher, rein sprachorientierter Ansatz an eine Grenze gestoßen ist, weil sich die Frage, was eine Wissenschaft ist, auf der sprachlichen Ebene, mithin auf der Ebene von Aussagen allein, nicht lösen läßt – die systematische

19 Paul Lorenzen / Oswald Schwemmer: *Konstruktive Logik, Ethik und Wissenschaftstheorie*, Mannheim: Bibliographisches Institut 1973; Peter Janich: *Das Maß der Dinge. Protophysik von Raum, Zeit und Materie*, Frankfurt a. M.: Suhrkamp 1997.

handelnde Bezugnahme auf den Gegenstand, also mehr sogar als nur die pragmatische Sprechsituation, darf aus der Wissenschaftstheorie nicht ausgeklammert werden. Es wird sich herausstellen, daß in diesem Sinne die Forschungspraxis eine unerwartet starke Berücksichtigung in der Wissenschaftstheorie wird finden müssen.

4. *Die Problematik theoretischer Begriffe*

Wie sich zeigte, ist ein rigoroser Operationalismus nicht durchhaltbar. Als Grundbegriffe waren deshalb allgemeinere Begriffe zu wählen, die durch recht unterschiedliche Meßverfahren realisiert werden. Daß diese unterschiedlichen Meßverfahren tatsächlich dasselbe messen, wird einzig durch die dazu gehörige Theorie sichergestellt. Für eine Theorie, die quantitative Begriffe enthält, gilt also:

> *Eine vollständige Rückführung auf theorielose Beobachtung ist unmöglich.*

Doch dies gilt nicht nur für quantitative Begriffe, denn auch qualitative Begriffe wie ›zerbrechlich‹ lassen sich nicht auf manifeste Beobachtungen allein gründen, weil sie als *Dispositionen* immer ein Möglichkeitselement enthalten. Damit ist folgendes gemeint: Daß Zucker wasserlöslich ist, also die Disposition besitzt, sich in Wasser aufzulösen, ist nur zu beobachten, wenn man ihn tatsächlich auflöst; die *Möglichkeit* hingegen, sich aufzulösen, läßt sich nirgends direkt sichtbar machen. Nun könnte man statt dessen vorschlagen, eine Theorie beispielsweise der Molekülstruktur heranzuziehen; nur würde man damit die geforderte Beobachtungsbasis ganz zugunsten der Theorie aufgeben. Doch die Ärgernisse reichen tiefer, denn erstens wäre es kein Ausweg, Dispositionen einfach beiseite zu legen (in der Hoffnung, später eine Lösung zu finden), weil alle sogenannten Materialkonstanten Dispositionen sind. (›Schmelz-

IV. Beobachtungssprache, theoretische Sprache 91

punkt von Gold‹ bedeutet nichts anderes als: ›Wenn man Gold auf soundsoviel Grad erhitzen würde, würde es schmelzen‹!) Materialkonstanten stellen aber eine unerläßliche Verbindung zwischen Theorie und Realität her, auf die man nicht verzichten kann, wenn die Theorie über diese Welt und ihre Natur sprechen soll. – Zweitens zeigt eine genauere Analyse, daß alle Dispositionsaussagen verkürzte Gesetzesaussagen sind: ›Glas ist zerbrechlich‹ ist ein sehr einfaches Naturgesetz; und darum würde eine erfolgreiche Lösung des Problems, wie Dispositionen an manifeste Prädikate anzuknüpfen sind, eine Einlösung der Bedingung des Sinnkriteriums für theoretische Begriffe erlauben. Das aber gelingt wegen der Möglichkeitsstruktur grundsätzlich nicht, und deshalb muß die ganze Blickrichtung modifiziert werden. Insbesondere empfiehlt es sich, solche einfachen Naturgesetze, wie sie sich in Dispositionsaussagen ausdrücken, ebenso wie einfache Experimentalaussagen vom Typ ›Bei dem und dem experimentellen Aufbau A ergibt sich das und das‹ als *Experimentalgesetze* zu bezeichnen, weil beide nicht von einer spezifischen Theorie abhängen, sondern von einer Meßtheorie, die es erlaubt, daß ein Experimentalgesetz – also das Resultat eines bestimmten Experiments als ein bestimmtes Handlungsschema – durch jeweils unterschiedliche Deutung in unterschiedliche über-

Theorie T	theoretische Sprache T
⇓ Zuordnung theoretischer Terme zu Meßgrößen	
Experimentalgesetze	Meßtheorie M
⇑ Zuordnung meßtheoretischer Größen zu Beobachtungsoperationen	
Beobachtungsaussagen	Beobachtungssprache S

Abb. 6: Beobachtungsaussage, Experimentalgesetz und Theorie

92 A Der analytische Ansatz

greifende Theorien einzugehen vermag. Wenn es also überhaupt eine schwache Grundlage für eine empirische Signifikanz gibt, wie sie als Adäquatheitsbedingung gefordert wurde, dann im Verhältnis von Beobachtungsaussagen und Experimentalgesetzen. Unter Berücksichtigung dieser Sachlage ergibt sich damit der in Abbildung 6 dargestellte Zusammenhang.

Damit erfolgen zwar alle Beobachtungen im Lichte von Theorien – aber im Grunde von drei Theorien,

1. einer rudimentären umgangssprachlichen Theorie als Teil der Beobachtungssprache S,

2. einer interpretativen und wissenschaftlichen Theorie T; und darüber hinaus

3. einer oder mehrerer Meßtheorien M, die bei allen quantitativen Wissenschaften eingehen in die *Experimentalgesetze*, wie Ernest Nagel die Zwischenstufe der Meßaussagen an einer Apparatur (oder allgemein der reproduzierbaren Effekte) genannt hat.[20] Diese Stufe zeigt sich übrigens spätestens, wenn man den Meßergebnissen nicht traut und erklärt, das Meßgerät sei defekt.

Noch komplizierter liegen die Dinge bei den *theoretischen Termen*, denn sie lassen nur jeweils unter bestimmten Bedingungen eine Zuordnung zu Beobachtungen zu. Die Frage, die sich deshalb in der Erkenntnistheorie und der Wissenschaftstheorie stellt, ist, wie man solche Begriffe rechtfertigen soll, wenn der empirische Gehalt, der im HO-Schema gefordert ist, sichergestellt werden soll. Carnap hat darauf hingewiesen, daß der Zusammenhang zwischen Beobachtung und Theorie nicht durch vollständige Definitionen im Sinne von Nominal- oder Realdefinitionen erfolgen kann. Um dies zu verstehen, müssen kurz einige Grundelemente eingeführt werden, die in eine for-

---

20 Ernest Nagel: *The Structure of Science. Problems in the Logic of Scientific Explanation*, New York / Chicago / San Francisco: Harcourt 1961, Kap. 5.

IV. Beobachtungssprache, theoretische Sprache 93

malisierte Theorie wie etwa der Newtonschen Mechanik eingehen.

Die verschiedenen *Typen von Aussagen einer formalisierten Theorie* sind die folgenden:

1. Ein *Formalismus* (mathematische Axiome, logische Axiome und formale, d. h. uninterpretierte Axiome nicht-mathematischer Art);
2. *Definitionen* (Nominaldefinitionen);
3. *Zuordnungsregeln* zwischen den theoretischen Begriffen (d. h. den formalen Ausdrücken der nicht-mathematischen Axiome und deren Folgerungen) und den Beobachtungsbegriffen.

Die Zuordnungsregeln bewirken also die inhaltliche, empirische Interpretation des Formalismus. Sie erlauben damit ein *empirisches Modell* der betreffenden formal niedergeschriebenen Theorie, während die Definitionen bloße Abkürzungen sind. Nun gilt es zunächst, diese Zuordnungsregeln oder Zuordnungsdefinitionen von Nominaldefinitionen und anderen Typen von Definitionen zu unterscheiden. Hernach können wir uns wieder der Frage nach der empirischen Signifikanz theoretischer Terme zuwenden. Verschaffen wir uns einen knappen Überblick über verschiedene Arten von Definitionen.

– Eine *Nominaldefinition* bestimmt einen Namen; sie ist eine willkürliche, nur unter praktischen Gesichtspunkten gewählte Abkürzung für einen Begriffskomplex;

dabei wird weder vorausgesetzt, daß es etwas dem Begriffskomplex Korrespondierendes gibt (Beispiel: Ein ›Einhorn‹ ist ein Pferd, dem auf der Stirn ein Horn gewachsen ist), noch, daß der Begriffskomplex widerspruchsfrei ist. (Beispiel: Ein ›Zirkumquadrat‹ ist ein viereckiger Kreis.) Diese Form der Definition gilt heute als die erstrebenswerteste.

– Eine *extensionale Definition* ist eine Definition aufgrund des Begriffsumfangs.

Sie hat aus erkenntnistheoretischer Sicht den Vorzug, daß leere Begriffe alle zusammen nichts bedeuten; denn wozu sollte man die Biologie mit Einhörnern oder die Philosophie mit Göttern bevölkern, wenn diese nirgends auffindbar sind? Hier lag in sinnkritischer Absicht in der Beschränkung auf die extensionale Logik eine Grenze der analytischen Methode; aber sie ist mittlerweile aufgegeben worden.

– Eine *intensionale Definition* (früher sprach man von *Realdefinition*) ist eine Wesensdefinition, eine, die Begriffs-*inhalte* – das sind die essentiellen, wesentlichen Eigenschaften – angibt und als notwendig umreißt.

Sie ist alles andere als willkürlich oder beliebig, werden doch die fraglichen Eigenschaften als notwendige Bestimmungsstücke angesehen. (Insbesondere war man traditionell der Auffassung, eine zutreffende Realdefinition sei wahr.) Nun besteht die Schwierigkeit der intensionalen Definition darin, festzustellen, was ein wesentliches, essentielles oder notwendiges Merkmal einer Sache ist. Man hat deshalb lange Zeit in der analytischen Philosophie intensionale Definitionen abgelehnt und sie geradezu als sinnlos bezeichnet, weil es unmöglich sei, etwas intersubjektiv Feststellbares über das Wesen auszusagen. Zugleich mit der Verwendung von modallogischen Kalkülen als Kalkülen einer intensionalen Logik ist es möglich geworden, Eigenschaften als notwendig (gegenüber akzidentellen, d. h. kontingenten Eigenschaften) zu kennzeichnen. Deshalb werden im folgenden auch intensionale Definitionen zugelassen. Natürlich wird man dabei genau darauf achten müssen, was man sich damit einhandelt, denn die Konsequenz darf nicht sein, daß plötzlich platonische Ideen, Entitäten und Wesenheiten vorkommen, von denen man annimmt, es müsse sie irgendwo und irgendwie geben; vielmehr ist so vorzugehen, daß wir relativ zur verwendeten Sprache bestimmte Eigenschaften als konstitutiv für einen Gegenstand ansehen.

Nun gibt es außer den genannten noch eine ganze Reihe von Definitionsarten, deren wichtigste kurz gestreift wer-

IV. Beobachtungssprache, theoretische Sprache   95

den sollen. Zunächst einmal ist nie alles definierbar; irgendwo muß Schluß gemacht werden, irgendwo müssen Begriffe als Grundbegriffe stehenbleiben. In der Umgangssprache geschieht deren Festlegung zumeist
– durch *hinweisende (ostensive) Definition*: Man hebt ein Farbmuster auf und sagt: »Dies heißt ›rot‹«.
Ein solches Verfahren wird außer für die schon erwähnten typisierenden Eigenschaften auch für die Grundlage der Beobachtungsbegriffe der Erfahrungswissenschaften gelten. In der Mathematik jedoch gibt es nichts, auf das man in diesem Sinne hinweisen könnte; dort sagt man seit David Hilbert, die Grundbegriffe seien
– durch *implizite Definition* innerhalb des formalen Rahmens eines Axiomensystems gegeben.
Der Begriff der Geraden etwa ist allein durch die Axiome der betreffenden Geometrie festgelegt. Solch eine Festlegung durch den Kontext findet sich jedoch sehr wohl auch außerhalb der Mathematik; dort spricht man dann von
– *Kontextdefinitionen*.
Ein Beispiel für einen alltäglichen Fall: »Derjenige Vorlesungsteilnehmer, der beim letzten Mal als Letzter den Hörsaal verlassen hat.« Durch eine solche Kennzeichnung ist eindeutig eine bestimmte Person herausgehoben, selbst wenn nicht mehr feststellbar ist, wer diese Person war.
Diese Definitionsform ebenso wie die vorauf betrachteten expliziten Definitionen sind Typen
– *totaler Definitionen*,
denn sie laufen auf Identitäten zwischen Definiens und Definiendum hinaus. Von ihnen unterscheiden sich die
– *partiellen Definitionen*, bei denen etwas nur unter einschränkenden Bedingungen definiert ist.
Statt beispielsweise zu versuchen, den Begriff ›wasserlöslich‹ explizit und total zu definieren (was auf befriedigende Weise nicht gelingt), ist es durchaus möglich, folgende partielle Definitionen zu geben: »Wenn etwas in

96   A Der analytische Ansatz

Wasser gegeben wird und wenn es sich dann auflöst, nennen wir es wasserlöslich.« Hier ist der Begriff ›wasserlöslich‹ nur unter einer doppelten Bedingung definiert, nämlich unter der des Ins-Wasser-Gebens und der des Sich-Auflösens.

– Die *Zuordnungsdefinitionen*, von denen schon die Rede war, sind partielle Definitionen; denn sie stellen nur unter je bestimmten Bedingungen eine Zuordnung zwischen theoretischen Begriffen und Beobachtungsbegriffen her.

Ein praktisches Beispiel wäre das folgende: »Wenn sich unter den und den Bedingungen in einer Wilson-Kammer ein Kondensstreifen zeigt, so ist dies die Spur eines Elektrons.« Hier ist der Begriff ›Spur eines Elektrons‹ (oder vielleicht gar der Begriff ›Elektron‹) nur unter den Bedingungen einer Wilson-Kammer definiert. Dasselbe liegt vor bei einer Definition des folgenden Typs: »Wenn sich unter den und den Bedingungen die und die Spektrallinie im Spektroskop zeigt, handelt es sich um einen Anregungszustand der und der Elektronenschale.« Da diese Zuordnungsdefinitionen nur partielle Definitionen sind, ergibt sich nie eine völlige Rückführung des definierten Begriffs auf Beobachtung, sondern eine Art Umsetzung oder Übersetzung. Doch wieso sind wir legitimiert, solche merkwürdigen Begriffe zu verwenden? Vor allem aber: wenn wir sie verwenden, *gibt* es dann so etwas wie ›Elektronen‹, ›Anregungszustände‹, ›Kraftfelder‹, ›Volk‹, ›Gesellschaft‹ etc.? Daß man in Schwierigkeiten geraten kann, wenn hier nicht Vorsichtsmaßregeln ergriffen werden, zeigt folgende ›Zuordnungsdefinition‹:

Wenn es blitzt, dann liegt ein Hammerwurf von Zeus vor.

›Hammerwurf von Zeus‹ wäre damit der grundlegende theoretische Begriff der Gewittertheorie; und falls wir nicht Nominalisten sind, sondern platonische Begriffsrealisten,

IV. Beobachtungssprache, theoretische Sprache 97

gibt es auch Zeus. Ist also der Begriff ›Elektron‹ oder ›Gesellschaft‹ auch nur eine physiko-mythische bzw. soziomythische Entität?

Überlegungen dieser Art haben Carnap dazu geführt, einen theoretischen Begriff nur dann zuzulassen (ihm also empirische Signifikanz im Sinne unserer Adäquatheitsbedingung zuzusprechen), wenn er *prognostische Relevanz* besitzt. Dies ist genau dann der Fall, wenn sich mit ihm eine Vorhersage machen läßt, die man ohne ihn nicht machen könnte. Mit dem Begriff ›Zeus‹ oder ›Hammerwurf von Zeus‹ kann ich bestenfalls nach dem Blitz den Donner vorhersagen; aber dazu brauche ich diesen Begriff nicht, sondern nur die Beobachtung des Blitzes und die Erinnerung an frühere Blitz-Donner-Folgen, während ich mit Hilfe des Begriffs ›Hammerwurf von Zeus‹ keinen weiteren Blitz vorherzusagen vermag: dazu bedarf es etwa des theoretischen Begriffs des Potentialfeldes. Hier zeigt sich unmittelbar der Zusammenhang mit dem HO-Schema: Prognosen, Voraussagen, bedienen sich gerade dieses Schemas, so daß das Schema selbst über die Zulässigkeit der theoretischen Begriffe entscheidet.

Carnaps Intention ist einsichtig. Leider aber ist der Ansatz, der doch so durchsichtig erscheint – nämlich die Zulässigkeit theoretischer Begriffe an ihrer Fruchtbarkeit für Prognosen zu messen – mit einer Schwierigkeit und einem sehr unangenehmen Fehler behaftet. Die Schwierigkeit besteht in der drohenden Gefahr eines Zirkels, weil die Adäquatheitsbedingung B_3 des HO-Schemas gerade verlangte, daß die im Explanans verwendeten Aussagen empirische Signifikanz besitzen – was nichts als eine andere Formulierung der prognostischen Relevanz ist, zu deren Feststellung wir eine Prognose mit Hilfe des HO-Schemas vornehmen. – Der unangenehmere Fehler besteht darin, daß sich in einem passend gewählten formalen Rahmen immer ein Gebilde entwickeln läßt, das auf die theoretischen Begriffe verzichtet, die geforderte Prognoseleistung jedoch erbringt. Man stelle sich vor, wir besäßen eine Theorie T mit theoretischen Begriffen, die bei der Prognose E Verwendung finden, weil wir E aus T unter Verwendung der Antecedensbedingungen A_1–A_n ableiten. Die Prognose nimmt also die in Abbildung 7 skizzierte Form an.

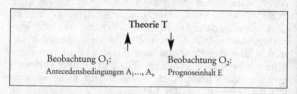

Abb. 7: Zum Craig-Substitut einer Theorie

Statt nun so vorzugehen, daß man von der Beobachtung O_1 in die Theorie aufsteigt, diese dort verarbeitet und so zum Prognoseinhalt E als Voraussage O_2 kommt, läßt sich die gesamte Ableitungsmenge der Theorie unter Voraussetzung aller logisch möglichen Antecedensbedingungen betrachten. In dieser Ableitungsmenge gibt es dann eine direkte Verknüpfung zwischen den Antecedensbedingungen A_1..., A_n und dem Prognoseinhalt E:

A_1..., $A_n \rightarrow E$

Oder auch:

$O_1 \rightarrow O_2$.

Dieses sogenannte *Craig-Substitut* läßt sich für alle Paare von Beobachtungen erstellen. Sobald man hierüber verfügt, wird aber die Theorie mit ihren theoretischen Begriffen überflüssig, und an ihre Stelle tritt der direkte Zusammenhang zwischen Antecedensbedingungen und Prognose-Inhalten; daß dies formal möglich ist, hat William Craig ge-

IV. Beobachtungssprache, theoretische Sprache 99

zeigt (Craigsches Theorem).[21] In dem so gewonnenen ›Naturgesetz‹ kommt kein einziger theoretischer Begriff mehr vor. Die rigide Forderung der prognostischen Relevanz ist also unterlaufen; diese erweist sich damit als ungeeignet für ein Signifikanzkriterium. Allerdings ist Carnaps Anliegen insofern nicht völlig destruiert, als für die Anwendung des Craig-Theorems die Theorie einschließlich der theoretischen Begriffe gerade vorausgesetzt wird. Wir kommen also zu dem paradoxen Ergebnis, daß theoretische Begriffe entbehrlich sind, sobald man sie hat.

Nehmen wir das Problem der Verdinglichung noch einmal auf. Es spiegelt sich in der Frage nach der Existenz theoretischer Entitäten wie Atome, Elektronen oder Gesellschaften. Auf sie hat Frank P. Ramsey eine Antwort vorbereitet, die zum sogenannten *Ramsey-Substitut* einer Theorie führt.[22] Der Grundgedanke ist folgender: Statt von einer Entität ›Elektron‹ zu sprechen, betrachten wir einen bloß formalen Zusammenhang, indem wir an die Stelle von ›Elektron‹ jeweils das Prädikat »x hat die Eigenschaft E_i« einsetzen, wobei wir – in der alten Sprechweise gesagt – E_i als die Eigenschaft eines Elektrons ansehen. Entsprechend können wir, statt von der ›Gesellschaft‹ zu sprechen, übergehen zu der Formulierung »x hat die Eigenschaft der Ge-

21 William Craig: »Replacement of Auxiliary Expressions«, in: *Philosophical Review* 65 (1956), S. 38–55. Eine ausführliche Darstellung gibt Stegmüller: *Probleme und Resultate der Wissenschaftstheorie*, Bd. 2: *Theorie und Erfahrung*, Halbbd. 1: *Begriffsformen, Wissenschaftssprache, empirische Signifikanz und theoretische Begriffe*, Berlin / Heidelberg / New York: Springer 1970, S. 375–399.

22 Frank P. Ramsey: »Theories« (1929), in: ders., *Foundations of Mathematics*, London 1931 (dt.: »Theorien«, in: ders., *Grundlagen. Abhandlungen zur Philosophie, Logik, Mathematik und Wirtschaftswissenschaft*, Stuttgart: Frommann 1980, S. 90–108). Ausführlich dargestellt in Stegmüller: *Probleme und Resultate der Wissenschaftstheorie*, Bd. 2,1, S. 400–437.

sellschaft«; entscheidend aber ist dabei, daß es völlig offen bleibt, welcher Art das fragliche x ist! In einer nominalistischen Ontologie sind wir in keiner Weise gezwungen, diesem x irgendwelche dinglichen Eigenschaften zuzusprechen; es erscheint nur als Größe, von welcher Eigenschaften prädiziert werden. Statt also von Elektronen oder deren Existenz zu reden, sprechen wir von Eigenschaften (oder von etwas, das mit beobachtbaren Phänomenen in Verbindung steht), nicht aber vom Träger der Eigenschaften: Dies ist das seit Locke vertraute Problem, ob man, wie Locke noch meint, über die Eigenschaften hinaus noch einen Träger der Eigenschaften, die Substanz, annehmen müsse, oder ob es nicht genügt, wie in der empiristischen Tradition seit Hume geläufig, einfach nur von Bündeln von Eigenschaften zu sprechen, ohne deshalb einen Substanzbegriff oder einen Entitätsbegriff voraussetzen zu müssen.

Zum Craig-Substitut und zum Ramsey-Substitut tritt nun noch eine weitere Relativierung des Begriffes ›theoretisch‹ hinzu. Wir haben die ganze Zeit unterstellt, es sei ›beobachtbar = nicht-theoretisch‹, und ›nicht-beobachtbar = theoretisch‹, aber eine solche Identifizierung ist äußerst ungenau. So hat es durchaus Sinn, in Zusammenhang mit einer elektrischen Schaltung zu sagen: »Ich kann einen Strom von 3,4 A direkt messen«, also zu behaupten, ein Strom sei unmittelbar zu beobachten, obwohl ich doch in Wahrheit den ›Strom‹ nicht ›fließen‹ sehe, sondern nichts anderes tue, als auf eine Skala oder auf die Ziffernanzeige eines Meßgerätes zu blicken! In die angeblich direkte Beobachtung geht also eine ganze Apparatur ein, gebaut auf der Grundlage einer Meßtheorie. Häufig ist es ein Anliegen der Experimentalphysiker wie der Techniker, irgendeine Größe ›direkt‹ zu messen. Hierzu wird sie im Rahmen eines Theoriegefüges und unter Voraussetzung teilweise weit über den fraglichen Zusammenhang hinausgehender Theoriestücke (man denke an die Temperaturmessung mit elektrischen Meßgeräten) so mit verfügbaren Parametern verknüpft, daß eine operationale, gar computergestützte Umsetzung in ein scheinbar direktes Ergebnis möglich wird. Dies zeigt aber, daß der Begriff ›beobachtbar‹ ebenso wie der Begriff ›theoretisch‹ immer relativ zu einer bestimmten Theorie T_i gesehen werden muß: in deren Rahmen sind bestimmte Begriffe nicht-T_i-theoretisch (d. h. sie sind Beobachtungsprädikate), andere T_i-theoretisch; die ersteren sind auf dieser Ebene ›direkt‹ beobachtbar, die letzteren hingegen nicht. Relativ jedoch zu einer Basis T_k, die als Theorie des Meßvorgangs zu sehen ist, sind auch die auf der T_i-Ebene ›T_i-beobachtbaren‹ Begriffe wiederum zerlegt in nicht-T_k-theoretische und T_k-theoretische Begriffe. Erstere wiederum sind auf der T_k-Ebene T_k-beobachtbar, letztere nicht. Doch nichts kann uns hindern, auch die T_k-Ebene wiederum aufzuteilen (vgl. Abb. 8). Erinnert sei an die Problematik derjenigen Begriffe, die üblicherweise als Grundbegriffe ganz ohne Einschränkung für unmittelbar beobachtbar gehalten werden, wie Länge, Masse oder Zeit. Bei der Behandlung des Ope-

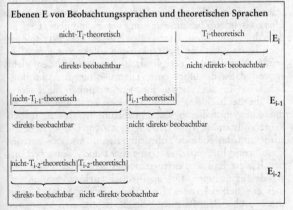

Abb. 8: Beobachtungssprachen und theoretische Sprachen

rationalismus zeigte sich, daß auch hier höchst unterschiedliche Formen der Beobachtbarkeit vorausgesetzt und erst in einem theoretischen Rahmen verknüpft werden. Dies bedeutet aber zusammengefaßt, daß wir uns, wenn wir beobachten, immer in einem Bereich bewegen, der als eine Hierarchie von Ebenen betrachtet werden muß, eine Hierarchie überdies, die nach oben und unten offen ist – nach unten, weil sich, wie wir sahen, absolut letzte, manifeste Beobachtungen nicht aufweisen lassen, nach oben, weil es bislang so gut wie immer gelungen ist, wenn man es darauf anlegte, einen zunächst theoretischen Begriff in einem geeigneten Umfeld so zu behandeln, daß er ›direkt‹ gemessen werden kann. Auch hier zeigt sich also, daß jede Beobachtung eine Beobachtung im Lichte einer Theorie ist, mehr noch, daß jede Beobachtung in eine Hierarchie von Theorien eingebettet ist, so daß die ursprüngliche Aussage sehr unscharf ist: Wir müssen vielmehr genau sagen, im Lichte *welcher* Theorie eine Beobachtung gemacht wird.

Fassen wir zusammen. Theorien kommen ohne theoretische Begriffe nicht aus; wir bedürfen ihrer notwendig zur übergreifenden Zusammenfassung der Phänomene. Dies ist deshalb wichtig, weil beispielsweise in der Psychologie auch heute noch von Behaviouristen solche zusammenfassenden Begriffe als »metaphysisch« gegeißelt werden, nicht sehend, daß ein Aufbau einer Theorie ohne sie nicht möglich wäre. Im allgemeinen aber sind zwischen die Theorie und die Beobachtung andere Theorien zwischengeschaltet, die einen mittelbaren Zusammenhang herstellen, jedoch keine vollständige Rückführung gestatten. Das Craig-Substitut und das Ramsey-Substitut zeigten uns, daß mit der Einführung theoretischer Terme nicht der Zwang verbunden ist, die Existenz entsprechender theoretischer Gegenstände anzunehmen. Was man jedoch auch sehen muß, ist, daß ein befriedigendes Kriterium für die Sinnhaftigkeit theoretischer Begriffe nicht bekannt ist und sich nach Lage der Dinge auch nicht finden läßt. In einem strikten Sinne

IV. Beobachtungssprache, theoretische Sprache 103

kann also das Adäquatheitskriterium der empirischen Signifikanz weder auf der Ebene der Antecedensbedingungen noch auf der Ebene der Gesetzesaussagen und der von ihnen aufgespannten Theorie erfüllt werden. Die Intention, die der Signifikanzbedingung für theoretische Terme zugrunde lag, nämlich die Forderung der Fruchtbarkeit, die einem Term zukommen muß, bleibt dennoch als Intention leitend und unverzichtbar. Nur – läßt sich ausmachen, wie sich eine solche Intention niederschlägt? Eine Antwort wird nach der Behandlung der letzten noch ausstehenden Adäquatheitsbedingung in die Wissenschaftsgeschichte und über sie hinaus führen.

V. Wahrheit und Verifikation

Mit der Frage, was eine Erklärung ist, sind wir in den Adäquatheitsbedingungen auf Voraussetzungen gestoßen, die sich bei genauerem Zusehen als tiefe Probleme erweisen; denn was ist ein *Gesetz*, insbesondere ein Naturgesetz, was soll *empirische Signifikanz* heißen und was bedeutet es, daß (Natur-)Gesetze oder Antecedensbedingungen, also Beobachtungsaussagen, *wahr* sind? Unter empirischer Signifikanz wurde verstanden, daß die betreffenden Aussagen nicht a priori gelten und auch kein relatives Apriori darstellen, sondern in ihrem Wahrheitsgehalt von der Beschaffenheit der Welt abhängen – was wiederum bedeutet, daß man hier auf das Problem des Wahrheitsnachweises, der *Verifikation* einer Aussage geführt wird. Wenden wir uns nun der Frage zu, was Wahrheit und Verifikation bei Naturgesetzen und Antecedensaussagen, vor allem also bei Beobachtungsaussagen, bedeuten.

1. *Wahrheit, Wahrscheinlichkeit und Verifikation*

Auch hier sei zunächst bei einer allgemeinen Betrachtung eingesetzt, nämlich bei der Weise, wie wir den Wahrheitsbegriff in der Umgangssprache verwenden. Mit der sinnvollen Sprachanwendung lernen wir nämlich die Wahrheitsbedingungen als die Bedingungen, unter denen ein Satz wahr ist.[23] Was bedeutet es aber, daß ein Satz wahr ist? Aristoteles hatte ›wahr‹ im Sinne einer *Korrespondenztheorie* der Wahrheit so definiert: Ein Satz ist genau dann wahr, wenn das als zusammen bestehend ausgesagt wird, was zusammen besteht, und das als nicht zusammen bestehend,

---

23 Vgl. Günther Patzig: »Satz und Tatsache«, in: ders., *Sprache und Logik*, Göttingen: Vandenhoeck 1970, S. 39–76.

V. Wahrheit und Verifikation 105

was nicht zusammen besteht. Diese Bestimmung des Wahrheitsbegriffs deckt sich recht gut mit dem gängigen Verständnis dessen, was wir meinen, wenn wir sagen, ein Satz sei wahr. Das mag man (mit generellen Einschränkungen der Präformation der Sachverhalte durch die Sprache) für einfache Aussagen, insbesondere für Beobachtungsaussagen, zunächst hingehen lassen; aber für Allgemeinaussagen und Theorien stößt man sehr schnell auf Schwierigkeiten: Betrachten wir den Satz »Alle Schwäne sind weiß«: Wo sind »Schwäne«, also etwas durch einen Allgemeinbegriff Bezeichnetes, da es doch auch unter Schwänen nur Individuen gibt? Und wo treffen wir »alle« Schwäne an? Eine Korrespondenztheorie, gar eine Abbildtheorie der Wahrheit führt also selbst in ihrer raffiniertesten Form, wie sie Ludwig Wittgenstein in seinem *Tractatus logico-philosophicus* entwickelte, auf unlösbare Schwierigkeiten. Für Aussagen der Logik und Mathematik wird eine Korrespondenztheorie sogar sinnlos, es sei denn, man fordert die Existenz eines Reiches mathematischer Gegenstände, das in diesen Aussagen abgebildet wird. Um dem zu entgehen, hat man deshalb eine andere Wahrheitstheorie entwickelt, die *Kohärenztheorie*, die davon ausgeht, daß eine Aussage eines Bereiches genau dann wahr ist, wenn sie mit allen anderen akzeptierten Aussagen des betreffenden Bereiches in einer genauer zu bestimmenden Weise verträglich ist: Der Bereich der Sprache wird also nicht verlassen, sondern nur ein Zusammenhang innerhalb der Sprache betrachtet. – Nun können beide Wahrheitstheorien nicht zugleich überall Gültigkeit beanspruchen, weil dies zu unliebsamen Konsequenzen führen würde. Nimmt man aber für Beobachtungen die Korrespondenztheorie an, für die Mathematik die Kohärenztheorie, wird sich in allen Aussagen mit Zahlenangaben über Quantitäten ein Überlappungsbereich ergeben, den wir untersuchen müssen.

Wahrheit selbst ist etwas, das allgemein als unzeitlich, als zeitunabhängig angesehen wird: Wenn ein Satz wahr ist, so ist er dies immer; dies gilt nicht nur für »2 + 2 = 4«, sondern ebenso für »Das Fenster ist geöffnet«, weil dabei eigentlich gemeint ist: »Das und das bestimmte Fenster in dem und dem bestimmten Haus ist am Tag T um soundsoviel Uhr geöffnet«, nur daß diese Präzisierung im Alltagsleben völlig überflüssig ist. Diese Bemerkung über die Zeitlosigkeit der Wahrheit darf nicht als Annahme eines platonisch-idealistischen Ideenreichs aller wahren Sätze mißverstanden werden, obwohl Bernhard Bolzano im 19. Jahrhundert in seiner *Wissenschaftslehre* diese Auffassung vertreten hat, sondern allein als die gebräuchliche Weise der Verwendung des Wahrheitsbegriffs; es handelt sich gewissermaßen um eine Feststellung über die Grammatik des Wortes ›wahr‹. Denn daraus, daß irgend jemand etwas für wahr *hält* (oder auch alle etwas für wahr *halten*), folgt nicht, daß es wahr *ist* – sonst könnte man später nicht sagen, die Betreffenden hätten sich geirrt. Man wird den Wahrheitsbegriff deshalb als eine Idee, als ein zu approximierendes Ideal im Sinne Kants ansehen dürfen, ohne doch die Güte der Approximation je feststellen zu können.

Das eben Dargelegte verlangt, klar zwischen *Wahrheit* (als Idee) und *Verifikation* (als Verfahren des Wahrheitsnachweises) zu unterscheiden. Die Verifikation kann nur *intersubjektive Konkordanzen* erreichen, denn sie hängt ab von Kriterien, die für den Wahrheitsnachweis in einer Gemeinschaft akzeptiert und als erfüllt angesehen werden. Auf diese Weise kommt allerdings außer den beiden schon genannten Wahrheitstheorien noch eine dritte ins Spiel, nämlich die *Konsenstheorie* der Wahrheit. Doch ersichtlich ist auch sie mit Schwierigkeiten behaftet, denn ein Konsens über eine Aussage garantiert gerade nicht, daß sie tatsächlich wahr ist. So fungiert die Konsenstheorie als ein Instrument, dessen wir uns bedienen, weil wir nie absolut sicher sein können, uns nicht geirrt zu haben.

Die skizzierte Lage hat dazu geführt, unser möglicherweise unzureichendes Wissen von der Wahrheit einer Aussa-

V. Wahrheit und Verifikation

ge durch *Wahrscheinlichkeit* auszudrücken. Gerade in den Erfahrungswissenschaften wird hiervon systematisch Gebrauch gemacht, wobei die irrige Vorstellung mitschwingt, durch eine immer höhere Wahrscheinlichkeit nähere man sich der Wahrheit dergestalt, daß der Wahrheit die Wahrscheinlichkeit w = 1 und der Falschheit die Wahrscheinlichkeit w = 0 zukomme. Doch die Grenzfälle 1 und 0 der Wahrscheinlichkeit sind keinesfalls mit Wahrheit bzw. Falschheit identifizierbar; denn bei einer unbeschränkten All-Aussage (»Alle Schwäne sind weiß«) kann eine einzige Gegeninstanz vorliegen (»Dieser Schwan ist schwarz«), welche die All-Aussage sofort als falsch erweist, also falsifiziert, während der All-Aussage immer noch die Wahrscheinlichkeit 1 als Verhältnis der positiven zu den möglichen Fällen als Grenzwert erhalten bleibt, weil ja dieser einen Gegeninstanz unbeschränkt viele positiven Instanzen gegenüberstehen. Von dieser formalen Überlegung abgesehen, müßten wir mit göttlichem Verstand begabt sein, um feststellen zu können, wie ›gut‹ unsere Wahrscheinlichkeits-Approximation an die Wahrheit ist. Wahrheit und Wahrscheinlichkeit sind also klar voneinander zu unterscheiden.

Der menschliche Verstand und die menschlichen Beobachtungsmöglichkeiten und -fähigkeiten sind immer begrenzt; deshalb können wir in den Wissenschaften keine Aussagen erwarten, die in einem absoluten Sinne wahr sind, sondern nur solche, die als wahr angenommen werden. Was das im Einzelfall heißt, wird noch zu untersuchen sein, wenn wir betrachten, mit welchen Methoden die Wissenschaften die Bestätigung ihrer Aussagen anstreben. Nun geht es im Folgenden nicht um das allgemeine Wahrheitsproblem, sondern um das spezielle Problem der Wahrheit von Beobachtungsaussagen und Naturgesetzen.

2. Die Bestätigung von Naturgesetzen (Induktionsproblem)

Unterstellen wir einstweilen, Beobachtungssätze seien wahr im Sinne der Korrespondenztheorie, und unterstellen wir weiter, ihre Verifikation bereite keine besonderen Schwierigkeiten. Dann erhebt sich die Frage, wie wir auf dieser Grundlage und unter diesen Voraussetzungen dazu gelangen können, irgendein Naturgesetz als wahr, verifiziert, gut bestätigt oder wahrscheinlich anzusehen. Doch woher wissen wir, daß ein Naturgesetz wahr ist? Seit Aristoteles wird hierbei auf das Verfahren der *Induktion* verwiesen. Versuchen wir zunächst zu verstehen, wie ein Anhänger des induktiven Verfahrens vorgeht, ehe wir das Verfahren kritisieren.

Im Gegensatz zur Deduktion schließt die Induktion, wie man sehr ungenau zu sagen pflegt, vom Besonderen auf das Allgemeine:

Deduktion:	*Induktion:*
Axiome und Schlußregeln	Einzelaussagen
↓	↓
Einzelaussage	Allgemeine Aussage

Wiederum sei dies an einem sehr einfachen Beispiel verdeutlicht:

Deduktion als wahrheitskonservierender Schluß	*Induktion als wahrheitserweiternder Schluß*
Alle Schwäne sind weiß	Dieser Schwan ist weiß
Dieses Tier ist ein Schwan	Jener Schwan ist weiß
Dieses Tier ist weiß	Alle Schwäne sind weiß

Statt solcher Beispiele läßt sich auch eine quasi-formale Darstellung angeben:

V. Wahrheit und Verifikation

| *Deduktion und* | *Induktion und* |
| *logischer Schluß:* | *Induktionsschluß:* |

$\forall x\,(Sx \rightarrow Wx)$	$Sa \wedge Wa$
$\underline{Sa}$	$\underline{Sb \wedge Wb}$
Wa	$\forall x\,(Sx \rightarrow Wx)$

Um das Vorgehen bei der Induktion im Vergleich zur Deduktion durchsichtiger zu gestalten, kann man die formale Gegenüberstellung noch etwas weiter treiben; die Gestalt, in der dies zumeist geschieht, ist die folgende:

Modus ponens	*Reduktion*
$S \rightarrow W$	$S \rightarrow W$
$\underline{S}$	$\underline{W}$
W	S

Das linke Schema ist der aus der Logik bekannte Modus ponens, das rechte Schema wird meistens als *Reduktion* bezeichnet. Die Bedeutung des Reduktionsschemas als formale Darstellung der Induktion läßt sich besser erkennen, wenn man für S ein Naturgesetz »Alle S(x) sind W(x)« einsetzt. Schreiben wir eine naturgesetzliche Implikation einmal mit einem Pfeil, als sei sie eine logische Implikation, dann ergibt sich folgendes Schema:

$$\frac{\forall x\,(Sx \rightarrow Wx) \rightarrow (Sa \wedge Wa)}{\dfrac{Sa \wedge Wa}{\forall x\,(Sx \rightarrow Wx)}}$$

In der ersten Zeile steht also ein Naturgesetz, aus dem sich die Voraussage »Dieses a hat die Eigenschaft S und die Eigenschaft W« gewinnen läßt. Die zweite Zeile besagt, daß sich diese Voraussage bewahrheitet hat; also – so der induktivistische Gedankengang – läßt sich auf die Gültigkeit des

110 A Der analytische Ansatz

Ausgangsgesetzes zurückschließen. Der Gedanke bei diesem Reduktionsschema ist also, daß, wenn die durch ein Naturgesetz gegebene Prognose erfüllt wird, damit das Naturgesetz ›verifiziert‹, ›bestätigt‹ oder auch nur ›gestützt‹ ist. Dies stimmt recht gut mit unserer Lebens- und Wissenschaftspraxis überein; denn wenn ein Physiker zu einer Hypothese zwei Experimente erfolgreich durchgeführt hat, ist er fraglos subjektiv überzeugt, er habe seine Hypothese ›bestätigt‹. Die Frage ist nur, ob sich auf diese Weise eine Begründung für die ›Goldene Regel der Physiker‹ finden läßt: »Einmal ist keinmal, zweimal ist ein Gesetz«!

Deutlich steht hinter all diesem ein Prinzip, das Bertrand Russell einmal als *Induktionsprinzip* so formuliert hat:

»Wenn ein Ding einer bestimmten Art A mit einem Ding einer bestimmten Art B zusammen verbunden vorgefunden wurde und niemals von ihm getrennt, so ist, je größer die Zahl der Fälle ist, in denen A und B zusammen vorgefunden wurden, die Wahrscheinlichkeit um so größer, daß A und B auch in einem neuen Falle, bei dem wir vom Dasein des einen von ihnen Kenntnis erhalten, zusammen auftreten. [... Bei einer hinreichend großen Zahl von Fällen] wird sich die Wahrscheinlichkeit eines neuen Verbundenseins [...] der Gewißheit unbeschränkt nähern.«[24]

Ein grundlegendes erkenntnistheoretisches Problem ist nun die Frage, ob sich dieses Schlußprinzip oder ein entsprechender allgemeiner Obersatz eines entsprechenden logischen Schlusses *rechtfertigen* läßt. Was dabei der Rechtfertigung bedarf, ist also das Verfahren, aus der Geltung singulärer Aussagen die Geltung einer generellen Aussage zu gewinnen.

Die gesuchte Rechtfertigung kann nicht *a priori* erfolgen, denn dann wäre das Induktionsprinzip selbst ein apriori-

24 Bertrand Russell: *The Problems of Philosophy*, London: Oxford University Press 1912, Kap. 6: »On Induction« (dt.: *Probleme der Philosophie*, Wien/Stuttgart: Humboldt 1950, S. 67 f.).

V. Wahrheit und Verifikation

sches Prinzip und dürfte – wahre Beobachtungssätze vorausgesetzt – nie zu falschen Aussagen führen. Nun sind aber Aussagen wie »Alle Schwäne sind weiß« bis zum Jahre 1700 für Europäer durch Beobachtungen bestens bestätigt worden, sie hätten also als wahr zu gelten; dann aber wurde der All-Satz wegen der Entdeckung schwarzer Schwäne in Australien als falsch verworfen: Dies hätte nicht vorkommen können, wenn das Induktionsprinzip als ein logisches Prinzip a priori gelten würde, denn natürlich kann eine logische Wahrheit nicht durch Erfahrung widerlegt werden. Mithin wäre das Induktionsprinzip *a posteriori* zu rechtfertigen – aber wie sollte dies geschehen? Denkbar wäre der Hinweis auf erfolgreiche Anwendungen. Ein Naturwissenschaftler etwa könnte argumentieren: »Ich habe in meinem ganzen Leben das Induktionsprinzip erfolgreich angewendet, also gilt es.« Hier aber wird für die fragliche Behauptung das Induktionsprinzip selbst vorausgesetzt, weil vom bisherigen Erfolg induktiv auf alle künftigen Anwendungen geschlossen wird, so daß ein *Zirkelschluß* vorliegt. Will man dem entgehen, bedarf man eines anderen, allgemeineren Induktionsprinzips, eines Induktionsprinzips zweiter Stufe über Induktionen erster Stufe bezüglich der Beobachtungen. Aber dieses Prinzip zweiter Stufe verlangt seinerseits wieder eine induktive Rechtfertigung auf einer dritten Stufe; die Folge wäre also ein *unendlicher Regreß* statt der gesuchten Rechtfertigung. Vermeiden ließe sich dieser Regreß nur durch einen *dogmatischen Abbruch* des Verfahrens und die Berufung auf Autoritäten; aber eine Rechtfertigung wäre damit natürlich nicht geleistet.[25] Es genügt

---

25 Ein ganz kurioses Beispiel hierfür findet sich unter dem Stichwort »Reduktion« im marxistisch-leninistischen Wörterbuch der Philosophie von Georg Klaus und Manfred Buhr, wo letztlich auf die positive Bewertung des Reduktionsschemas durch Lenin verwiesen wird: *Philosophisches Wörterbuch*, Bd. 2, Berlin: das europäische buch [7]1970, S. 923.

112 A Der analytische Ansatz

auch nicht, vorauszusetzen, die Natur sei immer gesetzmäßig, denn dadurch ist nicht sichergestellt, daß die unterschiedlichen Ausgangsbeobachtungen ein und demselben
Gesetz gehorchen und deshalb verallgemeinerbar sind: Man
kommt also auch bei einer solchen Voraussetzung nicht um
das Induktionsproblem herum!

*Der dreifache Fehlschlag – Zirkularität, unendlicher Re-
greß oder Dogmatismus – hat zur Folge, daß die Induktion, die seit Francis Bacon als grundlegende Methode
der Erfahrungswissenschaften galt, grundsätzlich nicht
gerechtfertigt werden kann.*

Diese Einsicht Karl R. Poppers ist es, welche die Grundlage seiner *Logik der Forschung* ausmacht.[26] Was bleibt, ist,
die Induktion als ein heuristisches Verfahren zur Gewinnung neuer Hypothesen zu verstehen, nicht aber als ein Be-
stätigungsverfahren naturgesetzlicher Aussagen oder Hypothesen. Für die Rechtfertigung oder Begründung der
Hypothesen spielt es keine Rolle, woher sie stammen – ob
sie vom Forscher beim Experimentieren durch Verallgemeinerung gewonnen wurden oder ob sie ihm im Traum zuge-
fallen sind: Der *Entdeckungszusammenhang* (*context of
discovery*) hat mit dem *Begründungszusammenhang* (*context of justification*) nichts zu tun!
Nun sind zahlreiche Versuche unternommen worden, dem
von Popper aufgezeigten Dilemma zu entgehen. Unmöglich können alle Vorschläge hier behandelt werden, doch
zwei sollen wegen ihrer Wichtigkeit nicht übergangen werden:

1. Rudolf Carnap hat – ausgehend von dem Faktum, daß
wir im Wissenschaftsalltag ganz gut mit dem Induktionsproblem umzugehen vermögen – versucht, eine *Induktive*

26 Karl R. Popper: *Logik der Forschung. Zur Erkenntnistheorie der
modernen Naturwissenschaft*, Wien: Springer 1935, Tübingen:
Mohr ³1969.

V. Wahrheit und Verifikation

Logik zu entwickeln.[27] Sie sollte sich nicht auf das klassische Induktionsprinzip stützen, sondern den Versuch unternehmen, bezüglich einer Wahrscheinlichkeitsaussage w ein Maß p für die Güte der Bestätigung einer Hypothese h durch Beobachtungssätze e zu ermitteln. Gesucht war also eine Funktion

$$p = w \, (h/e).$$

Carnap sah dies als ein rein logisches Problem an, weil er nicht nach der Wahrheit von Naturgesetzen fragte, sondern nach der logischen Beziehung zwischen den beiden Satzarten ›Beobachtungssatz‹ und ›Hypothese‹. Sein Gedanke war also, innerhalb des Rahmens einer formalen Sprache S eine Präzisierung unseres intuitiven Verständnisses davon zu entwickeln, daß eine in S formulierte Hypothese h durch Beobachtungssätze e der Sprache S ›bestätigt‹ werde. Dahinter stand zugleich der Versuch, dem Faktum Rechnung zu tragen, daß wir gemeinhin eine Allgemeinaussage für um so besser bestätigt halten, je häufiger sie sich als erfüllt erwiesen hat. Die Schwierigkeiten, die dabei zu meistern wären, sind nun folgende:

Universelle All-Aussagen sind weder verifizierbar noch durch endlich viele positive Beobachtungen als wahrscheinlich nachweisbar. Dem begegnet Carnap, indem er nicht mehr nach der Bestätigung von All-Aussagen fragt, sondern nach der Wahrscheinlichkeit, die eine Aussage als Hypothese über ein künftiges Ereignis hat. Er fragt also nicht nach der Güte der Bestätigung von »Alle Schwäne sind weiß«, sondern nach der Wahrscheinlichkeit (als Güte der Bestätigung), die wir der Hypothese »Der nächste Schwan, den ich treffe, ist weiß« zusprechen können. Auf diese Weise soll zwei Bedenken Poppers Rechnung getragen werden: Zum ersten geht es nicht um universelle Aussagen, also All-Aussagen, weil diesen sicher kein wahrscheinlichkeitstheo-

27 Vgl. Anm. 7.

114 A Der analytische Ansatz

retisches Maß p zugeordnet werden kann, zum zweiten wird nicht nach der Entstehung einer Hypothese gefragt und keine induktive Verallgemeinerung bisheriger Beobachtungen zugrunde gelegt.

Doch trotz dieser Einschränkungen gelang es Carnap nicht, einen brauchbaren Begriff für die Güte der Bestätigung zu entwickeln. Vielmehr zeigte sich folgendes: Selbst unter Berücksichtigung aller intuitiven Vorstellungen, die wir lebenspraktisch im Umgang mit Generalisierungen und künftigen Erwartungen haben, ergibt sich bei der Formalisierung ein Faktor λ, der die gesuchte Funktion folgende Gestalt annehmen läßt:

$p = \lambda \cdot w \ (h/e)$.

Hierin ist λ ein frei wählbarer Parameter, mit der Folge, daß sich die gesuchte Wahrscheinlichkeit p durch Wahl des Faktors λ beliebig der 1 oder beliebig der 0 annähern läßt.

2. Einen anderen Weg hat Hans Reichenbach beschritten, indem er die gesuchte Wahrscheinlichkeit eines Naturgesetzes als *Häufigkeitslimes* auffaßte:[28]

$w \ (\text{Naturgesetz}) = \lim \ ^m/_n \quad \text{für } n \to \infty$,

wobei m die Anzahl der günstigen, d. h. dem Naturgesetz entsprechenden bisher beobachteten Fälle und n die der bis dahin insgesamt beobachteten Fälle ist. – Betrachten wir als ein stark vereinfachtes Beispiel das Würfeln und prüfen das ›Naturgesetz‹: »$^1/_6$ aller Würfe zeigt 6 Punkte«. Wir beginnen zu würfeln und finden etwa die Folge

5; 3; 6; 1; 3; 5; 2, 2; 4; 3; 6.

Damit ergibt sich als Häufigkeitsfolge $^m/_n$ (Zahl der Sechsen, also Zahl der günstigen Fälle, dividiert durch die Zahl der bis dahin beobachteten Fälle):

0; 0; $^1/_3$; $^1/_4$; $^1/_5$; $^1/_6$; $^1/_7$; $^1/_8$; $^1/_9$; $^1/_{10}$; $^2/_{11}$.

28 Hans Reichenbach: *Wahrscheinlichkeitslehre*, Leiden: Sijthoff 1935.

V. Wahrheit und Verifikation   115

Wenn wir weiter würfeln, erwarten wir bei einem regelmäßigen Würfel, daß sich diese Folge immer mehr $\frac{1}{6}$ nähert.
Reichenbachs Gedanke ist nun, daß dieses Vorgehen sich auf die Beobachtungen im Zusammenhang mit der Überprüfung einer Gesetzeshypothese übertragen läßt. Diese Auffassung bietet jedoch mannigfaltige Probleme, denn es muß nicht nur eine Kontinuität in der Natur vorausgesetzt werden, sondern – und dieser Einwand ist unüberwindlich – es gibt keinerlei Möglichkeit, aus dem Anfangsstück einer unendlichen Folge zu schließen, daß diese Folge, mag sie bislang noch so sehr konvergent erscheinen, auch weiterhin konvergiert und tatsächlich einen Grenzwert besitzt. So bleibt von Reichenbachs Auffassung am Ende nur eine Wendung ins Pragmatische, wenn er die Situation eines Wissenschaftlers auf der Suche nach Naturgesetzen mit der eines Fischers vergleicht, der, wenn er eine Angel auswirft, auch voraussetzen muß, daß in dem betreffenden Gewässer Fische vorhanden sind. Reichenbach macht uns also darauf aufmerksam, daß wir bei jeglicher Naturforschung *voraussetzen*, daß die Natur gesetzmäßig ist; aber beweisen kann man diese Voraussetzung nicht, auch nicht in der schwächeren Form, daß sie zwar nicht allgemein, jedoch für einen vorliegenden Fall gilt.

Gründe für das Scheitern der Carnapschen und Reichenbachschen Bemühungen lassen sich an zwei äußerst wichtigen und lehrreichen Paradoxa ablesen, die verdeutlichen, warum eine Induktionslogik nicht in der erhofften Weise aufgebaut werden kann. Diese sind das Bestätigungsparadoxon und das Induktionsparadoxon.
Das *Bestätigungsparadoxon* von Carl Gustav Hempel wird in der Regel an folgendem Satz vorgeführt (und deshalb oft als ›Rabenparadoxon‹ bezeichnet):[29]

---

29 Carl Gustav Hempel: »Studies in the Logic of Confirmation« (1945), in: ders., *Aspects of Scientific Explanation* (s. Anm. 8), S. 3–52.

116   A Der analytische Ansatz

(1) Alle Raben sind schwarz.

Dies sei die Hypothese, von der wir gängigerweise annehmen, daß sie um so besser bestätigt ist, je mehr Raben uns begegnen, die schwarz sind. Nun muß es erlaubt sein, die Hypothese (1) logisch äquivalent durch Kontraposition umzuformen, so daß sich ergibt:

(1*) Alles Nicht-Schwarze ist Nicht-Rabe.

Dieser logisch äquivalente Satz wird aber bestätigt durch einen Satz wie:

(2) Dieses Blatt ist grün.

Denn fraglos ist ein Blatt ein Nicht-Rabe, und etwas Grünes ein Nicht-Schwarzes. Wir kommen also zu dem Ergebnis, daß, da die Sätze (1) und (1*) logisch äquivalent sind, die Hypothese »Alle Raben sind schwarz« bestätigt wird durch grüne Blätter, gelbe Bleistifte, rote Lilien und was immer man sonst noch an nicht-schwarzen Nicht-Raben aufzählen mag. Das aber widerspricht vollkommen unserer intuitiven Auffassung von Bestätigung; überdies lassen sich auf diese Weise völlig unsinnige Aussagen ›bestätigen‹: »Alle Deutschen sind Sauerkrautesser« würde durch jeden Chinesen ›bestätigt‹, der kein Sauerkraut ißt. Nun wird man sicherlich einwenden wollen, dies liege an der logischen Kontraposition, die in einer extensionalen Logik von den Dingen, die unter einen Begriff fallen, übergeht zur Komplementärmenge aller nicht unter den Begriff fallenden Dinge; das müsse man also ausschließen. Ein Ausweg ist dies indes nicht, denn die Mathematik, die in den exakten Wissenschaften allenthalben verwendet wird, bedient sich einer extensionalen Logik. Wollte man also das Bestätigungsparadoxon durch Verbot der extensionalen Logik vermeiden, müßte man die Mathematik in ihrer gängigen Form ebenfalls verbieten bzw. durch eine eingeschränkte Form von Mathematik ersetzen. Sinnvoller ist es deshalb zu

V. Wahrheit und Verifikation 117

sagen, daß der Bestätigungsbegriff, den wir im Alltagsleben intuitiv virtuos zu handhaben vermögen, in seiner Intensionalität rekonstruiert werden müßte, wenn ihm Erfolg beschieden sein soll. Daß dies jedoch nicht reicht, zeigt sich im nächsten Paradoxon:

Das *Induktionsparadoxon*, von Nelson Goodman vorgetragen,[30] beruht auf der definitorischen Einführung eines neuen Prädikates, das sich aus vertrauten Prädikaten unter Bezugnahme auf einen Zeitpunkt t_0 ergibt. Gehen wir aus von einer Urne, die mit 1000 Kugeln unbekannter Farbe gefüllt ist. Bis zum Zeitpunkt t_0 seien aus ihr 999 rote Kugeln gezogen. Intuitiv würden wir nun sagen, es ergäbe sich induktiv für die Hypothese h »Die tausendste Kugel ist rot« angesichts 999 positiver und 1000 möglicher Fälle die Wahrscheinlichkeit

$$w \text{ (Die tausendste Kugel ist rot)} = \frac{999}{1000}$$

Die These von Goodman ist nun, daß der Hypothese h* »Die tausendste Kugel ist grün« dieselbe Wahrscheinlichkeit zukommt! Um dies zu zeigen, wird ein Prädikat ›grot‹ folgendermaßen eingeführt:

$$\text{grot} = \begin{cases} \text{rot bis } t_0 \\ \\ \text{grün ab } t_0 \end{cases}$$

Da nun die 999 roten Kugeln vor dem Zeitpunkt t_0 gezogen wurden, ist ihnen nach der Definition unseres neuen Farbprädikates die Farbe ›grot‹ zuzusprechen. Wir erhalten dann durch Induktion:

---

30 Dies wurde erstmals herausgearbeitet von Nelson Goodman: *Fact, Fiction, and Forecast*, Indianapolis / New York / Kansas City: Bobbs-Merrill ²1965, Teil 4 (dt.: *Tatsache – Fiktion – Voraussage*, Frankfurt a. M.: Suhrkamp 1975).

118 A Der analytische Ansatz

(*) w (Die tausendste Kugel ist grot) = $\frac{999}{1000}$

Da aber die tausendste Kugel nach dem Zeitpunkt t_0 zu ziehen ist, ergibt sich aufgrund der Definition des neuen Farbprädikates aus der vorhergehenden Aussage (*):

w (Die tausendste Kugel ist grün) = $\frac{999}{1000}$

Dieses merkwürdige Ergebnis beruht natürlich darauf, daß ein zusammengesetztes Prädikat eingeführt wurde; aber erstens wären die Prädikate ›rot‹ und ›grün‹ zusammengesetzt, wenn das Prädikat ›grot‹ unser Ausgangsprädikat wäre, zweitens benutzt man in den exakten Naturwissenschaften häufig genug Funktionen, die formal in ähnlicher Weise zusammengesetzt werden wie das im Beispiel verwendete Prädikat ›grot‹. Die Gründe, warum wir dennoch das Prädikat ›grot‹ gegenüber den Farbprädikaten ›rot‹ und ›grün‹ verwerfen, hat vielmehr einen tiefer liegenden Grund, der darin besteht, daß wir die Farbprädikate ›rot‹ und ›grün‹ in der Vergangenheit erfolgreich auch für Zukünftiges benutzt haben, also *in die Zukunft projiziert* haben, etwas, was mit dem Prädikat ›grot‹ bislang nicht geschehen ist und beim ersten, eben vorgeführten Versuch zu den dargelegten Schwierigkeiten führt. Wieder anders formuliert, zeigt sich, daß in jeder erfolgreichen Begriffsverwendung ein *Hintergrundwissen* verborgen ist, das die bisherige erfolgreiche Anwendung des Prädikates in sich trägt. Wollte man also etwas über die Projizierbarkeit eines Begriffes in die Zukunft sagen, müßte alles einschlägige Hintergrundwissen in die Überlegung eingebracht werden und explizit gemacht werden. Genau das aber vermag grundsätzlich nicht zu gelingen. Das Induktionsparadoxon zeigt uns also, daß schon all unsere *Begriffe* einen reichen Schatz an Erfahrung mit sich tragen, gewonnen im Umgang mit der Welt, einen Erfahrungsschatz, auf den wir im Alltag wie in den Wissenschaften stets bauen, den wir aber im Rahmen einer Wissenschaft gar nicht (oder doch immer nur in jeweils herausgegriffenen

V. Wahrheit und Verifikation 119

Einzelfällen) darzustellen vermögen. So ist es kaum verwunderlich, daß alle Bemühungen, Hintergrundwissen in Computern zu speichern und für die Analyse von gegebenen Situationen verfügbar zu machen, jämmerlich gescheitert sind. Doch wichtiger für unsere Zusammenhänge einer Wissenschaftsphilosophie ist es, festzuhalten, daß jeder Begriff mit dem Hintergrundwissen schon Theorieelemente enthält: Eben dies war es, was sich auf ganz andere Weise in den schon erwähnten Analysen Whorfs zeigte. Damit aber ist zwangsläufig jede Beobachtung theoriegeladen, weil dies schon für die Begriffe gilt, mit denen sie beschrieben wird.

3. Falsifikation statt Induktion

Eine Rechtfertigung des induktiven Verfahrens als wahrheitserweiternder Schluß oder als ein gültiges Prinzip läßt sich nach Lage der Dinge nicht geben. Mithin läßt sich ein Naturgesetz nicht bestätigen oder gar beweisen. Die im HO-Schema gemachte Voraussetzung, es müsse sich im Explanans um *wahre* Gesetzesaussagen handeln, ist also niemals einlösbar. Deshalb hat Popper schon 1934 folgendes Verfahren vorgeschlagen:
Zwar ist es nicht möglich, ein Naturgesetz durch Einzelinstanzen zu bestätigen; doch genügt ein einziges Gegenbeispiel, es als falsch nachzuweisen. Wenn unsere Naturgesetzeshypothese lautet: »Alle Schwäne sind weiß«, so ist dies logisch äquivalent mit: »Es gibt keinen nicht-weißen Schwan.« Nun wird man im Zoo im Schwanengehege angesichts eines australischen Schwans feststellen können, daß gilt: »Dieser Schwan ist schwarz.« Also gibt es einen nicht-weißen Schwan, und diese Beobachtungsaussage steht in *logischem* Widerspruch zu der behaupteten Hypothese über alle Schwäne; unsere Hypothese ist damit *falsifiziert*. Popper ist deshalb dafür eingetreten, die Methodologie der Erfahrungswissenschaften gänzlich umzustülpen:

120 A Der analytische Ansatz

> *Nicht nach Wahrheitsbeweisen ist in den Erfahrungswis-*
> *senschaften zu suchen, denn diese sind dort grundsätzlich*
> *unmöglich; vielmehr müssen sogenannte Naturgesetze*
> *ausschließlich als Hypothesen betrachtet werden, die so*
> *lange beibehalten werden, als sie nicht falsifiziert sind.*

Damit eine solche Umorientierung möglich ist, muß zwingend vorausgesetzt werden, daß die fraglichen Hypothesen
überhaupt falsifizier*bar* sind. Mit dieser Möglichkeit des
Falsifizierens ist gemeint, daß bei der Formulierung einer
erfahrungswissenschaftlichen Hypothese zugleich klar ist,
was ein empirisches Gegenbeispiel wäre. Deshalb führt
Popper folgendes *Abgrenzungskriterium* aller empirischen
gegenüber nicht-empirischen Theorien ein:

> *Ein empirisch-wissenschaftliches System muß an der Er-*
> *fahrung scheitern können.*[31]

Mehreres ist mit diesem Abgrenzungskriterium nach Poppers Auffassung geleistet: Erstens sichert das Abgrenzungskriterium, daß ein Wissenschaftsbereich genötigt ist anzugeben, wann eine Hypothese als gescheitert anzusehen ist,
andernfalls kann es sich nicht um eine Hypothese über diese Welt handeln. Zweitens ist das Induktionsproblem für
Gesetzeshypothesen gegenstandslos geworden, weil es seiner für die Wissenschaftsentwicklung nicht bedarf. Damit
ergeben sich einige Konsequenzen, die es zu betrachten gilt:
1. Das Abgrenzungskriterium ist eine *methodologische*
   Festsetzung in den Erfahrungswissenschaften, und zwar
   die oberste, nach der sich alle anderen Festsetzungen zu
   richten haben, damit die Theorien nicht durch Isolieren
   von der empirischen Basis *immunisiert* werden. Ein
   scherzhaftes Beispiel für solche Immunisierung ist die
   bekannte Wetterregel: »Wenn der Hahn kräht auf dem
   Mist, ändert sich das Wetter, oder es bleibt, wie es ist.«

31 Popper, *Logik der Forschung*, S. 15.

V. Wahrheit und Verifikation   121

Ersichtlich wird hier keinerlei Aussage über das Wetter und seine Veränderungen getroffen, die an der Erfahrung zu überprüfen wäre. Ein weiteres Beispiel ist die Hypothese unseres Fischers, der aufgrund seines Instrumentariums, des Fischernetzes mit 5 cm Maschenweite, eine Aussage, die an *seiner* Erfahrung mit Fischen nicht scheitern kann (weil sie tatsächlich durch sein Instrumentarium bedingt ist, nicht durch die Erfahrung). Man wende nicht ein, solche Beispiele seien an den Haaren herbeigezogen und kämen in den Wissenschaften nicht vor; in der Studentenrevolution am Ende der sechziger Jahre des 20. Jahrhunderts wurde jedes Argument, das den betreffenden Vertretern nicht paßte, damit beiseite geschoben, daß der die Kritik Äußernde ›nicht das richtige Bewußtsein‹ habe und deshalb keinen ernst zu nehmenden Einwand formulieren könne. Auch dies ist nichts als eine Immunisierungsstrategie. Damit zeigt sich, daß Poppers Abgrenzungskriterium als Festsetzung dadurch legitimiert ist, daß nur sie gewährleistet, daß eine Erfahrungswissenschaft sich sowohl auf *Erfahrung* bezieht als auch eine *Wissenschaft* ist: Die Nachprüfbarkeit nämlich, die unverzichtbarer Bestandteil der Wissenschaftlichkeit ist, wäre sonst nicht gewährleistet. Kritisierbar ist das Abgrenzungskriterium wie jede andere methodologische Festsetzung nicht etwa mit dem Hinweis, es sei ja selbst nicht falsifizierbar; denn ein solcher Kritiker hat nicht begriffen, daß ein Abgrenzungskriterium selbst keine erfahrungswissenschaftliche Hypothese ist, sondern eine Festsetzung, also etwas Normatives. Festsetzungen sind aber kritisierbar nur im Hinblick auf die vorausgesetzten *Ziele*. Hierauf wird noch zurückzukommen sein.

2. Naturgesetze sind *Hypothesen*, und zwar in der Gestalt von Sätzen. Da sich nahezu alle vermeintlichen ›Naturgesetze‹ nach einer Weile im Gange der Wissenschaftsgeschichte als falsch erwiesen haben, obgleich man mit ihnen vorübergehend erfolgreich hat operieren können,

zeigt sich, wie wenig sinnvoll es wäre, solche ›Naturgesetze‹ als Beschreibung der Natur verstehen zu wollen. Spricht man statt dessen von ›bewährten Hypothesen‹, verschwinden all diese Schwierigkeiten, denn in diese Sicht läßt sich auch der Fall einordnen, daß man in der Vergangenheit mit Hypothesen operiert hat, die sich später als falsch erwiesen haben.

3. Die Verbindung zwischen den Hypothesen und der Erfahrung kann nun nicht mehr im Sinne einer induktiven Verallgemeinerung gesehen werden; vielmehr wird sie gewährleistet durch die *Ableitung* von Beobachtungssätzen aus den Hypothesen. (Popper nennt die so gewonnenen, der Überprüfung im Sinne einer Falsifikation dienenden Aussagen *Basissätze.*) Damit ist eine Verknüpfung von Beobachtung und Theorie gegeben, die den alten Gedanken des Empirismus und Positivismus gänzlich umkehrt.

4. Der *Wissenschaftsfortschritt* und die *Wissenschaftsdynamik* werden durch Poppers Ansatz erstmals methodisch eingefangen. War man bis dahin davon ausgegangen, daß Wissenschaftsfortschritt darin besteht, über immer mehr Dinge immer mehr zu wissen, ohne sagen zu können, warum dies so sei, wird nun eine Erklärung für die Wissenschaftsentwicklung als dynamischer Prozeß geliefert; denn sobald eine Hypothese falsifiziert ist, müssen wir uns etwas Neues einfallen lassen, etwas, das die positiven Fälle der alten Theorie (also die Bereiche, in denen sich die Theorie bewährt hat) aufnimmt und mit abdeckt und zugleich das falsifizierende Gegenbeispiel berücksichtigt. Der Wissenschaftsfortschritt besteht dabei in der Formulierung immer schärferer Hypothesen, also solcher Hypothesen, für die es mehr Falsifikationsmöglichkeiten als für die frühere Fassung gibt. So ungewohnt also der Gedanke sein mag, erfahrungswissenschaftliche Hypothesen im Lichte von Falsifikationen zu betrachten, so fruchtbar ist doch diese Sicht zur Erklärung der Eigendynamik, die die Wissenschaften über die Jahrhunderte gezeigt haben.

V. Wahrheit und Verifikation   123

5. Die Frage, woher Hypothesen kommen, erweist sich als
völlig gleichgültig, weil sie für den Geltungsanspruch der
Hypothesen unerheblich ist. Als beispielsweise Kepler
aufgrund genauerer Messungen von Tycho Brahe sah,
daß die von Kopernikus behauptete Hypothese von der
Kreisbewegung der Planeten unzutreffend und damit falsifiziert war, wurde er auf die Hypothese der Ellipsenbe-
wegung durch den Gedanken geführt, daß Gottes Ideen
einfach seien. Dieser Entdeckungszusammenhang trägt
aber überhaupt nichts zur Begründung der Hypothese
bei, sondern macht nur den Hintergrund einer Weltsicht
deutlich, vor dem Kepler seine Astronomie entwickelt.

Gegen Poppers Vorschlag sind viele Einwände erhoben
worden, von denen einige grundlegende kurz wiedergege-
ben werden sollen, weil sie die ganze weitere Diskussion
entscheidend mitbestimmt haben:

1. *Das Argument der Wissenschaftshistoriker:* Wissenschaftler arbeiten gar nicht so, wie Popper deren Arbeit beschreibt, denn sie suchen nicht nach Falsifikationen, sondern nach Bewährungen.

Der Einwand ist fraglos berechtigt, was die Forschungs*praxis* betrifft, aber nicht, was die theoretische Absicherung
der Praxis anlangt; wie beides zusammenzubringen ist, soll
in einem späteren Abschnitt diskutiert werden.

2. *Das Argument der Operationalisten:* In der Forschung
wird eine Hypothese nicht durch ein Gegenbeispiel aus-
gehebelt; die Hypothese wird vielmehr in aller Regel
durch einen Zusatz ergänzt und auf diese Weise in Übereinstimmung mit den neuen Beobachtungen gebracht.
Dieses Verfahren ist ausführlich von Klaus Holzkamp
im Ausgang von Hugo Dingler unter dem Begriff Exhaustion beschrieben worden.[32]

---

[32] Klaus Holzkamp: *Wissenschaft als Handlung. Versuch einer
neuen Grundlegung der Wissenschaftslehre*, Berlin: de Gruyter
1968, S. 101 ff.

124   A Der analytische Ansatz

Aus der Sicht Poppers allerdings stellt sich dies so dar: Mit
einer entgegenstehenden Beobachtung ist die Ausgangshypothese, die der Beobachtung zugrunde lag, tatsächlich gescheitert. Daß es sich ein Forscher oft leicht macht und die
Ausgangshypothese nur geringfügig durch Hinzufügen eines Korrekturgliedes ergänzt, bedeutet doch gerade, daß
man es nun mit einer veränderten Hypothese zu tun hat:
Logisch gesehen liegt eine *neue* Hypothese vor. Dennoch
ist der Einwand der Operationalisten berechtigt, wenn er
bedeutet, daß man auch eine Methodologie der Hypothesen*entwicklung* formulieren sollte, um die Wissenschaftspraxis angemessen zu berücksichtigen. Allerdings hat auch
die Hypothesenentwicklung im Rahmen der Methode der
Exhaustion ihre Schwierigkeiten, denn jede Hypothese läßt
sich ad libitum mit Zusatzhypothesen ausstaffieren, ohne
daß man je an ein Ende gelangen würde: Die abstrusesten
Hypothesen würden sich mit Hilfe eines solchen Verfahrens immer ›retten‹ lassen!

3. *Einwand des Konventionalismus:* Es gibt Naturgesetze,
   die gar nicht falsifizierbar sind, weil sie als Grundaussagen für die Wissenschaften konstitutiv sind; hierauf haben schon Henri Poincaré und Pierre Duhem ihren
   Konventionalismus gebaut.[33] Das beste Beispiel ist der
   Energieerhaltungssatz, den kein klassischer Physiker
   aufzugeben bereit ist: Seit Huygens den Energiebegriff
   eingeführt hat, seit Leibniz seine Bedeutung erkannte,
   seit die Äquivalenz von kinetischer und potentieller
   Energie gesehen wurde, wurde der Energieerhaltungssatz immer ›gerettet‹, indem man gegebenenfalls neue

33 Vgl. Henri Poincaré: *La science et l'hypothèse*, Paris: Flamma-
   rion 1902 (dt.: *Wissenschaft und Hypothese*, Leipzig: Teubner
   1904, Nachdr. der 3. Aufl. Darmstadt: Wissenschaftliche Buchgesellschaft 1974), sowie Pierre Duhem: *La théorie physique, son
   objet, sa structure*, Paris: Chevalier & Rivière 1906 (dt.: *Ziel und
   Struktur der physikalischen Theorien*, Leipzig: Barth 1908
   Nachdr. Hamburg: Meiner 1978).

V. Wahrheit und Verifikation 125

Energieformen hinzufügte, etwa die Wärmeenergie, die elektrische Energie und schließlich das Masseäquivalent. Darüber hinaus kann der Energieerhaltungssatz einfach als Definition eines ›abgeschlossenen Systems‹ aufgefaßt werden; wenn er ›verletzt‹ wird, so läßt sich immer sagen, das System sei nicht abgeschlossen gewesen. Damit ist der Energieerhaltungssatz jeder Falsifikation entzogen.

Nun muß man allerdings sehen, daß Popper immer von ganzen Theorien ausgeht und im Wissen um die Konventionen in den Wissenschaften einen Weg zwischen der Scylla des Konventionalismus und der Charybdis eines naiven Realismus sucht, der beide Positionen angemessen berücksichtigt. Das aber erlaubt, gewisse relativ-apriorische Annahmen als konstitutiven Bestandteil einer erfahrungswissenschaftlichen Theorie zu sehen, wenn gewährleistet ist, daß die Theorie insgesamt oder die in ihr formulierten Hypothesen an der Erfahrung scheitern können.

Auch wenn also die praktische Tätigkeit des Forschers in der Popperschen Vorstellung eines Falsifikationismus keine Entsprechung findet, läßt sich seinem Vorgehen zusammenfassend zweierlei an grundsätzlichen Positiva entnehmen: Erstens setzen Wissenschaften stets Nachprüfbarkeit voraus; anders ist wissenschaftliches Denken gar nicht vorstellbar. Im Falle der Erfahrungswissenschaften muß diese Nachprüfbarkeit auf eine Erfahrungsbasis bezogen sein. Zweitens ist es naiv anzunehmen, Erfahrungswissenschaften ›beschrieben‹ die Natur; vielmehr gehen zahlreiche Festsetzungen in Gestalt methodologischer Konventionen ein. Es kommt aber darauf an, diese Festsetzungen nicht zu dogmatisieren, sondern deren Kritisierbarkeit anhand der Zielvorstellungen sicherzustellen.

4. *Das Problem der Erfahrungsgrundlage*

Bislang haben wir unterstellt, daß es falsifizierende Beobachtungen gibt, daß wir also von Beobachtungssätzen sagen können, ob sie wahr oder falsch sind. Weiter haben wir so getan, als könne man Beobachtungen unabhängig von Theorien vornehmen. Leider ist weder das eine noch das andere der Fall:

Beginnen wir mit dem Verhältnis von Beobachtung und Theorie. Wenn Beobachtungen falsifizierende Beobachtungen sein sollen, sind sie dazu nur insofern in der Lage, als sie Beobachtungen im Lichte der Theorie sind: Bis auf ›ja‹ oder ›nein‹, das aus der Beobachtung stammt, ist der Beobachtungssatz durch die Theorie festgelegt. Dies ergibt sich schon aus den einleitenden Überlegungen zum Verhältnis von Sprache und Sachverhalt, denn der Sachverhalt – hier also das, was beobachtet werden soll – wird aus der komplexen Wirklichkeit durch den Beobachtungssatz herausgeschnitten; und diese Beobachtung wiederum kann bezüglich einer zu prüfenden Theorie nur dann relevant sein, wenn dieses Herausschneiden genau auf die Theorie zugeschnitten ist. Deshalb gilt allgemein und unausweichlich, was sich schon im Zusammenhang mit der Betrachtung der Signifikanzbedingung zeigte:

> *Jede Beobachtung ist eine Beobachtung im Lichte einer Theorie.*

Schon Spinoza hat ähnlich gegenüber Boyle argumentiert, und am Ende des 18. Jahrhunderts wird dies von Schelling in der Auseinandersetzung um die richtige Methode der Erfahrungswissenschaft hervorgehoben; denn um zu beobachten, muß man vorher wissen, was man beobachten will – und das bestimmt die (möglicherweise noch rohe und unfertige) Theorie.

Das eben Gesagte gilt bereits für die Umgangssprache: schon dort ist jede Beobachtung theoriegeleitet, denn alle

V. Wahrheit und Verifikation 127

Begriffe enthalten nicht nur frühere Erfahrung, sondern sie sind Allgemeinbegriffe; sie erfassen deshalb die Wirklichkeit immer im Lichte dieses Allgemeinen. (Hätten wir nur die Begriffe ›Unkraut‹ und ›Nutzpflanze‹ zu Verfügung, so würde alles Grünzeug auf der Erde in diese zwei Klassen zerfallen.) Begriffe tragen jedoch nicht nur eine Klasseneinteilung in das zu Beobachtende – sie stellen es zugleich in einen Zusammenhang, den man nicht anders als eine (möglicherweise rudimentäre oder auch nur hypothetische) Theorie bezeichnen kann. So enthalten Wörter wie ›oben‹ und ›unten‹ implizit eine Vorstellung davon, wie die Welt beschaffen ist – bei den frühen Vorsokratikern etwa in Gestalt einer Scheibe, auf der wir uns ›oben‹ befinden, während uns ungefähr seit Aristoteles die Wissenschaftler die Überzeugung beigebracht haben, ›oben‹ und ›unten‹ bezöge sich auf eine Richtung vom Erdmittelpunkt weg bzw. zu ihm hin. Paul Feyerabend und Benjamin Lee Whorf wissen viele Beispiele anzugeben, die zeigen, wie Begriffe die Deutung der Welt in einer ganz bestimmten Weise festlegen. Deshalb stimmt im übrigen auch die Korrespondenztheorie der Wahrheit im Sinne eines Abbildes oder eine Widerspiegelung selbst für Beobachtungsaussagen nicht; und deshalb ist auch jeder echte Positivismus zum Scheitern verurteilt, weil dieses Positive, von dem man theoriefrei auszugehen hätte, gar nicht verfügbar ist. Alles was uns bleibt, ist ein *kritischer Realismus*, wenn man es aus der Sicht der Erfahrung sieht, ein *kritischer Rationalismus*, wenn man es aus der Sicht der theoretischen Vorgabe betrachtet.

Die modifizierte Version eines kantischen Ansatzes ist bei der Entwicklung des Gedankens unverkennbar, die Beobachtung enthalte bereits Theorieelemente in sich: Das Erkenntnissubjekt trägt nach kantischer Vorstellung die Denkformen und die Anschauungsformen in das Material hinein, von dem wir affiziert werden, und was hieraus entsteht, ist der Erkenntnisgegenstand. Eine Beobachtung wird deshalb für Kant durch Formen a priori konstituiert, die dem Erkenntnissubjekt entstammen. Nun wird man diese Konstruktion heute nicht unmittelbar übernehmen können; doch an die Stelle des kantischen absoluten Apriori der Denk- und Anschauungsformen tritt ein relatives Apriori methodologischer Festsetzungen und hypothetischer Theorien, die wir als ein formales Netz über das werfen, was wir beobachten wollen: Wiederum ist die Beobachtung konstituiert durch die Formen, die wir an den Bereich des zu Beobachtenden herantragen. Und wie bei Kant läßt sich sagen, daß der beobachtete Sachverhalt in seiner Realität durch uns, durch das Erkenntnissubjekt konstituiert wird.

Nun zu der Frage, ob diese in Beobachtungsaussagen ausgedrückten, durch die Vorgabe der Theorie beeinflußten Beobachtungen als *wahr* nachweisbar sind. Schließlich wissen wir nur zu gut, daß man sich bei Wahrnehmungen leicht täuschen kann; seit der antiken Skepsis, seit Descartes' methodischem Zweifel und seit der erkenntniskritischen Sichtweise Lockes sind alle Argumente wohlvertraut: Irrtum ist grundsätzlich nicht auszuschließen, und eine Korrespondenztheorie der Wahrheit nicht einlösbar. Auch wenn wir andere Beobachter befragen und eine intersubjektive Konkordanz über den Beobachtungssatz herstellen, also zu einer konsenstheoretischen Lösung übergehen, gelangen wir nicht viel weiter: Unter UFO-Anhängern (d. h. unter Menschen, die behaupten, außerterrestrische Flugobjekte beobachtet zu haben) gibt es ebenfalls intersubjektive Konkordanz; und es ist sehr fraglich, ob es nicht viel mehr UFO-Anhänger als Astrophysiker gibt, die bereit sind, die jeweils unter ihnen vertretenen Thesen für wahr zu halten! Die Angelegenheit erweist sich also als viel komplizierter:

> *Wir akzeptieren einen Beobachtungssatz vorderhand als wahr, weil und wenn es zur Zeit keine ernsthaften Einwendungen gibt.*

Sollte jemand solche Einwendungen haben und sie begründen können, wird man den Beobachtungssatz verwerfen.

V. Wahrheit und Verifikation 129

Damit kommt nach dem Abgrenzungskriterium eine zweite konventionelle Komponente von grundlegender, nicht eliminierbarer Bedeutung in jeder Wissenschaft ins Spiel, denn jede Disziplin hat Grundaussagen, die vorderhand nicht mehr problematisiert werden.

Das eben Entwickelte klingt sehr praxisfern und nach der Ausgeburt von Überlegungen von Wissenschaftstheoretikern, die noch nie ein Labor betreten haben. Doch tatsächlich gibt es schöne Beispiele, die zeigen, daß genau in der skizzierten Weise vorgegangen wird. So hatte vor etwa drei Jahrzehnten ein Russe ein »Superwasser« entdeckt, ein Stoff, der sich ergab, wenn man destilliertes Wasser durch sehr lange und enge Kapillaren preßte. Dieses merkwürdige Wasser hatte zwar, wie man glaubte festzustellen, alle chemischen Eigenschaften von Wasser, benahm sich aber sonst sehr viel anders. Die Versuche wurden von anderen Wissenschaftlern erfolgreich wiederholt; die Reproduzierbarkeit war also gewährleistet. Es brauchte eine ganze Weile, bis sich herausstellte, daß dieses »Superwasser« nicht etwa seine Besonderheiten daher hatte, daß ihm in den Kapillaren Elektronen der Elektronenhülle verloren gegangen waren oder ähnliches, sondern daß das Wasser mit einer kolloidalen Glaslösung gemischt war. Was hier bezweifelt wurde, ist, daß das beobachtete Material tatsächlich Wasser sei: Diese Kritik ist nur möglich, wenn die Beobachtung selbst im Lichte einer umfänglichen Theorie über das Verhalten von Wasser gesehen wird.

Auch das Umgekehrte hat es gegeben, etwa ein Experiment, das erwarten ließ, es gäbe Elektronen mit einer Geschwindigkeit größer als die Lichtgeschwindigkeit c, so daß ein Signal – entgegen Einsteins Relativitätstheorie – schneller als mit Lichtgeschwindigkeit transportiert werden könnte. Dieses Experiment war sehr teuer und konnte deshalb zunächst nicht wiederholt werden; dennoch wurde es von allen Kernphysikern bezweifelt. Als dann tatsächlich der Versuch unternommen wurde, es zu wiederholen, stellte sich

130 A Der analytische Ansatz

heraus, daß es nicht reproduzierbar war und deshalb die ursprüngliche Beobachtung mit Gründen bezweifelt wurde.

Gerade das zweite Beispiel erzwingt nun eine für Poppers These von der Elimination der Induktion äußerst negative Ergänzung unserer bisherigen Betrachtungen: Es ist in einer Falsifikationstheorie erforderlich, als falsifizierende Basissätze nur solche Sätze zuzulassen, deren Sachverhalt *reproduzierbar* ist! Dies ist jedem Erfahrungswissenschaftler selbstverständlich (denn sonst würde im physikalischen Anfängerpraktikum in jedem mißlungenen Versuch die ganze klassische Physik ›falsifiziert‹) – aber man mache sich die Folgen klar: Eine Aussage über einen reproduzierbaren Sachverhalt ist selbst eine allgemeine Hypothese, die besagt: »Immer wenn der und der experimentelle Aufbau gegeben ist, ereignet sich das und das.« Es handelt sich also, recht besehen, um ein sehr einfaches Naturgesetz, das seinerseits – und eben dies ist das Fatale – nur *induktiv bestätigt* werden kann und muß! Wenn Popper also, wissend um die Wissenschaftspraxis, verlangt, daß nur *reproduzierbare Effekte*, also wiederholbare Beobachtungen und Experimente, als Falsifikationen einer Hypothese in Frage kommen, so zeigt sich, daß wir auf dieser untersten Ebene nicht ohne Induktion auskommen können! Damit läßt sich das im voraufgegangenen Kapitel entwickelte Schema von Abbildung 6 ergänzen zu Abbildung 9.

Theorie T	theoretische Sprache T
⇓⇑ Falsifikation	mit einem relativen Apriori
Experimentalgesetze	Meßtheorie M
⇑ einfache Induktion	
Beobachtungsaussagen	Beobachtungssprache S

Abb. 9: Einfache Induktion

V. Wahrheit und Verifikation 131

Unseren Ausgangspunkt bildete das HO-Schema und seine Adäquatheitsbedingung, es müsse sich im Explanans um *wahre* Aussagen handeln. Fassen wir rückblickend zusammen, wieweit sich diese Voraussetzung einlösen läßt:

Allgemeine, universelle Aussagen sind in den Erfahrungswissenschaften nicht verifizierbar, sondern nur widerlegbar, sofern man Beobachtungsaussagen als verifizierbar unterstellt. Beobachtungsaussagen aber sind ebenfalls nicht verifizierbar; nur intersubjektive Konkordanz ist erreichbar, die durch Gründe aufgehoben werden kann. Das gilt für alle Wissenschaften, die sich auf empirisches Material stützen; allerdings ist es in den Geistes- und Humanwissenschaften viel schwieriger, die Bedingungen für intersubjektive Konkordanz anzugeben. Die Wahrheitsbedingung B_4 ist also grundsätzlich nicht erfüllbar; oder zurückhaltender formuliert: Jede Erklärung gemäß dem HO-Schema setzt voraus, daß wir die eingehenden Naturgesetzesaussagen und Antecedensaussagen (die im hier diskutierten Fall Beobachtungsaussagen sind) trotz der dargestellten unüberwindlichen Begrenzungen *hypothetisch als wahr unterstellen*. Dennoch bleibt Poppers methodologische Grundregel, daß es Widerlegungsmöglichkeiten für eine Wissenschaftsaussage geben muß, ein methodologisches Grundpostulat, das unverzichtbar ist, wenn es einen Unterschied zwischen einem Hirngespinst und einer Wissenschaft geben soll.

5. *Methodologische Regeln versus Dogmatismus*

An zwei Stellen haben wir bislang methodologische Festsetzungen kennengelernt. Diese sind jeweils für den betreffenden Wissenschaftsbereich konstitutiv und stellen insofern ein relatives Apriori dar. Eine Aufgabe grundsätzlicher Art besteht nun darin, zu klären, wieso diese fundamentalen Festsetzungen nicht dogmatisch die ganze Wissenschaft abriegeln, so daß letztlich – wenn auch auf Umwegen – das

132   A Der analytische Ansatz

herauskommt, was so häufig für die Scholastik als kennzeichnend angesehen wurde, nämlich die Abschottung
gegen Einwände durch passend gewählte methodische Vorgaben. Läßt sich vermeiden, daß Festsetzungen solche Im-
munisierungsstrategien beinhalten? Es gilt zunächst sich
klarzumachen, daß ohne Festsetzungen und normierende
Regeln nicht nur Wissenschaft, sondern bereits Kommunikation unmöglich wäre. Sprache beruht auf willkürlichen
Normierungen; und es ist unmöglich, diese alle auf einmal
außer Kraft zu setzen. Auch die Abgrenzung der Gegenstandsbereiche der Wissenschaften gegeneinander beruht
auf Festsetzungen, die aus Gründen der Arbeitsteilung unumgänglich sind. Greifen wir ein Beispiel heraus, so zeigt
sich, daß man – jedenfalls in vielen Fällen – auch sachliche
Gründe für die jeweilige Trennlinie (etwa Physik/Chemie/
Biologie) anzugeben vermag, Gründe, die wiederum durch
andere sachliche Gründe im Laufe der Wissenschaftsgeschichte so weit kritisierbar wurden, daß Zwischengebiete
(etwa Physikalische Chemie und Biochemie) ausgegrenzt
wurden. Daraus läßt sich entnehmen, daß man zwar nicht
alle Festsetzungen auf einmal, wohl aber jede einzeln in
Frage stellen und abändern kann. Dieses In-Frage-Stellen
bezieht sich nicht auf irgendwelche Beobachtungen oder
Theorien, sondern es ist ein In-Frage-Stellen der *Ziele*, die
mit den Festsetzungen erreicht werden sollen. Mit der Diskussion von Zielen bewegen wir uns aber im Bereich normativer Aussagen, die – wie betont – von Faktenaussagen
scharf zu trennen sind. Allerdings muß folgendes zu einer
Metaregel für alle methodologischen Festsetzungen erhoben werden:

> *Festsetzungen müssen stets der Änderung aufgrund stich-*
> *haltiger Kritik offenstehen.*

Die praktische Schwierigkeit, die sich nun zeigt, besteht
darin, daß weder die Ziele noch die methodologischen
Festsetzungen immer explizit vorliegen, sondern meist erst

V. Wahrheit und Verifikation 133

dann herausgearbeitet werden, wenn sich in einer Wissenschaft Schwierigkeiten einstellen. So fragte Einstein, als sich Probleme hinsichtlich des Zeitbegriffes andeuteten, nach den Verfahren der Bestimmung des Gleichzeitigkeitsbegriffes und den damit verbundenen, bislang nie thematisierten methodologischen Festsetzungen: Auf diese Weise gelangte er zu einer begründeten Veränderung des Zeitbegriffs und der mit ihm verbundenen Theoriekonzeption.

Darüber hinaus muß man sehen, daß es eine Letztbegründung der obersten methodologischen Festsetzungen als Forschungsnormen nicht geben kann. Denn angenommen, es gäbe eine oberste Norm, so wäre sie nicht bezweifelbar, ihre Ziele wären absolute und letzte Ziele; diese Norm wäre damit aber dogmatisch und gerade nicht wissenschaftlich, weil sich absolute und unbezweifelbare Gründe nur um den Preis des Dogmatismus finden lassen. (In der Philosophie- und Wissenschaftsgeschichte hat es natürlich immer wieder Versuche gegeben, dem zu entgehen: Descartes' ganzes Anliegen galt der Fundierung einer unbezweifelbaren Grundlage der Physik nach dem Vorbild der Mathematik; doch tatsächlich werden dabei weitreichende metaphysische Voraussetzungen unumgänglich. Daß für sie Evidenz beansprucht wird, macht die Sache nicht besser, denn leider läßt sich Evidenz nicht begründen, sondern nur als vorausgesetzt ausweisen.)

Betrachtet man nun die oberste Norm, wie sie sich in der genannten Metaregel spiegelt, als *Entscheidung zur Wissenschaftlichkeit*, wie dies Popper tut, steht man vor der Frage, ob sich diese Entscheidung ihrerseits als rational nachweisen läßt. Popper verneint dies; andere, wie etwa Nicholas Rescher, verweisen auf die Pragmatik. Die Kritische Theorie der Frankfurter Schule schließlich hat an dieser Stelle den Versuch unternommen, Wissenschaft in einen Gesamtzusammenhang von Handeln und Entscheiden zu stellen. Allerdings kann man durch all diese Vorgehensweisen das Problem nur verschieben, nicht jedoch lösen, weil die Frage, was eine rationale Entscheidung ist, zwar hinsichtlich des entscheidungslogischen Hintergrundes allgemein lösbar ist – aber aus der Logik folgt kein einziges inhaltliches Resultat; man wird also in jedem Einzelfall neu analysieren und entscheiden müssen. Was bleibt, ist, daß Wissenschaft in der Suche nach Wahrheit an die Entscheidung zur Wissenschaftlichkeit, d. h. an die Entscheidung zur Offenheit für Kritik gebunden ist und gebunden bleibt, weil nur so, durch diese Offenheit, ein Dogmatismus überwunden werden kann.

B
Wissenschaftstheorie und Wissenschaftsgeschichte

I. Modelle des Wissenschaftsfortschritts

1. Fortschritt und Wissenschaftsdynamik

Wissenschaft wird als etwas höchst Dynamisches erfahren, und jahrhundertelang wurde diese Dynamik als Wissenschaftsfortschritt aufgefaßt. Weder das eine noch das andere hat in der bisherigen Betrachtung, die vom Erklärungsbegriff ausging, einen angemessenen Platz gefunden. Ihn gilt es deshalb zu bestimmen – ein Beginnen, das die Wissenschaftsgeschichte schon deshalb einbeziehen muß, weil Dynamik und Fortschritt zeitlich-geschichtliche Phänomene sind.

Theoria, wie Wissenschaft bei Aristoteles hieß, wurde von diesem als die Frucht des staunenden Fragens und der intellektuellen Neugierde verstanden. Sie fragt nach dem Telos eines Dinges oder eines Lebens, nicht aber nach der Praxis: Der Beweis jenes Satzes, den wir heute dem Pythagoras zuschreiben, ist für die Praxis höchst überflüssig, er bedeutet nichts als einen Gewinn an intellektueller Befriedigung im Wissen um die Gründe. *Fortschritt*, gar wissenschaftlicher Fortschritt, war in der Sicht der Praxis etwas ganz Unwichtiges. Das galt auch für das tägliche Leben, denn in der Staatstheorie beispielsweise dominierten Kreislauftheorien: Die Monarchie als Staatsform gerät zur Tyrannei, wenn ein unfähiger Herrscher die Führung übernimmt; diese wird abgelöst durch eine Aristokratie, die den

Übergriffen des Tyrannen entgegentritt, um doch selbst zur Oligarchie zu entarten. Diese wiederum wird durch eine Demokratie in ihre Schranken verwiesen, aber deren Umschlag in eine Pöbelherrschaft ist unausweichlich. Solcher Entartung Herr zu werden, bedarf es wieder eines weisen Herrschers, eines Monarchen, und der Kreislauf beginnt von vorne. Allenfalls kann das Ziel sein, einen Zustand zu bewahren und festzuhalten, der keine Entartungsform darstellt, wie Cicero dies sieht. Der Gedanke eines Fortschritts ist hier völlig unangemessen, und ein statisches Ideal ist in der Geschichte des Denkens das weitaus verbreitetere Ideal: Wenn einmal die richtige Lösung gefunden ist – sei es in der Staatsform, sei es in der Malerei, sei es im Wissen –, so gilt es, das Gefundene zu bewahren und nicht durch Veränderung in Frage zu stellen.

Ganz anders dagegen ist die Perspektive, die sich mit Francis Bacon auftut, der schrieb: »Die Wohltaten der Erfindungen [nützlicher Wissenschaft] könnten sich auf das ganze Menschengeschlecht auswirken.« In seinem Werk *De dignitate et augmentis scientiarum* (*Über die Würde und den Fortschritt der Wissenschaften*) von 1605 entwickelt er eine Fortschrittstheorie und begründet ein Fortschrittsbewußtsein, das durch Metaphysik- und Ideologiekritik die bisherigen Hemmnisse überwinden und, gestützt alleine auf Vernunft und Erfahrung, die unaufhaltsame Besserung des menschlichen Lebens garantieren soll. Und weil die Menschen in Bacons utopischer Wissenschaftsgesellschaft von *Nova Atlantis* keine Not leiden, sind sie zugleich friedfertig. Die Aufklärung des 18. Jahrhunderts weitet diesen Gedanken aus, indem sie die Beförderung der öffentlichen Wohlfahrt mit der Vorstellung verknüpft, daß, wenn wir dank der Wissenschaften mehr über die Folgen unseres Handelns wissen, wir ein Handeln unterlassen, sobald wir um seine negativen Folgen für mich wie für den anderen wissen: Schon Sokrates hatte Tugend als eine Angelegenheit des Wissens gesehen. So wurde die Verbindung von Wis-

I. Modelle des Wissenschaftsfortschritts 137

senschaftsfortschritt und moralischem Fortschritt zum eigentlichen Motor der Forderung und Förderung von Wissenschaft. Die *Freiheit der Wissenschaft*, so die Hoffnung, garantiere nicht allein den unbegrenzten Fortschritt der Wissenschaften; vielmehr erwachse aus ihr ein moralischer Fortschritt der Menschheit.

Dahinter steht die Auffassung von der Möglichkeit eines linearen Fortschritts in der Geschichte des Wissens; sie ist charakteristisch für jede aufklärerische Strömung bis in die Gegenwart: Gerade daraus beziehen diese Denkrichtungen ihre Forderung nach einer Beseitigung von Wissenschaftshemmnissen. (Was etwa den aufklärerischen Impetus und den Gedanken eines wissenschaftlichen Fortschritts anlangt, so ist er den Logischen Positivisten und ihren schärfsten Kritikern, den Vertretern der Kritischen Theorie der Frankfurter Schule, durchaus gemeinsam.)

Was aber ist Fortschritt eigentlich? Zunächst: ein Fortschreiten von einem schlechteren zu einem besseren Zustand (ohne daß darin ein teleologisches Moment liegen müßte oder die Auszeichnung eines einzigen überhaupt möglichen Zustandes als der bessere). Doch wir müssen weiter fragen: Was ist ein schlechterer, was ein besserer Zustand? Hier liegt der Kernpunkt aller Fortschrittsproblematik, weil so getan wird, als ließe sich ein für alle Mal ausmachen, was besser, was schlechter sei. Tatsächlich aber vermag man immer nur retrospektiv und von den Bedingungen und Vorstellungen der Gegenwart her zu werten; und selbst dann bleiben die Bewertungen oft genug verschwommen.

Diese kurzen Überlegungen sollten nur zeigen, daß die so häufig gebrauchten Formulierungen vom wissenschaftlichen und technischen Fortschritt alles andere als klar und unmittelbar verständlich sind und daß keineswegs zu allen Zeiten des Denkens Entwicklungen als etwas Positives gesehen wurden. Das neuzeitliche Wissenschaftsverständnis hingegen ist entscheidend durch Bacon und sein Fort-

138   B Wissenschaftstheorie und -geschichte

schrittsideal geprägt worden. Es gilt nun, deutlicher zu umreißen, wie Wissenschaftsfortschritt und Wissenschaftsdynamik zu verstehen sind.

2. Wissenschaftsfortschritt und Wissenschaftstheorie

Was also bedeutet *Wissenschaftsfortschritt*? Deskriptiv-wis-
senschaftshistorisch ist er zumeist als die Mehrung des Wissens hinsichtlich der Eindringtiefe und der Reichweite verstanden worden. Doch in der Sache handelt es sich um einen normativen Begriff, um eine positive Bewertung von
etwas als Fortschritt – eine Bewertung, die ihrerseits nicht
nur zurückwirkt auf die Deskription in der Wissenschaftsgeschichte, sondern als Normierung der Forschungspraxis
im Hinblick auf ein Fortschreiten aufgefaßt wird. Anders
als der Gedanke einer ganz von der Praxis getrennten, allein der *theoria* folgenden Auffassung tritt Wissenschaft mit
dem Fortschrittsgedanken in den Problemhorizont einer
positiven Beurteilung von *Wissenschaft als Wert*; und damit
entsteht das Problem der Legitimation von Wissenschaft.
Wissenschaftsfortschritt bedeutet nicht allein ein Mehr an
Wissen – was, würde es vertreten, ein Wert an sich wäre –,
sondern in der praktischen Anwendung auch die Sicherung
des besseren, d. h. glücklicheren Lebens.
Nun gibt es mehrere Wege, den Begriff des Wissenschaftsfortschritts einzukreisen. So kann man die Wissenschaftsentwicklung als ein *sozialwissenschaftliches* Problem begreifen und mit quantitativ-statistischen Analysen Publi-
kationshäufigkeiten, Zitationshäufigkeiten und finanzielle
Investitionen in Wissenschaften in Wachstumskurven niederlegen. Was hier jedoch fehlt, ist ein Kriterium dafür, daß
eine Arbeit ein wissenschaftlicher Fortschritt ist; beschrieben wird allein eine Dynamik. – Neben der quantitativ-statistischen Analyse ist eine *soziohistorische* Analyse denkbar,
die äußere Gegebenheiten, insbesondere kulturelle Bedürf-

I. Modelle des Wissenschaftsfortschritts

nisse, als Bedingungen der Wissenschaftsentwicklung namhaft macht; jedoch fehlt hier die Möglichkeit, auf die interne Problematik der Wissenschaften einzugehen, auf Fragen, die sich bei der Theorieentwicklung wissenschaftsimmanent ergeben. Betrachtet man darum interne statt der externen Determinanten, so wird das geeignete Verfahren eine *logisch-analytische* Vorgehensweise sein, bei der gefragt wird, warum Wissenschaftler gerade *die* Änderungen in einem theoretischen Ansatz wählen, die sie wählen. Dies allerdings setzt voraus, daß solches Wählen als ein wissenschaftsinterner Fortschritt begriffen wird – und hierfür fehlen wiederum die Kriterien.

Einer der Haupteinwände Poppers gegen die wissenschaftstheoretischen Untersuchungen Carnaps, Hempels und der übrigen Vertreter des Logischen Positivismus war die Feststellung, daß deren Auffassung vollkommen statisch sei und weder der Dynamik noch dem Wissenschaftsfortschritt gerecht werde. In deren Vorstellung bestehe Wissenschaftsfortschritt einzig in einer »Kübeltheorie« des Wissens: wir wüßten immer mehr über immer mehr Gegenstände. Ein solches Verständnis ist aber ungeeignet zu erklären, wieso wir uns die Mühe machen, mehr wissen zu wollen; die »theoretische Neugierde«, welche Aristoteles als Triebkraft sah, die Ursachen heischende Warum-Frage allein vermag jedenfalls die Dynamik neuzeitlicher und gegenwärtiger Wissenschaftsentwicklungen nicht angemessen zu begründen. Tatsächlich, meint Popper, sei das Kübelbild sachlich falsch, weil wir zum einen über die Dinge nicht ›mehr wissen‹ – es zeigte sich ja, daß wir unserer Hypothesen nie sicher sein können. Zum anderen läßt sich die Veränderung der Theorien ebenso wie das, was in deren Lichte beobachtet wird, in seiner inneren Dynamik völlig neuer Sichtweisen im Kübelmodell überhaupt nicht erfassen.

An dieser Kritik ist sicherlich zutreffend, daß etwa Carnap und Reichenbach gänzlich ahistorisch vorgehen und bis zum gewissen Grade den Wissens- und Methodenstand ihrer Zeit absolut setzen. Doch beide würden erwidert haben, etwas Besseres als den gegenwärtigen Forschungsstand habe ein Kontrahent auch nicht anzubieten, denn Wissenschaftstheorie könne schlechterdings nicht irgendeine nur mögliche Wissenschaft analysieren, sondern nur eine, die faktisch vorliegt. Popper dagegen insistiert darauf, daß so die Wissenschaftsdynamik selbst als wissenschaftstheoretisches Problem überhaupt noch nicht erkannt ist. Er schlug deshalb vor, in der methodischen Falsifikation ein Werkzeug zu sehen, den Wissenschaftsfortschritt als eine fortgesetzte Versuch-Irrtum-Kette (*trial and error*) zu beschreiben. Gegen das Falsifikationsverfahren war einzuwenden gewesen, daß dieses aus der Sicht der Theorie gerechtfertigt sein möge, nicht aber aus der Sicht des tätigen Wissenschaftlers, und damit auch nicht aus der Sicht der Wissenschaftsgeschichte. Popper hat denn auch versucht, den Fortschritt über den Begriff der Wahrheitsnähe einzuführen, doch gerade angesichts des Popperschen Ansatzes ist dieser Weg nicht zu rechtfertigen: Woher sollten wir denn wissen, wie dicht eine Hypothese sich der Wahrheit genähert hat? Wahrheit und Verifikation fallen doch – das zeigte der Exkurs in die Wahrheitstheorie – so auseinander, daß eine Wahrheitsnähe nur für ein göttliches Ingenium konstatierbar wäre. Vor allem hat man Popper vorgeworfen, den Fortschrittsbegriff auf eine naive Weise auf die Wissenschaften ausgedehnt zu haben, genauer: die Entwicklung von den frühgriechischen Naturspekulationen bis zum gegenwärtigen Stand der Erfahrungswissenschaften als einen kontinuierlichen Fortschritt gesehen zu haben.

Von neuem stellt sich so die Frage, was *Wissenschafts*fortschritt ist: Man wäre geneigt, mit Francis Bacon für die Erfahrungswissenschaften die Naturbeherrschung als Maßstab heranzuziehen; aber das erweist sich bei näherem Zusehen als zu eng; denn dann hätte die Astronomie seit den Babyloniern keine Fortschritte gemacht, weil es noch nicht gelungen ist, einen Planeten aus seiner Bahn zu rücken. Das-

I. Modelle des Wissenschaftsfortschritts 141

selbe gilt im übrigen für eine zunächst einleuchtende These, die im Anschluß an Habermas der Popperschen Auffassung entgegengesetzt wurde, wonach der Fortschritt in einer »planmäßigen Anpassung an vorgegebene Umstände« besteht.[34] Doch welche Umstände sind es, denen es sich anzupassen gilt – und nach welchem Plan? Wieder wird die Auswahl der Umstände zum Problem, denn sonst käme heraus, daß der Fortschritt etwa darin besteht, sich dem jeweiligen Regierungssystem möglichst rasch anzupassen, sei es der Nationalstaat, der Nationalsozialismus, der Stalinismus oder was für ein -ismus sonst. Eine solche Anpassung war aber gerade nicht gemeint. Eben keine »deutsche Physik«, auch keine stalinistische Biologie wie im Lyssenkoismus. Es kommt also ganz darauf an, welche Situation man als veränderungsbedürftig ansieht. Dies läßt sich auch mit Hilfe des Erklärungsbegriffes formulieren, indem man danach fragt, welche Situation als erklärungsbedürftig verstanden wird, denn die Erklärung heischende Warum-Frage stellen wir keineswegs immer und überall. Hieran anknüpfend soll verdeutlicht werden, daß Poppers einfache Vorstellung vom Wissenschaftsfortschritt ebenso problematisch ist wie die statische, situationsgebundene Querschnittsanalyse der frühen analytischen Wissenschaftstheorie.

3. Die Bindung einer Erklärung an ein Paradigma: Thomas S. Kuhn

Bei der Diskussion des HO-Schemas wurde herausgearbeitet, daß beim Erklärungsbegriff von der pragmatischen Situation abgesehen wird, weil Erklärungen in den Wissenschaften gerade nicht Erklärungen ad hominem sein sollen.

---

34 Albrecht Wellmer: *Methodologie als Erkenntnistheorie. Zur Wissenschaftslehre Karl R. Poppers*, Frankfurt a. M.: Suhrkamp 1967, S. 215.

142   B Wissenschaftstheorie und -geschichte

So weit – so gut; aber was ist in den Wissenschaften jeweils überhaupt als erklärungsbedürftig anzusehen? Und was wird als dasjenige vorausgesetzt, was nicht weiter erklärungsbedürftig ist und unbefragt hingenommen werden kann? Aristoteles erklärte den freien Fall als eine Art Wollen des Steins; und eine Erklärung dieser Art, die wir heute als Anthropomorphismus ablehnen, erschien den Zeitgenossen akzeptabel, weil jedermann den inneren Antrieb zu einer Handlung aus dem Wollen heraus an sich selbst beobachten konnte. Unser heutiges Vorgehen, manche oder gar alle menschlichen Handlungen mechanistisch zu erklären, wäre Aristoteles dagegen höchst inadäquat erschienen. Es zeigt sich, daß er eine andere Grundansicht, ein anderes *Paradigma*, wie Thomas S. Kuhn es nennt, von der Welt und ihren Erscheinungen hatte als wir.[35]

Kuhns Werk, in dem der Paradigmenbegriff eingeführt wird, bedeutete selbst eine wissenschaftstheoretische Umwälzung oder Revolution. Es war ursprünglich als historischer Teil der *Encyclopedia of Unified Science* gedacht, einer Enzyklopädie, die die Einheit der Wissenschaften in der Sicht des Logischen Positivismus darstellen sollte. Die Pläne, ähnlich denen einer Leibnizschen *Scientia generalis* als Einheitswissenschaft, gingen auf den Wiener Kreis zurück. Die einzelnen Bände folgten einem Aufbau, den Neurath mit einer Zwiebel verglichen hatte: Den innersten Kern bildeten Mathematik und Logik, von Carnap dargestellt, und die Zeichentheorie von Charles Morris; auch Hempels Theorie der Theoriebildung zählt – wenngleich später erschienen – hierzu. Schicht um Schicht sollten sich die empirisch gesicherten und dem Sinnkriterium genügenden wis-

---

35 Thomas S. Kuhn: *The Structure of Scientific Revolutions* (International Encyclopedia of Unified Science II,2), University of Chicago Press 1962 (dt.: *Die Struktur wissenschaftlicher Revolutionen*, Frankfurt a. M.: Suhrkamp 1967; ²1976 mit »Postscript« von 1969).

I. Modelle des Wissenschaftsfortschritts 143

senschaftlichen Bereiche wie Zwiebelhäute um diesen Kern legen. Doch statt die Wissenschaftsgeschichte in diesen Aufbau einzubinden, geriet Kuhns Werk zum Sprengsatz des ganzen Programms einer *Wissenschaftlichen Weltanschauung*, wie Carnap, Neurath und Hahn ihr Unternehmen programmatisch genannt hatten. Der Gedanke einer Einheit der Wissenschaft über die Disziplinen und über die Geschichte hinweg wurde so nachhaltig zerstört, daß er – jedenfalls in der alten Gestalt – nicht mehr vertretbar ist. Verdeutlichen wir uns dies am Beispiel der wissenschaftlichen Erklärung, die doch fundamental für den Anspruch ist, die Welt geistig zu durchdringen und in ihrer Gesetzlichkeit erfassen zu können – und mögen es auch nur bewährte Hypothesen sein, mit denen wir dies leisten.

Erklärungen erfolgen, so Kuhn, immer im Rahmen eines Paradigmas. Daß diese Paradigmen wechseln, läßt sich sehr schön an dem ablesen, was man jeweils in der Geschichte des Nachdenkens über die Bewegung als eine ›natürliche Bewegung‹ angesehen hat: Für Aristoteles war es selbstverständlich, daß ein Ochsenkarren im Sand stecken bleibt, wenn nicht die Ochsen ständig den Wagen ziehen; die natürliche Bewegung ist deshalb eine gleichförmige, ständig beschleunigte Bewegung, und ihre letzte Ursache liegt im unbewegten Beweger. – Ganz anders sah Galilei die Dinge, denn die Planeten umkreisen die Erde, ohne daß es eine solche einwirkende Kraft gäbe oder ihrer bedürfte. Und wenn ein Schiff reibungsfrei auf dem Meer fahren könnte, würde es, auf einem Globus voller Wasser angestoßen, mit konstanter Geschwindigkeit den Globus umrunden: Die natürliche Bewegung ist mithin eine kräftefreie Kreisbewegung. – Wieder anders ist das Newtonsche Paradigma der natürlichen Bewegung beschaffen, wonach ein kräftefreier Massepunkt im sonst leeren Universum sich geradliniggleichförmig bewegt. Eine solche Bewegung ›natürlich‹ zu finden, obwohl es weder Massepunkte (also die Vereinigung einer Masse in einem Punkt) noch eine kräftefreie Be-

144   B Wissenschaftstheorie und -geschichte

wegung im Universum gibt, ist keineswegs selbstverständlich; und dennoch ist dies das Musterbild oder Paradigma neuzeitlicher Mechanik.

Betrachten wir diese drei Fälle natürlicher Bewegung. Worin sollte hier der Fortschritt bestehen? Üblicherweise wird gesagt, die Theorien seien immer allgemeiner und umfassender geworden; aber dagegen hat Paul Feyerabend eingewandt, Aristoteles' Telos-Theorie sei bei weitem umfassender gewesen als Newtons Mechanik, weil sie für alles in der Welt – ob belebt oder unbelebt – gegolten habe.[36] Darüber hinaus mutet Galilei seinem Leser zu, sich das Wasser reibungsfrei vorzustellen, und Newton geht noch einen Schritt weiter, wenn er eine Masse in einem Punkt vereinigt und alle sonstigen Kräfte aus dem Universum verbannt: Wo gibt es hier eine Natürlichkeit? Tatsächlich ist es kaum möglich, zwischen den verschiedenen Paradigmata Vergleichsmaßstäbe zu finden; nur innerhalb ein und desselben Paradigmas gelingt es, Theorieansätze miteinander zu vergleichen. Genau dies ist es, was Kuhns Begriff eines Paradigmas ausmacht.

Bevor auf Einzelheiten des Kuhnschen Ansatzes eingegangen werden soll, ist es nötig darauf hinzuweisen, daß der Paradigmenbegriff keine Angelegenheit der Erfahrungswissenschaften allein ist, obwohl Kuhn ihn vor allem am Beispiel der Naturwissenschaften entwickelt hat. Denn wenn in den Literaturwissenschaften zu verschiedenen Zeiten jeweils verschiedene Interpretationsmethoden als allein adäquat angesehen wurden, bietet sich dasselbe Bild; man denke an folgende Methodenideale:

– die rein philologisch-werkimmanente Interpretation;
– die Interpretation vom Leben des Autors her;

---

36 Paul Feyerabend: *Against Method. Outline of an anarchistic theory of knowledge*, London: New Left Books 1975 (dt.: *Wider den Methodenzwang. Skizze einer anarchistischen Erkenntnistheorie*, Frankfurt a. M.: Suhrkamp 1976; vom Autor revidierte dt. Fassung 1983).

I. Modelle des Wissenschaftsfortschritts 145

– die Interpretation von den gesellschaftlichen Gegebenheiten her;
– die Interpretation vor einem geistesgeschichtlichen Hintergrund.

Wiederum haben wir es mit Paradigmata zu tun; und die
Frage, was hier Fortschritt heißen könnte, wird nicht zu
beantworten sein: Jeder Vertreter eines der Paradigmen
wird das seine als einen Fortschritt gegenüber dem Voraufgegangenen feiern. Dasselbe gilt natürlich auch für die Geschichte, deren Verlauf sich für Livius anders darstellt als
für Marx, Ranke, Spengler oder Toynbee – und zwar aufgrund inkompatibler Paradigmen!

Fassen wir zusammen, was an dem bisherigen Beispiel im
Sinne Kuhns verdeutlicht werden sollte: Jede Wissenschaft
hat zu jeder Zeit eine bestimmte, selbst nicht weiter proble-
matisierte Grundansicht, ein Paradigma. Jede Erklärung,
auch jede Forschung, ist jeweils Forschung im Lichte dieses
nicht weiter hinterfragten Paradigmas. Noch schärfer:

> *Ohne Paradigmata wäre Wissenschaft gar nicht möglich,*
> *weil sie Orientierungsideale darstellen, auf deren Folie*
> *ein Phänomenbereich geordnet wird.*

Paradigmen lassen sich also nicht mit den Mitteln einer Ba-
conschen Idolenkritik oder mit denen einer modernen Me-
taphysikkritik aus den Wissenschaften verbannen, weil man
mit ihnen die Grundlage verbannen würde, auf die die Erklärungen in ihrer Selbstverständlichkeit zu einer bestimmten Zeit bauen. Umgekehrt fehlt derlei in jener *vorparadig-
matischen Phase*, die jeder Ausbildung einer Wissenschaft
vorangeht: In ihr wird ohne jede Ordnung nach Art der
Kuriositätenkabinette der Renaissance und des Frühbarock
zusammengetragen, was irgend ›merk-würdig‹ erscheint,
ohne doch damit eine gezielte Warum-Frage oder gar einen
Erklärungsansatz verbinden zu können, weil dazu noch
jede Grundlage in Gestalt eines Paradigmas fehlt.

146   B Wissenschaftstheorie und -geschichte

4. *Normale Wissenschaft*

Mit der Ausbildung und Akzeptanz eines bestimmten Paradigmas gelangen wir zu dem Bereich, den Kuhn *normale Wissenschaft* nennt, nämlich zur Wissenschaft im Rahmen eines Paradigmas. Normal ist sie insofern, als Wissenschaftler unter dem Dach eines Paradigmas der Frage enthoben sind, warum sie die Welt gerade so sehen, wie sie sie sehen: alle Fachkollegen haben die betreffende Sicht akzeptiert. Die Tätigkeit des Wissenschaftlers in dieser Phase wird deshalb von Kuhn als »puzzle solving«, als *Rätsellösen* charakterisiert: Es geht dem Wissenschaftler keineswegs darum, im Sinne Poppers Hypothesen als falsifiziert zu verwerfen, sondern unter Beibehaltung einer überhaupt nicht in Frage zu stellenden Grundansicht so zu modifizieren, daß scheinbar widerstreitende Phänomene doch in das Paradigma eingeordnet werden können. Das Bild des Puzzles ist dabei recht treffend, denn wenn ein Steinchen – ein Erfahrungsbefund – im Augenblick nicht eingeordnet werden kann, legt man es zur Seite (und kommt nicht im Traum auf den Gedanken, es lasse sich nicht einordnen, falsifiziere also die Puzzle-Hypothese), oder man bemüht sich um das Umfeld, oder man hilft – wie die Kinder beim Puzzlen – ein bißchen nach und drückt ein wenig, bis der Puzzlestein, der zunächst nicht passen wollte, sich doch fügt … Ein Wissenschaftler, der diese Praxis nicht beherrscht, ist ein schlechter Wissenschaftler und muß um seinen Job fürchten; denn alle Wissenschaftsausbildung zielt darauf ab, ihm das Paradigma und mit ihm die Verfahren zu vermitteln, wie man im Lichte dieses Ordnungsideals vorzugehen hat.

Das Paradigma bestimmt die Sichtweise, es bestimmt die zulässigen Fragen, und es bestimmt die Methoden, mit denen diese Fragen beantwortet werden (Abb. 10).

I. Modelle des Wissenschaftsfortschritts

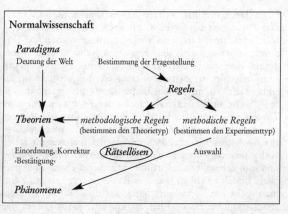

Abb. 10: Kuhns Begriff von paradigmengeleiteter
Normalwissenschaft

Ein Paradigma in einer Normalwissenschaft wird von Kuhn oft auch als eine Vorstellung charakterisiert, die an einem besonders erfolgreichen, eben an einem paradigmatischen Exempel (d. h. an einem Beobachtungsbefund zusammen mit einer Erklärung, also einem Stück Theorie) entwickelt wurde; doch es geht weit über einen solchen Einzelfall hinaus: Es legt zwar nicht fest, wie die zu entwickelnde Theorie im einzelnen auszusehen hat; im Grundsatz sind durchaus verschiedene Theorien im Rahmen eines Paradigmas möglich, sofern sie nur den Grundvorstellungen entsprechen, die mit dem Paradigma gegeben sind, und zwar sowohl hinsichtlich der Ausgrenzung des Gegenstandsbereiches als auch hinsichtlich der Methoden. Doch Normalwissenschaft ist »eine Forschung, die fest auf einer oder mehreren wissenschaftlichen Leistungen der Vergangenheit beruht, Leistungen, die von einer bestimmten wissenschaftlichen Gemeinschaft eine Zeitlang als

148   B Wissenschaftstheorie und -geschichte

Grundlagen für ihre weitere Arbeit anerkannt werden.«[37]
Das Paradigma bestimmt damit auch, was unwichtig und
was betrachtenswert, also weiter zu untersuchen ist. Dadurch
entwickelt sich im begrenzten Rahmen eines Paradigmas
eine spezialisierte und »esoterische« Forschung, um
»ein Teilgebiet der Natur mit einer Genauigkeit und bis zu
einer Tiefe zu untersuchen, die sonst unvorstellbar wären«.[38]
Die in diesem Rahmen *immer exakter werdenden
Theorien* sind nur denkbar im Zusammenhang mit ihrerseits
nur durch das Paradigma legitimierten, *immer genaueren
Beobachtungs- und Meßgeräten.* Beispielsweise wäre es
völlig unsinnig, in eine Glasplatte möglichst gleichmäßig
und möglichst dicht beieinander mit einem Diamanten parallele
Linien zu ritzen, wie dies Rayleigh erstmals tat, wenn
man nicht die Vorstellung hätte, auf diese Weise Interferenzphänomene
beobachten zu können! Dabei ist es das
Ziel der Normalwissenschaft keineswegs, neue Phänomene
zu finden, sondern alles, was sich findet, in die gegebenen
Schubladen einzupassen.
Die kurze Skizze zeigt, daß Kuhns Beschreibung des Vorgehens
der Wissenschaftler sehr viel eher dem gerecht wird,
was man als Wissenschaftspraxis kennt: Eine Hypothese
wird bei entgegenstehenden Phänomenen modifiziert,
durch Zusätze eingeschränkt und umgebildet, wie wir dies
beim Operationalismus Dinglers und Holzkamps kennengelernt
haben, nicht aber als falsifiziert verworfen. Der
Wissenschaftler sieht in diesem Fortgang einen Fortschritt
in der Gegenstandsbeschreibung, nicht aber eine Kette von
Falsifikationen.
Irgendwann kommt nun der Punkt, an dem eine weitergehende
Modifikation der Hypothesen nicht mehr möglich

---

37 Kuhn, *Struktur wissenschaftlicher Revolutionen*, 1. Aufl., S. 28;
2. Aufl., S. 25.
38 Kuhn, *Struktur wissenschaftlicher Revolutionen*, 1. Aufl., S. 46;
2. Aufl., S. 38.

I. Modelle des Wissenschaftsfortschritts   149

ist, ohne das Paradigma zu verwässern: Weil in der Ausgestaltung des Paradigmas die Meß- und Beobachtungsergebnisse wegen der im Paradigma entwickelten präzisen Meßmethoden immer genauer und subtiler werden und weil die dazugehörigen Theorien immer exakter werden, tritt über kurz oder lang die Situation ein, daß eine Diskrepanz zwischen Meßergebnissen und theoretischer Vorhersage nicht mehr vernachlässigt werden kann: Eine solche Situation ist nach Kuhns Vorstellung normaler Wissenschaft durch eben diese Art des Wissenschaftsbetriebs und dessen Methodenverschärfung zwangsläufig. Dann aber entsteht eine Lage, in der das bisher erfolgreiche Paradigma in Zweifel gezogen wird.

5. *Der Paradigmenwechsel als wissenschaftliche Revolution*

Solange Beobachtung und Theorie nur gelegentlich auseinanderfallen, mag man das entstehende Problem noch beiseite legen und auf ein günstigeres Umfeld hoffen, also auf Puzzlesteine in der Umgebung, die eine Einordnung ermöglichen. Treten aber solche Diskrepanzen gehäuft auf, werden sie als *Anomalien* gesehen, als Widersprüche zur bisherigen Grundvorstellung. Es geht also um das, was Popper bei seiner Falsifikationstheorie im Auge gehabt hat, nur daß eine Anomalie das bisherige Paradigma nicht falsifiziert, sondern aushöhlt, weil Wissenschaftler beginnen, einzelne Elemente der bislang einheitlichen Sichtweise an unterschiedlichen Stellen zu modifizieren, um den Anomalien, die das bisherige Paradigma erzeugt hat, begegnen zu können.

Damit beginnt eine Krisen- oder Umbruchzeit, die durch fachwissenschaftliche Unsicherheit gekennzeichnet ist, kurz – eine *Grundlagenkrise* der Wissenschaft (vgl. Abb. 11). In der Regel bilden sich verschiedene Schulen, die Auffassungen sind stark mit philosophischen Argumenten durchsetzt, alle Phänomene stehen – wie am Anfang der Wissenschaft – nach Kuhn gleichrangig nebeneinander. Wie aber vermag sich jetzt ein neues Paradigma durchzusetzen

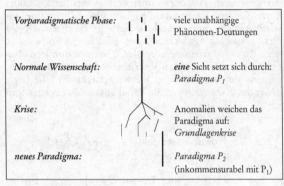

Abb. 11: Wissenschaftsentwicklung nach Kuhn

– Kopernikus gegen Ptolemäus, Einstein gegen Newton? Natürlich wird auch das alte Paradigma weiter genutzt: lieber eine ungenaue Landkarte als gar keine; aber ein neues Paradigma ist nötig. Die Lockerung der Regeln für die normale Forschung bis hin zu deren Ersetzung durch neue Regeln führt zum Auftauchen neuer Paradigmen-Anwärter und zu einem »Kampf« um die Anerkennung. Doch wie soll dieser Kampf entschieden werden? Kuhns Antwort ist ungewöhnlich – und sollte auf harsche Kritik stoßen, weil Kuhn, wie dies Wolfgang Stegmüller formuliert, eine »Rationalitätslücke« der Wissenschaften im Übergang von einem alten zu einem neuen Paradigma sieht, einen Wechsel, der den Charakter einer *wissenschaftlichen Revolution* trägt: Zwei Paradigmata sind schon von ihrer Konstitution her *inkommensurabel*, unvergleichbar, gerade so, wie die

I. Modelle des Wissenschaftsfortschritts 151

verschiedenen Deutungen eines Vexierbildes (eines Bildes, das zwei völlig verschiedene Deutungen erlaubt, beispielsweise entweder zwei einander zugewandte symmetrische Profile oder eine Vase); deshalb kann es keine rationale Diskussion um den Wechsel, den Gestaltwandel von einem Paradigma zum anderen geben, denn rationale Argumente zugunsten der einen statt der anderen Sichtweisen sind unmöglich. Zwangsläufig verwendet darum jede Gruppe von Paradigmen-Vertretern nur Argumente des je eigenen Paradigmas zu dessen Verteidigung; damit aber ist jedes dieser Argumente zirkulär. Es handelt sich mithin nicht um eine Begründung, sondern zwangsläufig um einen »Überredungsversuch«![39] Dies aber ist beim Paradigmenwechsel nach Kuhns Auffassung unausweichlich, weil die Vertreter eines neuen Paradigmas ja in keiner Weise zu belegen vermögen, daß ihr Ansatz später, beim Rätsellösen, erfolgreicher sein werde als der alte – einzig die Hoffnung auf eine solche Lösung können sie verbreiten. So wird verständlich, daß Kuhn den Paradigmenwechsel in die Nähe von Bekehrungserlebnissen rückt.

Das von Kuhn erarbeitete Ergebnis ist für einen Wissenschaftler, der sich der Suche nach Erkenntnis und Wahrheit verpflichtet fühlt, niederschmetternd, denn in der normalen Phase einer Wissenschaft wird nicht etwa der Gegenstand der Wissenschaft erforscht, sondern so lange umgemodelt, bis er in das Paradigma der Forschergemeinschaft paßt; treten dennoch Anomalien auf, werden sie entweder beiseite geschoben, oder sie führen zu irrationalen Überredungskünsten. Kuhn zog daraus die Konsequenz, den Begriff des Paradigmas soziologisch, nämlich als *disziplinäre Matrix* zu deuten und die Erforschung der Umbruchphase der Soziologie und Psychologie zu überantworten.

Verwunderlich ist die große Resonanz, ja Akzeptanz, die

39 Kuhn, *Struktur wissenschaftlicher Revolutionen*, 1. Aufl., S. 131; 2. Aufl., S. 106.

152 B Wissenschaftstheorie und -geschichte

Kuhns Werk nicht nur innerhalb der Wissenschaftstheorie und bei Naturwissenschaftlern erfahren hat, sondern weit darüber hinaus in den Geistes- und Sozialwissenschaften, obwohl letztere von Kuhn verdächtigt werden, nie über die vorparadigmatische Phase hinausgekommen zu sein und die Ausbildung von disziplinbestimmenden Paradigmata noch gar nicht erreicht zu haben. Die Verwunderung muß zunehmen, wenn man sich vergegenwärtigt, daß die Theorien Kuhns auf ganz ähnliche Weise schon Jahrzehnte früher bei Ludwik Fleck vertreten wurden (Kuhn verweist darauf), ohne daß Flecks Werk sonderlich beachtet worden wäre.[40] Vor allem aber hat Kuhns Auffassung zur Folge, daß die Suche nach gesicherter Erkenntnis durch die Wissenschaften angesichts ihrer Paradigmenbindung grundsätzlich nicht geleistet werden kann: Jede Erklärung ist zwangsläufig paradigmenabhängig, und jeder darüber hinausgehende Wahrheitsanspruch obsolet. Hier liegt ein geistesgeschichtliches Phänomen des Selbstverständnisses der Wissenschaft vor, das fraglos seinerseits der Erklärung bedarf. Der Hinweis auf die Verwerfungen des Zweiten Weltkriegs kann zur Deutung der schwachen Reaktion auf Fleck unmöglich ausreichen; denn andere Diskussionen wurden weitergeführt oder – wie die um Poppers *Logik der Forschung* – bald wieder aufgegriffen. So sind die Gründe tiefer zu suchen, nämlich in dem veränderten Bild, das die Wissenschaft unter dem Druck der Resultate der analytischen Wissenschaftstheorie von sich selber gewonnen hatte. Denn mit aller Klarheit war sichtbar geworden, daß nicht Naturgesetze von den Wissenschaften zu erwarten sind, sondern Hypothesen, nicht induktiv Bewiesenes, sondern vorderhand Bewährtes, nicht unverbrüchliche Beobachtungen, sondern einstweilen im Lichte einer Theorie Gedeute-

40 Ludwik Fleck: *Entstehung und Entwicklung einer wissenschaftlichen Tatsache. Einführung in die Lehre vom Denkstil und Denkkollektiv* [1935], Frankfurt a. M.: Suhrkamp 1980.

I. Modelle des Wissenschaftsfortschritts 153

tes und vorderhand Angenommenes – keinesfalls aber letzte Antworten über das, was die Welt im Innersten zusammenhält, sondern von zahlreichen Bedingungen abhängige Theorien. Rein äußerlich ist dies ablesbar an der gewandelten Sprache der Naturwissenschaftler, die den Begriff des Naturgesetzes völlig ersetzt haben durch das, was sie allein einzulösen vermögen – durch den Begriff des Modells. Vor diesem Hintergrund wird es geradezu zwingend, den Weg in die Wissenschaftsgeschichte als *Weg in die Pragmatik* zu sehen. Es war zwingend, die Modellvoraussetzungen auch als Voraussetzungen des eigenen praktischen wissenschaftlichen Handelns zu begreifen, weil die Hoffnung nachweislich unerfüllbar war, auf eine induktive Logik, auf eine bedingungslose Beobachtungsfundierung und auf die Einlösung des alten emphatischen Geltungsanspruchs naturwissenschaftlicher Resultate hoffen zu können. Insofern entsprach Kuhns historisch-pragmatisch und teils soziologisch gegründetes Paradigmen-Konzept völlig der vor allem durch die einschneidenden Negativresultate der analytischen Wissenschaftstheorie geschaffenen Problemkonstellation, während Flecks Schrift noch in eine Zeit fiel, in der man von Wissenschaften letztgültige Aussagen erhoffte.

Nun steht die breite positive Aufnahme des Kuhnschen Paradigmenbegriffes in scharfem Kontrast zu der mannigfachen Kritik, die gegen ihn vorgebracht wurde. Diese beginnt mit der Zurückweisung des Paradigmenbegriffs als zu unscharf; denn tatsächlich wechselt Kuhn von wissenschaftstheoretischen zu wissenschaftssoziologischen Charakterisierungen, betont einmal den Leitbildcharakter eines erfolgreichen Experiments mit Erklärung, ein andermal den Regelcharakter eines Paradigmas, ein drittes Mal dagegen den metaphysischen Gehalt der Grundannahmen. Äußerlich ist diese Kritik berechtigt; doch in der Sache geht es Kuhn darum, herauszustellen, daß es (entgegen allen positivistischen Methodologien der Elimination nicht beobachtungsfundierter Elemente in den Wissenschaften) ein die

154   B Wissenschaftstheorie und -geschichte

Auffassung einer Zeit prägendes, Regeln wie metaphysische
Elemente wie erfolgreiche Beispiele umfassendes diszipli-
näres Grundmuster gibt, das unverzichtbar und darum
nicht eliminierbar ist. Daran ändern auch Gegenbeispiele
nicht sehr viel; so ist eingewendet worden, die Beobachtungsdaten, welche die Grundlage von Keplers Planetenge-
setzen bildeten, stammten von Tycho Brahe und müßten
damit nach Kuhn einem ganz anderen Paradigma der Planetenbewegung angehören (nämlich einem zwischen Ptolemäus und Kopernikus vermittelnden Modell); ein solcher
Gebrauch von Beobachtungsdaten könne aber nach der
von Kuhn behaupteten Inkommensurabilität schlechterdings nicht möglich sein. Deshalb sei der Paradigmenbegriff unbrauchbar. Aus der Sicht des 20. Jahrhunderts stellt
sich dies tatsächlich so dar, handelten doch alle diese Modelle von der Erde, der Sonne, den Planeten, den Monden,
den Fixsternen und differierten nur hinsichtlich der Beschreibung ihrer Relativbewegung; doch aus der Sicht der
Zeitgenossen Keplers – und unter Berücksichtigung der damaligen Argumente – mag man wohl sagen, diese Modelle
seien unvergleichbar. Dann allerdings bleibt zu klären, wieso diese Nutzung von Beobachtungsdaten möglich sein
konnte. Der eigentliche Stein des Anstoßes war und ist deshalb die behauptete Unvergleichbarkeit von Paradigmata
einschließlich der sich daraus ergebenden Folgen.
Angesichts dieses Ergebnisses stellt sich die Frage, (1) ob
die Rationalitätslücke durch eine Behandlung in der Soziologie und Psychologie geschlossen werden kann, und (2) ob
der von Kuhn vertretene Relativismus wissenschaftlicher
Paradigmata unausweichlich ist.
Die erste Frage liegt deshalb nahe, weil Kuhn den Umkreis
einer rein an der Erkenntnismöglichkeit ausgerichteten
Wissenschaftstheorie zugunsten einer soziologischen Betrachtung verlassen hat – ist es doch die Wissenschaftlerge-
meinschaft, die *scientific community*, die durch das Paradigma zusammengehalten wird und es damit zugleich stabili-

I. Modelle des Wissenschaftsfortschritts 155

siert. So liegt es nahe zu versuchen, von dort her etwas zu entwickeln, das den Brückenschlag von einem zum anderen Paradigma soziologisch oder psychologisch erklären kann, wenn schon die innerwissenschaftliche Rationalität der betreffenden Forscher versagt. Doch dies ist schnell verneint, denn die fragliche Lücke kann durch Soziologie oder Psychologie schon deshalb nicht geschlossen werden, weil diese selbst als Wissenschaften dem behaupteten Paradigmen-Relativismus unterliegen; jede Antwort wäre also die Antwort im Rahmen eines Paradigmas und nicht die Schließung einer Rationalitätslücke.

Die zweite und grundsätzliche Frage wird dadurch aufgeworfen, daß Kuhns Unterscheidung zweier Phasen des Wissenschaftsbetriebes, einer kontinuierlichen und einer Umbruchphase, trotz aller Einschränkungen einleuchten mag. Doch natürlich ist diese Betrachtung selbst ein Paradigma – nämlich ein *Paradigma der Wissenschaftsgeschichte*, während Popper, wie sich jetzt sagen läßt, ein anderes Wissenschaftsgeschichts-Paradigma vertrat, eines, das eine Fortschrittsentwicklung durch Falsifikation nach dem Schema von Versuch und Irrtum zugrunde legt (und dies, obgleich Popper für seine Falsifikationsthese vielfach dieselben historischen Gegebenheiten als Beispiel heranzog wie nach ihm Kuhn; nur werden sie jeweils anders gedeutet). Das aber ist angesichts der unterschiedlichen Anliegen beider verständlich: Popper ging es einzig um die *Theoriendynamik*, Kuhn hingegen geht es um die *Forschungsdynamik*! Die Theoriendynamik betrifft die Erkenntnisentwicklung, nach ihr zu fragen bedeutet also, ein Problem der Dynamisierung der Erkenntnis zu behandeln. Die Forschungsdynamik betrifft dagegen das Agieren von Wissenschaftlern im Rahmen einer Disziplin; dies erfassen zu wollen verlangt tatsächlich eine sozialwissenschaftliche Zugehensweise. Es ist darum keineswegs ausgemacht, daß die Standpunkte Poppers und Kuhns einander tatsächlich ausschließen; es sei daran erinnert, daß Popper die Hypothe-

156   B Wissenschaftstheorie und -geschichte

sen*gewinnung* als irrelevant für die Geltungsproblematik
ebenfalls der Psychologie überlassen wollte, während sich
umgekehrt Kuhn auf die Hypothesen*begründung* gar nicht
einläßt.

Nun gibt es zahlreiche Vorschläge, wie mit den durch
Kuhn aufgeworfenen Schwierigkeiten umzugehen sei. Insbesondere hat Kuhns Betrachtungsweise zu einer größeren
Zahl von Modellen für die Wissenschaftsentwicklung geführt. Von ihnen seien im folgenden die Modelle von Imre
Lakatos, Larry Laudan und Wolfgang Stegmüller als besonders typisch herausgegriffen.

II. Wissenschaftsentwicklung statt Wissenschaftsfortschritt

1. *Forschungsmethodologie und Theoriendynamik: Imre Lakatos*

Die beiden Ansätze von Popper und Kuhn stehen einander scheinbar unvereinbar gegenüber, und je für sich scheinbar plausibel: Ist es nicht so, daß das, was Kuhn an Nähe zur Alltagswissenschaft gewinnt, durch einen Relativismus erkauft wird, der den Anspruch der Begründetheit der Wissenschaften preisgibt, während umgekehrt Popper den Begründungszusammenhang ins Zentrum rückt und sich darüber von der tatsächlichen Arbeit des Wissenschaftlers entfernt? In dieser Lage suchte Imre Lakatos nach einer Vermittlung beider Standpunkte.[41] Hierzu entschärft er Poppers Falsifikationstheorie und gibt ihr eine *Methodologie wissenschaftlicher Forschungsprogramme* bei, die Kuhns Analysen gerecht wird. Zunächst stellt Lakatos fest, daß Popper zu sehr isolierte Theorien statt *Theorienabfolgen* betrachtet hat; tatsächlich nämlich kommt es zu solchen aneinander anschließenden und aufeinander aufbauenden Theorienabfolgen, weil ein Forscher oder eine Forschergruppe in ihrem Programm an Grundüberzeugungen festhalten, die einen *harten Kern* bilden, der von ihnen für un-

---

41 Imre Lakatos: »Falsification and the Methodology of Scientific Research Programmes«, in: Imre Lakatos / Alan Musgrave (Hrsg.): *Criticism and the Growth of Knowledge*, Cambridge University Press 1970, S. 91–196 [mit weiteren kritischen Beiträgen zu Kuhn, u. a. von Toulmin, Popper und Feyerabend, sowie einer Erwiderung Kuhns]. Auch in: Imre Lakatos: *The methodology of scientific research programmes. Philosophical Papers I*, Cambridge University Press 1978, S. 8–101 (dt. in veränderter Fassung in: Imre Lakatos / Alan Musgrave (Hrsg.): *Kritik und Erkenntnisfortschritt*, Braunschweig: Vieweg 1974).

verzichtbar angesehen wird und der für das Programm konstitutiv ist. Dieser harte Kern stellt ein relatives Apriori konventionalistischer Art dar: er kann durch Gegenbeispiele nicht erschüttert werden. In ihm wird also der Gedanke des Kuhnschen Paradigmas aufgenommen; denn dieses ist ja gerade dadurch gekennzeichnet, daß es von den Wissenschaftlern nicht in Frage gestellt wird. Zugleich aber präzisiert Lakatos diesen Kuhnschen Ansatz, indem er ihn auf ein Theorieelement bezieht, nämlich den harten Kern T_0. Um ihn wird ein Kranz von *Hilfshypothesen* H_i gelegt, ein Schutzgürtel oder ein Rettungsring. Für diese Hilfshypothesen gilt, was Popper zur Methode von *trial and error*

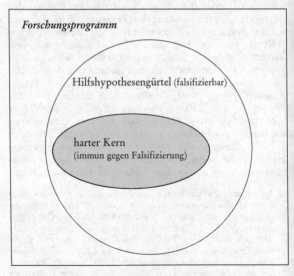

Abb. 12: Harter Kern und Hilfshypothesengürtel im Forschungsprogramm nach Lakatos

II. Wissenschaftsentwicklung statt -fortschritt

entwickelt hat, denn sie können durch Falsifikation scheitern. Damit finden sowohl Poppers Begründung der Wissenschaftsdynamik als auch seine Forderung nach einem Erfahrungsbezug ihren Platz:

> *Eine Theorie besteht aus dem nicht falsifizierbaren und das Grundverständnis der Forschergruppe ausdrückenden harten Kern, umgeben von schützenden Hilfshypothesen, die der Falsifizierbarkeit unterliegen (Abb. 12).*

Scheitert eine solche Hilfshypothese nicht, so ist dies zwar kein Beweis für ihre Richtigkeit oder gar für die des Kerns – was Popper ja nachdrücklich betont hat –, sehr wohl aber erscheint dies dem Forscher als Bestätigung seines Tuns: die Form der ›subjektiven Verifikation‹ ist notwendig, um das Forschungsprogramm überhaupt in Gang zu halten. Laka-

Forschungsprogramm	Theorieentwicklung	
harter Kern	T_0	
Hilfshypothese H_1	$T_1 =: T_0 \wedge H_1$	
Hilfshypothese H_2	$T_2 =: T_0 \wedge H_1 \wedge H_2$	*raffinierter Falsifikationismus*
H_1 falsifiziert, H_2 ›subjektiv verifiziert‹	$T_3 =: T_0 \wedge H_2$	
Hilfshypothese H_3 usw.	$T_4 =: T_0 \wedge H_2 \wedge H_3$	

Abb. 13: Die Parallelität von Forschungsprogramm und Theorieentwicklung bei Lakatos

tos hat dieses subjektive Moment später aus seinem Modell getilgt; doch gerade an dieser Stelle wird deutlich, daß es ihm darauf ankommt, das (soziologisch oder gar psychologisch beschreibbare) Handeln des Wissenschaftlers als Teil des Kuhnschen Verständnisses dem an Popper angelehnten *raffinierten Falsifikationismus* gegenüberzustellen, der die Theorieentwicklung vorantreibt. Man hat deshalb zu unterscheiden zwischen dem Forschungsprogramm auf der einen Seite und der Theorieentwicklung auf der anderen, so daß sich für einen Beispielfall das Schema von Abb. 13 (siehe Seite 159) ergibt.

Die der Ausdifferenzierung des Forschungsprogramms korrespondierende Theorieentwicklung kommt dadurch zustande, daß der Hilfshypothesengürtel, der um T_0 gelegt wird, an der Erfahrung durch Falsifikationen geprüft und korrigiert wird: Bewährtes wird beibehalten, Falsifiziertes eliminiert oder ersetzt.

Diese Methodologie der Forschungsprogramme deckt auf der einen Seite recht gut ab, was Kuhn unter »normaler Wissenschaft« versteht, weil der ›harte Kern‹ in seiner Unangreifbarkeit dem Kuhnschen Paradigma als unbefragte Voraussetzung entspricht. Lakatos wird damit der Forderung an die Wissenschaftstheorie gerecht, nicht an der Forschungspraxis vorbeizuanalysieren, weil wissenschaftshistorisch ebenso wie in der Wissenschaftspraxis der Gegenwart sehr wohl Positionen aufweisbar sind, die gerade nicht zur Disposition stehen und die für das Disziplinverständnis konstitutiv sind: Keine physikalische Zeitschrift würde einen Beitrag abdrucken, der eine neue Art von Perpetuum mobile verspricht, weil dabei zwangsläufig der Energieerhaltungssatz aufgegeben wäre. – Auf der anderen Seite werden zugleich die positiven Elemente der Popperschen Überlegungen aufgenommen, indem seine Falsifikationsmethode für die Veränderungen im Hypothesengürtel angenommen wird.

Auch das Problem des Konventionalismus, daß sich im

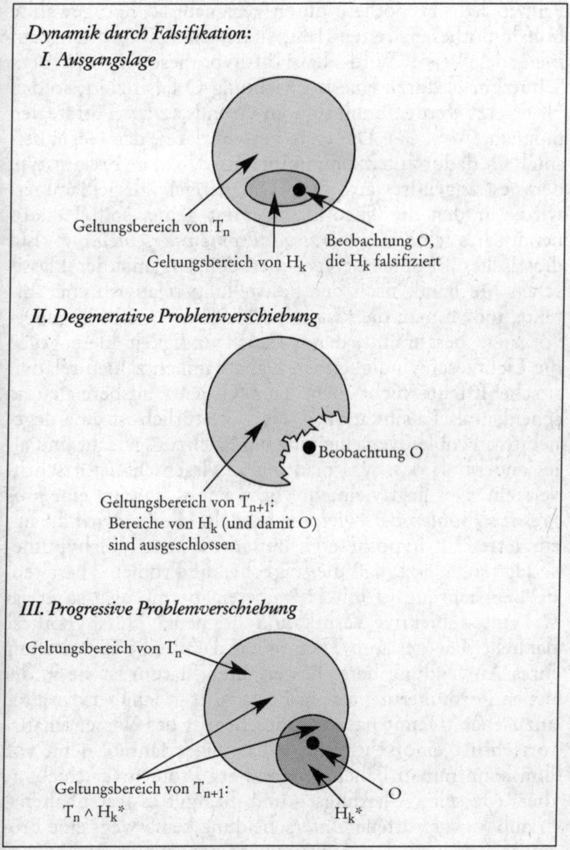

II. Wissenschaftsentwicklung statt -fortschritt   161

Dynamik durch Falsifikation:
 I. Ausgangslage

Geltungsbereich von T_n

Beobachtung O,
die H_k falsifiziert

Geltungsbereich von H_k

II. Degenerative Problemverschiebung

Beobachtung O

Geltungsbereich von T_{n+1}:
Bereiche von H_k (und damit O)
sind ausgeschlossen

III. Progressive Problemverschiebung

Geltungsbereich von T_n

O

Geltungsbereich von T_{n+1}:
$T_n \wedge H_k^*$

H_k^*

Abb. 14: Forschungsprogramm und Problemverschiebung
nach Lakatos

162   B Wissenschaftstheorie und -geschichte

Prinzip jede Hypothese durch geeignete ad hoc gewählte Hilfshypothesen ›retten‹ läßt, findet eine Einordnung auf folgende Weise: Wird die Hilfshypothese H_k aus dem Schutzgürtel durch eine Beobachtung O falsifiziert, so daß H_k ersetzt werden muß, sind im Grundsatz zwei Strategien möglich (Abb. 14). Die erste besteht darin, das Gegenbeispiel O dadurch zu immunisieren, daß der Ereignistyp, dem es angehört, aus dem Dingbereich ausgeklammert wird, für den die Theorie insgesamt gelten soll. Lakatos nennt dies eine *degenerative Problemverschiebung*. Ein drastisches Beispiel ist etwa der Umgang mit der klassischen Mechanik nach der Feststellung relativistischer Effekte, indem man die klassische Mechanik auf Bewegungsvorgänge beschränkt, deren Geschwindigkeit klein gegen die Lichtgeschwindigkeit ist. Dann nämlich zählen relativistische Effekte nicht mehr zum Gegenstandsbereich und scheiden als Falsifikationen aus. – Natürlich ist eine degenerative Problemverschiebung ein Rückzugsgefecht und alles andere als das, was man unter Wissenschaftsfortschritt versteht. Der liegt vielmehr vor, wenn es sich um eine *progressive Problemverschiebung* handelt. Hierbei wird die falsifizierte Hilfshypothese H_k durch eine neue Hilfshypothese $H_k{}^*$ so ersetzt, daß die fragliche, die Probleme bereitende Beobachtung O mit $H_k{}^*$ übereinstimmt, also so etwas wie eine ›subjektive Verifikation‹ der neuen Hilfshypothese darstellt. Die gesamte Theorie hat damit eine Erweiterung ihres Anwendungsbereiches erfahren, darum ist sie in der neuen Formulierung als ein Fortschritt gegenüber der alten anzusehen. Damit hat auch der Begriff des Wissenschaftsfortschritts eine sehr präzise Fassung erfahren, denn von ihm kann nur in Fällen progressiver Problemverschiebung die Rede sein. Allerdings – und dies gilt es festzuhalten – erlaubt die getroffene Unterscheidung keineswegs eine Prognose darüber, ob ein Forschungsprogramm, das in eine degenerative Phase geraten ist, nicht möglicherweise im nächsten Schritt einen Durchbruch verzeichnet, der die

II. Wissenschaftsentwicklung statt -fortschritt   163

voraufgegangenen Mißerfolge wettmacht. Umgekehrt garantiert nichts, daß nach einer progressiven Problemverschiebung keine Stagnation einsetzt. Die Unterscheidung kann also nicht als ein Kriterium dafür dienen, ob es sinnvoll ist, ein Forschungsprogramm fortzuführen oder nicht; diese praktische, beispielsweise für die Forschungspolitik wichtige Entscheidung läßt sich nicht formalisieren, sondern wird einer abschätzenden Erwägung der beteiligten Wissenschaftler überlassen bleiben müssen.

Doch wie läßt sich verhindern, daß eine Entscheidung über den Wechsel des Forschungsprogramms aus den gleichen Gründen irrational sein muß, die sich im Kuhnschen Modell für den Paradigmenwechsel wegen der Unvergleichbarkeit von Paradigmata und der damit verbundenen Rationalitätslücke ergaben? Wenden wir uns, um dies beantworten zu können, Lakatos' Behandlung der Umbruchphasen und Grundlagenkrisen zu, die Kuhn zum Bild des Gestaltwandels geführt hatten. Hier betont Lakatos, daß Kuhns Sicht historisch gesehen selbst ein sehr eingeengtes Paradigma darstellt, indem unterstellt wird, daß sich in Zeiten der Normalwissenschaft *ein einziges* Paradigma als Grundkonzeption durchsetzt, zu dem es keinerlei Konkurrenten gibt. De facto jedoch, so betont Lakatos, existieren in den Wissenschaften immer auch abweichende Auffassungen und rivalisierende Forschungsprogramme. Da sich aber im voraus nie feststellen läßt, welches Programm erfolgreicher sein wird, gründet Lakatos hierauf eine normative Forderung, die *Forderung nach einem theoretischen Pluralismus*:

> Es müssen stets unterschiedliche Forschungsprogramme nebeneinander verfolgt werden, um den Irrationalismus eines Paradigmenwechsels im Sinne Kuhns umgehen zu können.

Wird diese Pluralismusforderung befolgt, liegen stets ausgearbeitete konkurrierende Programme vor, deren Grundansatz und deren Leistungsfähigkeit bekannt ist. In einer

Situation, die von Lakatos als degenerative Problemverschiebung gedeutet wird und die Kuhn als eine Grundlagenkrise eines Paradigmas gesehen hätte, wird es jetzt möglich zu fragen, welches der vorliegenden konkurrierenden Forschungsprogramme möglicherweise geeignet ist, das im eigenen Programm zu einer Anomalie führende Problem zu lösen. Die Entscheidung, das eigene Forschungsprogramm zugunsten eines differierenden Ansatzes abzuwandeln oder gar aufzugeben, ist dann, entscheidungstheoretisch gesprochen, keine Entscheidung unter Ungewißheit – die nicht rational sein kann –, sondern eine Entscheidung unter Risiko, nämlich unter einem Risiko, das abschätzbar ist. Eine solche Entscheidung aber ist nicht irrational, sondern ganz im Gegenteil höchst vernünftig.

Zwei ergänzende Bemerkungen sind nötig. Erstens ist das Lakatos-Modell nicht so zu verstehen, daß der Pluralismus aufzugeben wäre, wenn sich zu irgendeinem Zeitpunkt eine Theorie als die erfolgreichste erweist, denn wir können nie wissen, ob nicht schon der nächste Schritt zu einer degenerativen Problemverschiebung führen könnte. Zweitens stellt sich Lakatos die Forschungsprogramme nicht als so verschieden vor, wie dies für aufeinanderfolgende Paradigmata in der Kuhnschen Sicht gilt, denn ein Vergleich des einen Programms mit einem anderen ist nicht mit einem Gestaltwechsel verbunden, weil es immer Überlappungen der Forschungsprogramme gibt. Verschiedene Schulen, die nebeneinander arbeiten, sind sehr wohl in der Lage, die jeweils anderen Ansätze mit den eigenen zu vergleichen und die Resultate (und Fehlschläge) der anderen Programme zu würdigen. Dies bedeutet aber zugleich, daß die Überlappung der Forschungsprogramme zu einer Konstanz der Wissenschaften in ihrer historischen Entwicklung führt. Will man diese Konstanz allerdings Fortschritt nennen, so ist es jedenfalls kein Fortschritt in einer Entwicklung zur Wahrheitsnähe.

II. Wissenschaftsentwicklung statt -fortschritt   165

Der Ansatz von Lakatos ist in seiner bewußten Doppelgleisigkeit, in der sowohl die Theorieentwicklung als auch die Veränderung der Einstellung des Forschers zu seinem eigenen Programm berücksichtigt wird, äußerst fruchtbar und ausbaufähig. Dies gilt nicht nur für eine Wissenschaftstheorie der Naturwissenschaften, sondern für Wissenschaften überhaupt; Lakatos selbst hat seinen Ansatz denn auch auf die Mathematik übertragen.[42] In der Sache lassen sich alle späteren Modelle als Fortführungen der Lakatosschen Synthese von Popper und Kuhn begreifen.

2. Theorie der Forschungstraditionen: Larry Laudan

Eines der sich unmittelbar an Lakatos anschließenden Modelle stammt von Larry Laudan.[43] Es wendet sich zunächst in zwei Punkten gegen Lakatos' Forschungsprogramme: Erstens werden diese von Lakatos als statisch beschrieben, ähnlich wie dies Kuhn hinsichtlich seiner Paradigmata tat; denn der harte Kern verändert sich im Zuge der Entfaltung eines Forschungsprogramms nicht. Tatsächlich jedoch ändert sich in einer Forschergruppe im Laufe der Forschungsarbeit auch die Grundüberzeugung – sicherlich nicht abrupt, aber doch auf eine Weise, die rückblickend erkennen läßt, daß der harte Kern gar nicht so hart ist, wie Lakatos dies glauben macht. Deshalb ersetzt Laudan den Begriff des Forschungsprogramms durch den der *Forschungstradition*, die als anpassungsfähig bei gleichzeitiger Widerständigkeit verstanden wird, wie das für jede lebendige Tradition gilt.

---

42 Imre Lakatos: *Proofs and Refutations. The Logic of Mathematical Discovery*, Cambridge University Press 1976 (dt.: *Beweis und Widerlegung. Die Logik mathematischer Entdeckungen*, Braunschweig/Wiesbaden: Vieweg 1979).
43 Larry Laudan: *Progress and its Problems. Towards a Theory of Scientific Growth*, London: Routledge 1977.

Die Forschungstradition umfaßt wie Lakatos' Forschungsprogramm oder Kuhns Paradigma allgemeine Annahmen über *Entitäten* und *Prozesse*. Die allgemeinen Annahmen haben eine *heuristische Funktion*, was die Gewinnung von Hypothesen angeht, sie haben eine *Rechtfertigungsfunktion*, weil sie ihrerseits nicht mehr begründet werden müssen, und sie bestimmen den *Anwendungsbereich der Theorie* ebenso wie die *zu lösenden Probleme*; darüber hinaus schließen sie bestimmte Theorien aus. In diesem Sinne kennzeichnen die Grundannahmen einer Forschungstradition sowohl die Ontologie als auch die Methodologie, die in dieser Tradition zugrunde gelegt wird. Doch all diese Bestandteile erfahren im Laufe der Forschungsarbeit Modifikationen!

Ein weiteres neues Element tritt hinzu, das erforderlich ist, um den eben betonten Modifikationen innerhalb der Tradition einen Platz einräumen zu können: Laudan wirft allen bisherigen Konzepten von Popper und Kuhn bis Lakatos vor, sie seien fixiert auf *Empirie-Probleme*, die sich aus der Nichtübereinstimmung von Beobachtung und Theorie ergeben: Popper sieht in ihnen eine Falsifikation, Kuhn ein zu lösendes Rätsel, das zu einer Anomalie wird, wenn sich keine Lösung findet, ohne einen Grundbestand des Paradigmas außer Kraft zu setzen, während schließlich Lakatos hier den Ansatzpunkt zu einer progressiven oder degenerativen Problemverschiebung erblickt. Demgegenüber weist Laudan darauf hin, daß es neben solchen Diskrepanzen auch *Diskrepanzen auf begrifflich-theoretischer Ebene* gibt, die mindestens ebenso bedeutsam sind wie die auf der empirischen Ebene und die in entscheidender Weise zur Umgestaltung der Wissenschaften beigetragen haben. Man denke beispielsweise an die Auseinandersetzung zwischen Leibniz und Newton um die Existenz eines absoluten Raumes, einer absoluten Zeit und der Gravitation als Fernwirkungskraft (d. h. ohne ein kausal vermittelndes Medium): Für alle drei gab es keine Beobachtungsbelege – es ging ausschließlich um rein begriffliche Probleme, ob neben den

II. Wissenschaftsentwicklung statt -fortschritt

meßbaren relativen Entfernungen und Zeitabschnitten ein Absolutes anzunehmen nötig oder zulässig sei, und ob eine reine Fernwirkungskraft ohne jede kausale Vermittlung in eine wissenschaftliche Theorie überhaupt eingeführt werden dürfe. Will man also Gründe für die Dynamik der Forschungstradition bestimmen, so müssen diese begrifflich-theoretischen Probleme in gleicher Weise als Veränderungen bewirkende Faktoren hinzugenommen werden.

Die Theorienentwicklung beruht sowohl auf Beobachtungen und Anomalien (die eine Änderung von Theorien erfordern, um eingeordnet werden zu können), als auch auf begrifflich-theoretischen Problemen (die begriffliche Unschärfen oder die Unvereinbarkeit von Theorieelementen zu beheben erfordern) (Abb. 15).

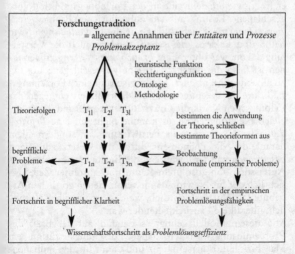

Abb. 15: Forschungstradition nach Laudan

168   B Wissenschaftstheorie und -geschichte

Unter Berücksichtigung dieser beiden Punkte ergibt sich
bei Laudan insgesamt ein dem Lakatos-Modell durchaus
verwandtes Bild. Doch in einer weiteren Hinsicht kommt
es hierbei zu einer Modifikation:

*Im Rahmen einer Forschungstradition sind bei unmittel-
bar benachbarten Forschungsunternehmen unterschiedliche Theoriestränge als Theoriefolgen möglich.*

Diese bedeuten eine innere Differenzierung der einzelnen
konkurrierenden alternativen Forschungstraditionen, die
dem Pluralismusgebot von Lakatos entsprechen.
Das Modell von Laudan enthält schließlich ein drittes neues und charakteristisches Element. Schon von Kuhn an
wird betont, daß ein Paradigma festlegt, welches die zu lösenden Probleme sind. Laudan baut diese Seite aus, indem
er fragt, wie *effizient* eine in der Forschungstradition vorgeschlagene Lösung auf ein aufgeworfenes Problem rea-
giert. Dabei zeigt sich: Nicht nur die *Fragestellungen*, wie
Kuhn und Lakatos dies sehen, sondern auch die Vorstellung davon, was unter einer *brauchbaren Lösung* zu verstehen ist (also die Bereitschaft, eine vorgeschlagene Lösung
zu akzeptieren), ist ein Charakteristikum einer Forschungstradition. So akzeptierte das 18. Jahrhundert entgegen der
Leibnizschen Kritik die Gravitationstheorie (und damit zugleich Newtons These, es komme nicht auf eine *Begründung* der Gravitation als Fernwirkung an, sondern allein
darauf, daß die Phänomene durch das Gesetz zutreffend
beschrieben würden), während die Einstellung zu Newtons
Auffassung von absolutem Raum und absoluter Zeit hinsichtlich der für Newton damit verbundenen göttlichen At-
tribute (absolut, also göttlich, weil: ewig, unteilbar, unendlich, überall etc.) zurückhaltender war.
Mit diesem Modell gelingt es Laudan, auf der Basis des
Problemlösungsverhaltens einer Forschungstradition ein
Maß für die Lösungseffizienz und damit für den immanen-
ten Fortschritt einer Forschungstradition zu formulieren.

II. Wissenschaftsentwicklung statt -fortschritt 169

Durch die Betonung der Bedeutung von *Problemakzeptanz* und *Lösungseffizienz* ist damit über Lakatos hinausgehend eine wichtige Differenzierung gewonnen. Gerade in dieser Hinsicht baut Laudan seinen Ansatz weit aus; allerdings sind die Kriterien so abstrakt, daß sie wohl in keiner Wissenschaft zum praktischen Maßstab gemacht werden können. Dennoch bleiben die vorgetragenen Überlegungen von grundsätzlicher Bedeutung, zeigen sie doch, wie eine Klärung der sonst intuitiv erfolgenden Beurteilung von rivalisierenden Forschungsansätzen beschaffen sein könnte.

3. Dynamik von Modellen: Wolfgang Stegmüller, Joseph D. Sneed

So deutlich der Lakatos-Ansatz durch seine Doppelgleisigkeit von Forschungspraxis und Theorienentwicklung spiegelt, wie ein Wissenschaftler in einem Forschungsprogramm sich selbst in seiner Tätigkeit versteht, so unbefriedigend ist doch diese Trennung, weil sie den Grundgedanken Poppers aufgibt, daß nur der Begründungszusammenhang, nicht aber eine Privatansicht eines Wissenschaftlers für eine wissenschaftliche Theoriebildung von Interesse sein kann und sein darf. Deshalb versucht Wolfgang Stegmüller, die Kuhnschen Feststellungen, die den Paradigmenbegriff in die Nähe einer soziologischen Analyse rücken, durch eine differenziertere Sicht dessen, was eine erfahrungswissenschaftliche Theorie ist, wieder auf der theoretischen Ebene einzuholen. Zusammen mit dem theoretischen Physiker Joseph D. Sneed hat er dies zu einem eigenständigen Ansatz ausgearbeitet, der als *non-statement view* in die Literatur eingegangen ist.[44] Betrachten wir auch ihn kurz.

44 Ausgehend von Joseph D. Sneed: *The Logical Structure of Mathematical Physics*, Dordrecht: Reidel 1971, hat Stegmüller seinen Ansatz informell dargestellt in Wolfgang Stegmüller: »Akzi-

170 B Wissenschaftstheorie und -geschichte

Wie schon dargestellt, besteht eine Theorie aus (a) Mathematik und Logik, (b) einem kontingenten Formalismus und (c) partiellen Zuordnungsregeln, die dem kontingenten Formalismus eine Deutung auf der Beobachtungsebene zuordnen; erst durch diese Zuordnung erhält der Formalismus einen inhaltlich-empirischen Sinn. Man kann nun noch weiter gehen und einen Formalismus für sich betrachten, zusammen mit den überhaupt möglichen Interpretationen. Solche Interpretationen liefern *Modelle* des Formalismus. Dies sei kurz an einem Beispiel erläutert:

Betrachten wir die Relation ›<‹. Sie sei für Elemente a, b, c, ... definiert durch folgende Beziehung:

a < b genau dann, wenn a < b → ¬ (b < a)

(Nichtumkehrbarkeit)

Wenn a < b, b < c, dann a < c   (Transitivität)

Natürlich ist diese Relation die uns vertraute Kleiner-Relation: ›a < b‹ lesen wir als »a kleiner b«. Modelle hierfür sind die natürlichen Zahlen mit der Kleiner-Beziehung; die ganzen Zahlen mit der Kleiner-Beziehung; aber auch: »a steht links von b« oder »a ist der schlechtere Boxer als b« oder »a ist jünger als b«, »... klüger als b«, »... schmeckt mir besser als b« etc. Die Modelle haben ersichtlich nur diese Relation gemeinsam, definiert durch die Nichtumkehrbarkeit und die Transitivität als Eigenschaften der Relation. Nebenbei zeigt sich an den Beispielen, daß die empi-

denteller (›nichtsubstantieller‹) Theorienwandel und Theorienverdrängung«, in: ders., *Rationale Rekonstruktion von Wissenschaft und ihrem Wandel*, Stuttgart: Reclam 1979. Für eine eingehendere Darstellung vgl. Wolfgang Stegmüller: *Neue Wege der Wissenschaftsphilosophie*, Berlin / Heidelberg / New York: Springer 1980; am ausführlichsten ist dagegen Wolfgang Stegmüller: *Probleme und Resultate der Wissenschaftstheorie*, Bd. 2: *Theorie und Erfahrung*, Halbbd. 2: *Theorienstrukturen und Theoriendynamik*, Berlin / Heidelberg / New York: Springer 1973.

II. Wissenschaftsentwicklung statt -fortschritt   171

rischen Modelle keine so scharfen Abgrenzungen besitzen
wie die mathematischen.

Die Grundidee Stegmüllers ist nun, daß man Theorien
nicht mehr wie bisher als Aussagen (oder Hypothesen)
über die Natur betrachtet, sondern statt dessen sagt: Naturgesetze sind ganz bestimmte inhaltliche Modelle eines
formalen Gebildes. In einer solchen Sichtweise läßt sich
beispielsweise zum Ausdruck bringen, daß die Formel
»K = m · b« (Kraft = Masse mal Beschleunigung), die sich
schon bei Newton findet und die als Formel bis in heutige
Darstellungen der klassischen Mechanik erhalten bleibt, bei
Newton eine andere Deutung erfährt als etwa im 19. Jahrhundert oder gar nach der Relativitätstheorie. – Nun kann
man in dem formalen Gebilde einer Theorie unterscheiden
zwischen einem *Kern* und einer *Kernerweiterung*, wobei
der Kern an das erinnert, was Lakatos als harten Kern aufgefaßt hat, während die Kernerweiterung – grob gesprochen – all das umfaßt, was sich im Hinblick auf eine Anwendung aufgrund der theoretischen Terme des betreffenden Modells formulieren läßt. Dabei gibt es eine Hierarchie
von Modellen, weil theoretische Terme eines Modells im
nächsthöheren Modell nicht mehr als theoretisch angesehen
werden. (Uns ist dies vertraut aus der Behandlung von
theoretischer Sprache und Beobachtungssprache.) Was in
der normalen Forschung konstant bleibt, ist der Theorie-
Kern, also der formale Rahmen, der – wiederum sehr grob
formuliert – im Modell zur Einordnung des Beobachtbaren
dient; was sich ändert, sind die Modelle, d. h. die Kernerweiterungen mit den dazugehörigen inhaltlichen Interpretationen, die von Stegmüller als *intendierte Anwendungen*
bezeichnet werden. Nun erlaubt ein Kern sehr unterschiedliche Kernerweiterungen. Insbesondere können sich diese
verzweigen, so daß ein *Netz* von Theorien entsteht. Indem
Stegmüller in diesem Rahmen die Menge aller potentiellen
Modelle, die Menge aller partiellen potentiellen Modelle
und schließlich das in einer intendierten Anwendung allein

172   B Wissenschaftstheorie und -geschichte

herangezogene Modell zusammen mit seinen Nebenbedingungen (*constrains*) betrachtet, wird es ihm möglich, Begriffe wie Paradigma, normale Wissenschaft, Arten des Fortschritts und der Rückschläge auf eine präzise Weise einzuführen. Damit ist es ihm gelungen, den pragmatischen Ansatz mit in das theoretische Konzept einzuflechten und die von ihm bei Kuhn kritisierte Rationalitätslücke zu schließen. Auch die ›subjektive Verifikation‹ Lakatos' als die handlungsleitende Überzeugung eines Wissenschaftlers, auf dem richtigen Wege zu sein, findet seinen Platz, nämlich in der Voraussetzung, daß nur solche Anwendungen weiterverfolgt werden, für die es wenigstens *ein* erfolgreiches Modell gibt. Damit ist dasjenige Element aus dem Entdeckungszusammenhang herausgenommen und in den Kontext des Theorie- und Rechtfertigungszusammenhangs gestellt, das bedeutsam für die Theoriendynamik ist und deshalb einer wissenschaftstheoretischen Berücksichtigung bedarf.

Das äußerst präzise ausgearbeitete Stegmüllersche Modell, das fraglos eine Reihe von formalen Vorzügen bietet, hat – und dies darf nicht unerwähnt bleiben – einen gravierenden Nachteil: Es setzt durchgängig formalisierte Theorien voraus. Nur dann nämlich ist der von Stegmüller und Sneed entwickelte Formalismus anwendbar. Diese Voraussetzung erfüllt aber nur die theoretische Physik, und selbst die nicht überall. Damit ist die Fruchtbarkeit des sonst so faszinierenden Modells äußerst begrenzt; insbesondere ist nicht zu sehen, wie man eine Ausweitung über die Physik hinaus auf andere exakte Wissenschaften vornehmen könnte, zu schweigen von den Geistes- und Sozialwissenschaften. Vielleicht darf man sagen, daß mit diesem Zuendedenken des analytischen Ansatzes am Leitbild der Physik zugleich das Ende – nämlich die unüberwindbaren Grenzen – einer solchen Wissenschaftstheorie sichtbar geworden ist.

III. Anwendung oder Anarchie?

1. *Die Starnberger Finalisierungsthese*

Modelle der Wissenschaftsentwicklung können ganz verschiedene Funktionen besitzen. Wir haben sie kennengelernt als Antwort der Wissenschaftstheorie, die Dynamik der Wissenschaften zu erfassen; ebensogut läßt sich aber fragen, ob diese Modelle geeignet sind, uns – über ein besseres Verständnis der Wissenschaften hinaus – *Handlungsanleitungen* zu geben, wie dies die Hoffnung jeder Wissenschaftspolitik wäre. Solches zu ermöglichen ist das erklärte Ziel eines Modells, das – ausgehend von Kuhn – Anfang der siebziger Jahre des 20. Jahrhunderts von Gernot Böhme, Wolfgang van den Daele und Wolfgang Krohn entwickelt wurde und das als *Finalisierungsthese* bekannt geworden ist.[45] Obgleich dieses Modell heute als ungeeignet zur politischen Steuerung der Wissenschaften angesehen wird, ist es dennoch lehrreich. Den Ausgangspunkt der Starnberger Gruppe bildet die Feststellung, daß Wissenschaft in der heutigen Gesellschaft problematisch geworden ist: wir erleben eine ungeheure Expansion des Wissens und der Wissenschaften, das relative Wachstum der Zahl der Wissenschaftler ist wesentlich größer als das der Gesamtbevölkerung, so daß auf die Dauer ein *Manpower-Problem* entsteht. Gleichzeitig werden aber die Erträge, die die Wissenschaften abwerfen, relativ zum überaus großen finanziellen Aufwand heutiger Forschung immer kleiner, so daß für die Gesellschaft ein Kosten-Nutzen-Problem, genauer: ein

---

45 Gernot Böhme / Wolfgang van den Daele / Wolfgang Krohn: »Die Finalisierung der Wissenschaft«, in: Werner Diederich (Hrsg.): *Theorien der Wissenschaftsgeschichte. Beiträge zur diachronen Wissenschaftstheorie*, Frankfurt a. M.: Suhrkamp 1974, S. 276–311.

Grenznutzen-Problem entsteht. Schließlich setzen die Naturwissenschaften in ihrer Tradition die Unveränderbarkeit der Natur voraus, wenn sie universelle Gesetzeshypothesen formulieren; das aber ist unzutreffend, weil die wissenschaftlich gewonnenen Mittel, die wir einsetzen, *einschneidende Veränderungen der Natur* selbst bewirkt haben: Die DDT-Verwendung hat zur DDT-Resistenz geführt, der einseitige Eingriff hat ökologische Gleichgewichte zerstört, und der Totalverbrauch verschiedenster Energieformen hinterläßt unseren Nachkommen eine ausgeplünderte Erde. Angesichts dieser Situation ist mehr als eine bloß methodologische Analyse der Wissenschaften gefordert, nämlich eine *Selbstreflexion der Wissenschaften*. Deren Ziel ist:
- eine *externe Normierung* der Wissenschaften nach gesellschaftlichen Bedürfnissen;
- eine *Internalisierung* dieser Normierung mit dem Ziel, die reflexiv geleitete neue Wissenschaft zugleich herrschaftsstabilisierend einzusetzen, nämlich stabilisierend hinsichtlich der Herrschaft des vernünftigen Konsenses;
- eine *bewußte Planung der Wissenschaftsentwicklung* anstelle eines Wissenschaftsdarwinismus.

Um dieses Ziel verwirklichen zu können, um also die *Finalisierung der Wissenschaften* auf solche Zwecke hin betreiben zu können, müssen nach Auffassung der Starnberger Gruppe einige Bedingungen historischer Art erfüllt sein, damit Wissenschaft am Ende durch einen Funktionswandel gekennzeichnet werden kann, dergestalt, daß nicht »die Natur«, sondern der Mensch und seine Bedürfnisse die Planung der Wissenschaftsentwicklung bestimmen. Damit aber Wissenschaft steuerbar ist, bedarf es eines Alternativen-Spielraums, der selbst nicht durch die innere Determination und die Eigensteuerung der Wissenschaft besetzt werden darf, sondern der eine externe Steuerung möglich macht.

Das Interessanteste an dieser neuen Art von Wissenschaft ist nun, daß sie sich auch in der Struktur grundsätzlich von dem unterscheidet, was wir bisher kennengelernt haben:

III. Anwendung oder Anarchie? 175

– Der finalisierten Wissenschaft *fehlt eine Selbststeuerungs-kraft*, denn es geht nicht mehr um interne Puzzles, die gelöst werden müssen, weil an deren Stelle eine Außen-steuerung treten soll;
– es *fehlt (mindestens partiell) die kausale Erklärbarkeit*; die Struktur ist also nicht durchgängig deduktiv; und
– es fehlt die beliebige Wiederholbarkeit von Experimen-ten; auf sie muß wegen der sich ändernden Umweltbe-dingungen verzichtet werden.

Diese Strukturänderungen sind ersichtlich gravierend, denn mit der Ersetzung der internen Dynamik der Wissenschaft durch externe Steuerung geht verloren, was bisher in allen Modellen zur Wissenschaftsdynamik als deren Antriebs-kraft gesehen wurde; ohne eine zumindest partielle Kausa-lität entfällt die Erklärbarkeit, und damit fehlt dasjenige, was bislang geradezu als Kennzeichen aller Wissenschaften galt, nämlich deren Vermögen, Erklärung heischende War-um-Fragen zu beantworten; und ohne beliebige Wieder-holbarkeit gibt es keine falsifizierenden oder stützenden Effekte.

Daß die genannten Strukturveränderungen dennoch eine gewisse Plausibilität haben, läßt sich am Beispiel der Phar-maforschung verdeutlichen: Ersichtlich gilt für sie die erste Bedingung, denn natürlich entspringt die Forschungsdyna-mik hier einer gesellschaftlichen Forderung nach Heilmit-teln, also einer Außensteuerung, nicht aber einem rein theoretischen, wissenschaftsimmanenten Interesse an der Klärung von Stoffwechselprozessen im menschlichen Kör-per. Auch die zweite ist erfüllt, denn über Jahrzehnte war ein Pharmakon gerechtfertigt, wenn sich bei der Anwen-dung die gewünschte Wirkung (ohne oder mit nur begrenz-ten Nebenwirkungen) einstellte. *Warum* sich die Wirkung einstellt, ist dabei ganz unerheblich; denn man wird den Patienten ein neues, hochwirksames Medikament nicht des-halb vorenthalten wollen und dürfen, weil man den Wirk-mechanismus nicht kausal zu erklären vermag. Schließlich läßt sich auch die letzte Bedingung an der Pharmaforschung illustrieren, denn gerade bei Pharmaka kann eine beliebige Wiederholbarkeit unter Umständen auf Schwierigkeiten stoßen, weil die Erreger mutieren und nach einer Weile die Wirksamkeit des Pharmakons nicht mehr gewährleistet ist.

Nun sind die bisherigen Überlegungen und Forderungen weitgehend hypothetisch, sie betreffen die Bedingungen, unter denen eine solche anwendungsorientierte, finalisierte Wissenschaft möglich wird, und wir haben eine Vorstellung von ihrer Struktur. Daß aber finalisierte Wissenschaft nicht nur eintreten kann, sondern eintreten muß, suchte die Starnberger Gruppe an einer Modifikation des Kuhnschen Ablaufmodells der Wissenschaften zu zeigen, nämlich am *3-Phasen-Modell der Wissenschaftsentwicklung*: Die Wissenschaft, die in Kuhnscher Vorstellung eine vorparadigmatische, eine paradigmatische und eine Krisenphase durchläuft, um dann ins nächste Paradigma einzutreten, wird in diesem Modell auf folgende Weise strukturiert:

1. Probieren von Amateurerfindern.
2. Entstehung eines Paradigmas; Entwicklung einer fundamentalen Theorie bis zur »Reife« durch interne Determination, so daß die Theorie zu einem definitiven Abschluß kommt. Eine solche reife oder »abgeschlossene Theorie« ist dadurch gekennzeichnet, daß sie keine maßgeblichen Änderungen mehr zuläßt.
3. Die Finalisierungsphase als Anwendung der abgeschlossenen Theorie auf andere Bereiche durch Differenzierung und Spezialisierung.

Die ersten beiden Phasen entsprechen weitgehend Kuhns Modell. Damit ist eine theoretische Plattform gegeben, die Grundlage der Anwendung ist; erst in der dritten Phase wird die interne Orientierung zugunsten externer Zwecke aufgegeben, erst hier gibt es keine Neutralität der Zwecke mehr, sondern eine Konkretisierung der Theorie für Anwendungsbereiche. Hier erst entstehen neue Disziplinen

III. Anwendung oder Anarchie? 177

vom neuen, eben skizzierten Theorietyp; denn die Zwecke, auf welche die Wissenschaften dieser neuen Disziplinen ausgerichtet werden, sollen durch Konsens in einer demokratischen Willensbildung ermittelt werden. Dies, so die Starnberger, bedeute die Wiedereinholung der Vernunft in die Wissenschaft.

Zunächst gilt es folgendes festzuhalten: Wie das Beispiel der Pharmaforschung zeigt, ist es nicht nur denkbar, sondern faktisch der Fall, daß Wissenschaften bei einer Anwendungsorientierung eine andere Struktur aufweisen als die, welche wir bisher freigelegt haben. Ganz ohne Frage sind die technischen Disziplinen heute auch Wissenschaften, und ganz ohne Frage ist selbst deren Grundlagenforschung in einem weiten Sinne anwendungsorientiert, also extern bestimmt. Diese Überlegungen zeigen, daß eine Wissenschaftstheorie der Technikwissenschaften mit Sicherheit andere kategoriale Bestimmungen wird heranziehen müssen, als es die bisherige analytische Wissenschaftstheorie getan hat. Eine Wissenschaftstheorie der Technikwissenschaften wird von einem grundsätzlich anderen Zuschnitt sein müssen, weil Technik auf Artefakte, die Ziele erfüllen, ausgerichtet ist, nicht auf Theorien, weil sie nicht auf Universalität aus ist, sondern vielfach auf den Einzelfall, weil sie in Konstruktionen und Prozessen denkt und nicht in Deduktionen etc. Dies ist – obwohl nicht beabsichtigt – ein entschiedener Hinweis, den man der Finalisierungsdebatte entnehmen kann. In diesem Sinne wird es unmöglich gelingen, alles bisher in der Wissenschaftstheorie Entwickelte mit leichter Hand auf die Technikwissenschaft zu übertragen.

Konkret stellt sich die Frage, ob das vorgeschlagene 3-Phasen-Modell den eingangs skizzierten Erfordernissen gerecht wird. Tatsächlich ist ihm gegenüber – neben der Zurückweisung hier nicht weiter zu verfolgender Thesen zum Verhältnis von Demokratie und Wissenschaft – vor allem folgende Kritik geäußert worden:

178   B Wissenschaftstheorie und -geschichte

Das 3-Phasen-Modell steht und fällt mit der Möglichkeit, Theorien als abgeschlossen zu kennzeichnen. Dafür aber gibt es keinerlei Kriterien, denn erst im weiteren Fortgang der Forschung kann sich zeigen, ob eine Erweiterung, Veränderung oder gar Beschneidung einer Theorie unter dem Druck von Experimenten und Argumenten nötig wird. Wird aber eine Theorie durch eine Dezision für reif erklärt, kann man damit zwar möglicherweise weitere Grundlagenforschung auf dem fraglichen Gebiete unterbinden, doch hätte die Theorie nicht von sich aus den Status erreicht, abgeschlossen zu sein.

So bestechend also der Gedanke sein mag, für die kostspielige Unternehmung Wissenschaft ein Steuerungsinstrument zu suchen, so untauglich ist dieses einfache Modell für die Erfassung der Wissenschaftsdynamik und die Erfassung des Verhältnisses von internen Wissenschaftsnormen und externen Anforderungen und deren Umsetzung.

2. Methodenanarchismus als Methode: Paul Feyerabend

Das Enfant terrible der Wissenschaftstheorie ist Paul Feyerabend. Wie Rousseau gegen den Fortschrittsoptimismus der Aufklärung die These setzte, die ganze Zivilisation habe nur eine Entfernung vom ursprünglich glücklichen Naturzustand bewirkt, weshalb ein »retour à la nature« als einziger Ausweg erscheint, so hat Feyerabend die Wissenschaftstheorie als »Kinderei« und eine neue »Form des Irrsinns« bezeichnet,[46] die so etwas wie den »Kuhn-Popperschen Frosch-Mäuse-Krieg« hervorgebracht habe; ja, die Wissenschaft selbst sei uns unsere neue Religion, habe sie doch genau jene Funktion in der Gesellschaft, die einst

46 Paul Feyerabend: *Der wissenschaftstheoretische Realismus und die Autorität der Wissenschaften* (Ausgewählte Schriften I), Braunschweig/Wiesbaden: Vieweg 1978, Kap. 12 [1972], S. 293.

III. Anwendung oder Anarchie?   179

die Religion besaß: alles richtet sich nach ihr, und keiner darf sie bezweifeln![47] Was Feyerabend statt dessen propagiert, ist *Methodenanarchismus*: »Anything goes (Mach, was du willst)«[48] – allerdings nicht im Sinne eines Rückfalls in eine wissenschaftslose Zeit, sondern als Waffe gegen den Stumpfsinn einer durch sakrosankte Regeln und Methoden kanonisierten Wissenschaft. Wissenschaft, meint Feyerabend, sei ebenso fehlbar und Irrtümern unterworfen wie alles andere, was Menschen vertreten, deshalb sollte sie nicht absolut gesetzt werden, sondern ebenso gesteuert werden, wie wir sonst in einer demokratischen Gesellschaft etwas steuern, nämlich durch demokratischen Konsens. Dies ist der Berührungspunkt mit der Finalisierungsthese, nur daß die sich ergebende Methode – wenn man diese Methode der Methodenlosigkeit überhaupt so nennen darf – in die genau entgegengesetzte Richtung weist.

Natürlich, meint Feyerabend, *kann* man wissenschaftliche Traditionen schaffen, die durch strenge Regeln zusammengehalten sind; aber *soll* man es? Seine Antwort ist ein entschiedenes Nein, denn erstens ist die Welt, die wir erforschen wollen, etwas weitgehend Unbekanntes (sonst bedürfte es der Forschung nicht); darum sollten wir unsere Methoden nicht von vornherein einschränken. Zweitens ist die wissenschaftliche Ausbildung, so wie sie jetzt betrieben wird, menschenfeindlich, denn sie unterdrückt zugunsten einer Dressur alle Individualität und Kreativität: sie hat »verdummende Wirkung«. Das Heilmittel hiergegen soll die den Fortschritt nicht hindernde, schon erwähnte Methodenanarchie sein: »Anything goes (Mach, was du

47 Feyerabend, *Wider den Methodenzwang* (s. Anm. 36), in dem später gestrichenen »Vorwort zur deutschen Ausgabe« von 1976, S. 25.
48 Feyerabend, *Wider den Methodenzwang*, 1. Aufl., S. 35 und 45; in der 2. Aufl., S. 21, fehlt die Ergänzung in Klammern, ebenso ist die zweite Stelle gestrichen.

180   B Wissenschaftstheorie und -geschichte

willst)«. Es sind vor allem zwei Gründe, die Feyerabend
hierfür angibt:
1. Es gibt keine methodologische Regel, die nicht irgendwann verletzt worden wäre; und der Fortschritt war immer an die Verletzung der bisherigen Regeln geknüpft.
Da Wissenschaft nicht abgeschlossen ist – und hier unterscheidet sich Feyerabends Auffassung gänzlich von derjenigen der Starnberger –, kann man aus der ersten Feststellung
Anti-Regeln ableiten:
2. Statt gut bewährte, induktiv bestätigte Hypothesen zu
   suchen, sollte man *kontrainduktiv* vorgehen, indem man
   a) Hypothesen entwickelt, die anerkannten Theorien
      widersprechen; und
   b) Hypothesen entwickelt, die den wohlbestätigten Tat-
      sachen widersprechen.[49]
Offensichtlich ist dies eine gänzlich antipositivistische Methodologie, und darum geht es Feyerabend recht eigentlich.
Betrachten wir dazu seine Begründungen. Die erste Regel
bringt zum Ausdruck, daß, wie die ganze Wissenschaftsgeschichte lehrt, bahnbrechend neue Theorien niemals durch
stumpfsinnige induktive Verallgemeinerung gewonnen worden sind, sondern durch höchst kreative Überlegungen, die
alles Überkommene über Bord werfen: Anders wäre Kopernikus nie auf seine Planetenbahngesetze gekommen, anders hätte Einstein unmöglich den Weg in die Allgemeine
Relativitätstheorie antreten können. – Die beiden antiin-
duktivistischen Regeln begründet Feyerabend folgendermaßen: Zu (a): Weil Beobachtungen theoriegeleitet sind,
finden wir erst mit einer der traditionellen Auffassung zu-
widerlaufenden Hypothese die Daten, welche die alte Hypothese widerlegen können. Man muß also primär Theorien miteinander vergleichen, nicht Theorien mit angeblichen Beobachtungen; denn die Theorien sind es, die uns

49 Feyerabend, *Wider den Methodenzwang*, 1. Aufl., S. 47 ff.; 2.
   Aufl., S. 33 ff.

III. Anwendung oder Anarchie?   181

Scheuklappen aufsetzen und für anderes blind machen. Die
Folge dieser ersten Teilregel ist, daß Wissenschaftsfortschritt
nicht etwa in einer Abfolge widerspruchsfreier Theorien
besteht, sondern daß die Wissenschaftsentwicklung ein
Meer miteinander unverträglicher Alternativen darstellt
(und darstellen soll)! – Zu (b): ›Tatsachen‹ sind ohnehin
theorieabhängig; außerdem existiert keine Theorie, zu der
es nicht widersprechende Tatsachen gibt und gegeben hätte
– es kommt nur darauf an, was man mit ihnen anstellt!
Also braucht man ein »System alternativer Annahmen«,
eine »Traumwelt«, welche uns die den Blick einengende
positivistische Beobachtungsperspektive abzustreifen gestattet, um von dort her die wirkliche Welt zu erkennen.
Feyerabend entfaltet nun Schritt für Schritt seine »Anti-
regeln«: So ist die gängige Forderung nach *Konsistenz* von
Theorien zwar scheinbar einleuchtend, aber sie führt nur
dazu, die zufällig frühere Theorie zu immunisieren, weil sie
zum Ausgang und zur Grundlage der Kohärenz gemacht
wird: Von neuen Theorieelementen wird die Anpassung an
die schon vorliegende Theorie verlangt. Statt dessen ver-
ficht Feyerabend ein *Autonomieprinzip*: Die Erfindung von
Alternativen wird nach diesem Prinzip uneingeschränkt
möglich. Umgekehrt ist aber der Erfolg einer Theorie kein
Beweis für ihre Richtigkeit im Sinne ihrer Übereinstimmung mit der Natur; denn würde man das unterstellen,
wäre man längst der Gefangene einer Ideologie. Feyerabend verdeutlicht dies am Vergleich von Wissenschaft und
Mythologie:
– Beide ordnen die Welt und erklären die Welt;
– beide geben Handlungsanweisungen;
– beide leben von der Gemeinde ihrer Gläubigen.
Daß Wissenschaft dabei durch *Beobachtung* gestützt werde
im Gegensatz zu Aberglaube und Mythos, ist selbst ein
Aberglaube: Der Hexenwahn des 15. und 16. Jahrhunderts
war eine Theorie der Besessenheit und stützte sich auf Beobachtungen, die heute in gleicher Weise zu machen sind;

182   B Wissenschaftstheorie und -geschichte

wir deuten sie nur anders, nämlich als psychopathologische
Erscheinungsformen. Ein anderes Beispiel soll zeigen, daß
wir nicht weniger gläubig, nämlich wissenschaftsgläubig
sind als die Anhänger irgendeiner Naturreligion; denn weil
wir überzeugt sind, daß ein Regenzauber der Hopi es nicht
wirklich regnen läßt, kommt keiner von uns auf den Gedanken, solch eine Zeremonie überhaupt auszuprobieren
und nach klassischen wissenschaftlichen Methoden einer
Überprüfung auszusetzen: Unsere Ablehnung des Regen-
zaubers beruht selbst auf Ideologie! (Es geht, wohlgemerkt,
nicht darum, daß Feyerabend uns auffordern will, die nächste Dürre versuchsweise mit Hopi-Regentänzen zu be-
kämpfen, sondern um unsere Einstellung, es gar nicht erst
zu versuchen, weil wir glauben überzeugt sein zu dürfen,
daß derlei sowieso zwecklos sei. Möglicherweise haben die
Regentänze ja auch gar nicht den Zweck, es regnen zu lassen, wohl aber, den Stamm eine Notlage gemeinsam besser
ertragen zu lassen.) So kehrt Feyerabend den Spieß um und
fordert, das mythische Denken wieder fruchtbar zu machen, denn »kein Gedanke ist so alt oder absurd, daß er
nicht unser Wissen verbessern könnte.«[50] Dies gilt für die
mythische wie für die hermetische Tradition, für Akupunk-
tur wie Telekinese. Da es aber immer darauf ankommt, zu
diesen Sichtweisen ein inniges Verhältnis zu besitzen – also
die Regentanz-Wirkung tatsächlich zu erwarten –, muß
man diesen Alternativen den Aufbau von jeweiligen Sub-
kulturen erlauben. Damit wendet Feyerabend seine Überlegungen noch ins Politische; denn nach dem Grundprinzip
der pluralistischen Demokratie ist auch ein Ideologienplu-
ralismus vernünftig, weil sich in ihm das Induktionsproblem ohnedies als Scheinproblem erweist.
Gehen wir nun noch auf Feyerabends Einwand gegen das
klassische Wissenschaftsverständnis ein, es habe in den

50 Feyerabend, *Wider den Methodenzwang*, 1. Aufl., S. 69; 2. Aufl.,
   S. 55.

III. Anwendung oder Anarchie?

Wissenschaften immer Beobachtungen gegeben, die den in ihr vertretenen Theorien widersprechen. Er demonstriert dies an fünf Beispielen der Wissenschaftsgeschichte, die für sich sprechen:

Kopernikus' Theorie widerspricht der unmittelbaren Beobachtung des Auf- und Untergehens der Sonne. Täglich beobachten wir den Lauf der Sonne um die Erde, nicht aber, daß sich die Erde um sich selbst oder um die Sonne drehe. Dennoch wird diese Beobachtung nicht als Falsifikation verstanden.

Galilei hatte zunächst das sogenannte »Turmargument« des Aristoteles wie die ganze Tradition als einen Beweis für das Ruhen der Erde aufgefaßt. Nach dem Turmargument (Abb. 16) müßte ein Stein, der von einem hohen Turm an dessen Westseite fallengelassen wird, nicht am Fuß des Turmes aufschlagen, sondern nach Westen versetzt, wenn sich der Turm mit der Erde in östlicher Richtung – also der Sonne entgegen – bewegt hätte. Da dies tatsächlich nicht der Fall ist, so argumentiert Aristoteles, ruht die Erde. Galileis spätere ›Widerlegungen‹ des Turmarguments sind alles andere als stichhaltig, denn wessen er bedürfte, wäre der Impulssatz, über den er noch nicht verfügt. Statt dessen betreibt er nichts weiter als eine rhetorische Irreführung des Lesers.

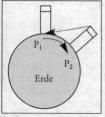

Wenn die Erde sich mit dem Turm von der Position P_1 zur Zeit t_1 in die Position P_2 zur Zeit t_2 dreht, muß ein zur Zeit t_1 an der Turmspitze fallengelassener Stein zum Zeitpunkt t_2 statt im Punkte P_2 am ursprünglichen Ort P_1 auftreffen – also weit entfernt vom Turm. Da das nicht der Fall ist, dreht sich die Erde nicht, sondern steht still.

Abb. 16: Aristoteles' Turmargument

Newtons Gravitationstheorie verlangt, daß die Planeten, die sich im Äther um die Sonne bewegen, als Folge der Reibung im Äther irgendwann in die Sonne fallen; damit dies nicht geschieht, rückt Gott sie wieder auf ihre Umlaufbahn, womit man sieht, so Newton, daß Gott die Welt wirklich regiert.

Newtons Strahlentheorie des Lichts war durch die Spiegel des 17. und 18. Jahrhunderts und deren wellige Oberfläche widerlegt. Um dem zu entgehen, postuliert Newton, der Strahl werde von der ganzen Oberfläche zurückgeworfen.

Einsteins Relativitätstheorie war durch Experimente von Kaufmann von 1906 nach dem damaligen Stand widerlegt; erst 25 Jahre später fand man eine befriedigende Erklärung für Kaufmanns Ergebnisse.

Tatsächlich also hat es immer widerstreitende Beobachtungen gegeben, die die Wissenschaftler durch ad-hoc-Hypothesen beiseite geschoben haben, und zwar auf eine solche Weise, daß der Eindruck entsteht, alle Probleme seien gelöst, vor allem aber: die vertretene Theorie sei wahr. Hier jedoch werde »Schönheit und Scharfsinn« einer Theorie – etwas nach Feyerabend sehr Begrüßenswertes – mit Wahrheit – die wir nicht feststellen können – verwechselt! Dies liegt vor allem daran, daß es eine uninterpretierte Beobachtung nie geben kann. Ohne natürliche, aus der Umgangssprache stammende Interpretation verlören wir alle Fähigkeit, überhaupt etwas wahrzunehmen, und wären gänzlich desorientiert.

Die Frage, die am Ende bleibt, ist, was man mit der gewonnenen anarchischen Freiheit anfängt. Für Feyerabend sollten wir sie dazu nutzen, »auf höchst individuelle und subjektive Weise« das auszuwählen, was man selbst am interessantesten und befriedigendsten findet, beispielsweise als Nonkonformist, als Ästhet oder als Mythenfreund. Wissenschaft, so schließt Feyerabend, steht dem Mythos viel näher, als wir alle glauben. Wissenschaft sei – recht gesehen – eine Kunst, die ästhetischen Genuß bringen soll.

III. Anwendung oder Anarchie? 185

Feyerabend dient heute als Kronzeuge der Postmoderne, als Beleg für die Richtigkeit der These von der Beliebigkeit wissenschaftlicher Aussagen und als Garant für die Nichtgarantierbarkeit von Wahrheit schlechthin. Einer solchen Deutung leistet Feyerabend Vorschub, da er in keiner Weise darauf eingeht, wie es zu denken ist, daß alle Wissenschaft auf Erkenntnis und Wahrheit abzielt, während die Resultate der analytischen Wissenschaftstheorie zugleich zeigen, daß die je gewonnenen Resultate nie über einen Hypothesenstatus hinausgelangen. Dennoch ist die postmoderne Vereinnahmung Feyerabends überzogen, denn was er zu zeigen beabsichtigt, ist nicht, daß Wissenschaft der Beliebigkeit anheim gegeben ist, sondern daß sich eine fruchtbare Entwicklung der Wissenschaften nicht in einem Methodenschema gleich welcher Art einfangen läßt: Die großen Durchbrüche in der Wissenschaftsentwicklung, in den Theorienkonzeptionen sowie in der Anwendung im Bereiche der Technikwissenschaften beruhen gerade nicht auf stupiden methodischen Regeln, die sich in einem Methodenkanon einfangen lassen, sondern auf kreativer menschlicher Vernunft, der es gelingt, gänzlich neue Strukturen zu erdenken und die Welt unter diesen Strukturen gänzlich neu zu erfassen, zu deuten und zu gestalten. Was Feyerabend geleistet hat, ist also sehr wohl eine Relativierung unserer bisher betrachteten Modelle zur Strukturierung der Wissenschaftsgeschichte, und es ist eine Kritik einer eng am HO-Schema oder an Poppers Falsifikationsmethodologie orientierten Abgrenzung wissenschaftlichen Vorgehens gegen andere Formen der Weltdeutung und des Weltverständnisses. So wenig Rousseau ein *retour à la nature* tatsächlich gefordert hat, so wenig verlangt Feyerabend eine Rückkehr in mythische Zeitalter. Was er uns jedoch abverlangt, ist, daß wir selber sehen, wie sehr Wissenschaft und wissenschaftliches Denken in unserer kulturellen Tradition jene Funktionen übernommen haben, die früher den Religionen vorbehalten waren, weil sie alle Lebensbereiche durchdringt.

3. Die Bedingungen der Wissenschaftsentwicklung als Festsetzungen erster Stufe: Stephen Toulmin, Kurt Hübner, Yehuda Elkana

Feyerabend hat eine befreiende Wirkung gehabt – auch wenn es niemanden gibt, ihn selbst eingeschlossen, der meinte, in den Wissenschaften gelte ein *anything goes*. Aber sein witziger Umgang mit der Wissenschaftsgeschichte verdeutlicht, daß alles, was von Popper über Kuhn und Lakatos bis Laudan entwickelt wurde, den Charakter *strukturierender Modelle* hat, also den Charakter von Paradigmen der Wissenschaftsgeschichte. Wir sind damit um drei Dinge klüger:

1. *Wie erfahrungswissenschaftliche Theorien nötig sind, um Erfahrung überhaupt erst zu strukturieren, sind Theorien der Wissenschaftsdynamik erforderlich, um das Phänomen des Wandels der Wissenschaften greifbar zu machen. Ob dabei Wissenschaftsgeschichte als Fortschrittsgeschichte, als Geschichte von trial and error (also als interne Problematik), als Geschichte großer Forscherpersönlichkeiten, als Geschichte einer sozialen Dynamik etc. geschrieben wird, ist nur von den Zielen her einsehbar, denen sie jeweils dienen soll.*

2. *Die bisherigen Modelle erweisen sich als ausgesprochen rigide; sie generalisieren sehr stark und verfehlen damit den Reichtum tatsächlicher Formen, den die Wissenschaftsgeschichte aufzuzeigen vermag.*

3. *Da die Modelle nur auf die Strukturierung des Prozesses ausgerichtet sind, verfehlen sie deshalb das Ziel, überhaupt verständlich zu machen, was die Bedingungen der Möglichkeit wissenschaftlicher Erkenntnis sind; das aber war unsere erkenntnistheoretische Ausgangsfrage.*

Nun hat es neben den dargestellten Ansätzen immer auch differenziertere gegeben, etwa die von Stephen Toulmin und Kurt Hübner, zu denen Stefan Körner und Yehuda El-

III. Anwendung oder Anarchie? 187

kana hinzuzuzählen sind.[51] Alle vier haben trotz unterschiedlicher Ausgangspunkte in systematischer Hinsicht so große Nähe zueinander, daß sie sich zu einem Ansatz integrieren lassen. Die Gemeinsamkeit besteht darin, daß jeder Anspruch, eine Aussage sei eine begründete wissenschaftliche Aussage, auf einer Reihe von Voraussetzungen beruht, die es nun näher zu bezeichnen gilt. Diese Voraussetzungen haben den Charakter *methodologischer Festsetzungen*, und man kann sie als eine Binnendifferenzierung dessen verstehen, was Kuhn als ein Paradigma bezeichnete. Die folgende Liste erhebt keinen Anspruch auf Vollständigkeit, wohl aber darauf, daß die hier genannten Voraussetzungen und Festsetzungen von ihrer Form her in jeder Wissenschaft (einschließlich der Geistes- und Sozialwissenschaften) vorkommen und für sie konstitutiv sind, wenngleich die jeweilige inhaltliche Füllung eine andere sein mag oder sein muß. Es handelt sich um die folgenden *Regeln erster Stufe*:

R₁ Ontologische Festsetzungen (Körner)
  Diese Festsetzungen bestimmen allgemein die *Grundgegenstände* der betreffenden Wissenschaft, beispielsweise

---

51 Stephen Toulmin: *Foresight and Understanding. An enquiry into the aims of science*, London: Hutchinson 1961 (dt.: *Voraussicht und Verstehen. Ein Versuch über die Ziele der Wissenschaft*, Frankfurt a. M.: Suhrkamp 1968); Stephen Toulmin: *Human Understanding*, Bd. 1: *General Introduction and Part I*, Oxford: Clarendon Press 1972 (dt.: *Kritik der kollektiven Vernunft*, Frankfurt a. M.: Suhrkamp 1983); Stephan Körner: *Categorial Frameworks*, Oxford: Blackwell 1970; Kurt Hübner: *Kritik der wissenschaftlichen Vernunft*, Freiburg i. Br.: Alber 1978; Yehuda Elkana: »A Programmatic Attempt at an Anthropology of Knowledge«, in: Everett Mendelsohn / Yehuda Elkana (Hrsg.): *Sciences and Cultures. Sociology of Sciences*, Bd. 5, Dordrecht: Reidel 1981, S. 1–76 (dt. in: Yehuda Elkana: *Anthropologie der Erkenntnis. Die Entwicklung des Wissens als episches Theater einer listigen Vernunft*, Frankfurt a. M.: Suhrkamp 1986, S. 11–124).

die elementaren Teile, die elementaren Prozesse oder die elementaren Gegenstände. Darüber hinaus bestimmen diese Festsetzungen die *allgemeinen Beziehungen* zwischen den Grundgegenständen.

Die ontologischen Festsetzungen spannen damit den Gegenstandsbereich und seine Struktur auf. Keine Wissenschaft kommt ohne sie aus, wenngleich naturgemäß die Gegenstände des Astrophysikers andere sind als die des Atomphysikers und wieder andere als die des Neuzeithistorikers oder Germanisten. Damit ist zugleich zustimmend zum Ausdruck gebracht, daß ein Reduktionsprogramm, wie es der *Mathesis universalis* Descartes' zugrunde lag und wie es hinter dem Wunsch nach einer *Einheitswissenschaft* im Wiener Kreis zu beobachten ist, ein unsinniges Unterfangen sein muß. Zwar lassen sich Verbindungslinien zwischen den Wissenschaften ziehen, aber eine gemeinsame ontologische Basis besitzen sie nicht; denn mit den jeweiligen Basisgegenständen und ihren zu berücksichtigenden Basisrelationen wird zugleich festgelegt, wie die *Struktur* beschaffen ist, welche in den betreffenden Wissenschaften als Struktur ihrer Objekte vorausgesetzt wird. Nur wenn man wie Descartes der Auffassung ist, alles in der Welt lasse sich durch Ausdehnung – also geometrisch-mathematisch – einfangen, oder wie Leibniz, alles besitze eine logische Struktur und genüge dem Prinzip des zureichenden Grundes, oder wie der Wiener Kreis, als einzige Beschreibungssprache komme eine extensionale Logik in Betracht, weil es ontologisch nur um extensional gegebene Beobachtungsobjekte gehe, kurz, nur wenn die ontologischen Festsetzungen selbst in solchen rigiden und zugleich universellen Bestimmungen bestehen würden, wären alle anderen Zugehensweisen aus dem Kreise der Wissenschaften ausgeschlossen. Im anderen Falle jedoch garantiert die Offenheit der ontologischen Festsetzungen eine pluralistische Fülle konkurrierender Ansätze ebenso wie die Nicht-

III. Anwendung oder Anarchie? 189

rückführbarkeit heterogener Wissenschaftsdisziplinen auf
eine gemeinsame Basis.

R_2 *Wissensquellen* (Elkana)
Diese Festsetzungen betreffen die allein zulässigen Quellen, aus denen wissenschaftliches Wissen zu schöpfen ist.

Wir sind heute geneigt, einfach von *Erfahrung* und *Vernunft* als den Quellen zu sprechen, auf die sich unsere Erkenntnis stützt. Doch bei näherem Zusehen zeigt sich, daß
sehr viel genauer gesagt werden muß, um welche Art von
Erfahrung und welche Art von Vernunft es sich hier handelt. Es genügt nicht einmal, Erfahrung als *Beobachtung*
zu kennzeichnen – man denke an den Streit in der Psychologie, ob Selbstbeobachtung eine zulässige Instanz ist;
denn wenn es sich um eine Beobachtung handelt, die
grundsätzlich nur ein Ich an sich selbst machen kann, stellt
sich die Frage, wie derlei mit der Forderung nach Intersubjektivität und Objektivität der Wissenschaften vereinbar
ist. Ebenso gehört hierher, welche Art von *instrumenteller*
Beobachtung zulässig sein soll; so haben sich die Vertreter
der traditionellen aristotelisch-mittelalterlichen Astronomie vehement gegen die Verwendung des Teleskops durch
Galilei gewandt (was verständlich wird, wenn man durch
ein solches Fernrohr des frühen 17. Jahrhunderts schaut: es
vermittelt kein scharfes Bild, sondern ein wunderbares
Spiel der Regenbogenfarben – und wie soll damit etwas begründbar sein?). Wenn die neuzeitliche Wissenschaft durch
Bacons und Galileis Forderung gekennzeichnet ist, nur *Experimente* statt unmittelbarer Beobachtungen als Wissen-
schaftsfundament zuzulassen (also nur Fragen an die Natur, die diese dann mit ›ja‹ oder ›nein‹ oder besser noch mit
einem Meßergebnis zu beantworten hat), so waren Geschichte und Sozialzusammenhänge als Gegenstände von
Wissenschaften ausgeschlossen – sie gehörten zur *historia*
und galten als nicht theoriefähig. Erst nachdem sich im
Laufe des 18. Jahrhunderts eine Rehabilitierung der unmit-

telbaren Beobachtung durchsetzte – zunächst in der Medizin, dann in der Biologie und schließlich mit Bezug auf alles Menschliche –, konnten die sogenannten ›Wissenschaften vom Menschen‹ entstehen. – Dasselbe wiederholt sich bei der *Vernunft*, denn es reicht nicht, etwa im formalen Falle von logischem Schließen allein zu sprechen, weil sich beispielsweise intuitionistische und transfinite Mathematik auch darin unterscheiden, welche logischen Schlußweisen zuzulassen sind. Hinsichtlich eines weiten Vernunftbegriffes sind Fragen zu klären, die traditionell unter den Begriffen der *Evidenz* oder des *lumen naturale* diskutiert worden sind. Dagegen wird eine Wissensquelle, die im Mittelalter noch selbstverständlich zu berücksichtigen war, nämlich die *Offenbarung*, innerhalb der Wissenschaften nur noch in der Theologie akzeptiert. Früher unbestrittene Wissensquellen wie die *Autorität* und die *Tradition* gelten heute ebenfalls als obsolet; in der Sache trifft dies allerdings nicht zu, weil sich nur die Form der Autorität oder der Tradition geändert hat: Es handelt sich heute nicht mehr um eine Berufung auf Autoritäten wie antike Denker, sondern beispielsweise auf Standard-Nachschlagewerke, gleichviel, ob es dabei um Jahreszahlen, statistische Daten oder die genauesten verfügbaren Meßwerte einer chemischen oder physikalischen Größe geht. Damit gehören Autoritäten und Tradition in ihrer fachspezifischen Ausprägung selbstverständlich zu den akzeptierten Wissensquellen.

R_3 *Hierarchisierung der Wissensquellen* (Elkana)

Mit der Aufzählung der Wissensquellen alleine ist es nicht getan; vielmehr muß angegeben werden, welchen vor welchen anderen der Vorrang gebührt.

In der kontinentalen Tradition etwa wurde der Vernunft vor der Erfahrung der Vorrang eingeräumt, während die empiristische Tradition dieses Verhältnis umkehrte. Autorität und Tradition, die in der mittelalterlichen Wissenschaft

III. Anwendung oder Anarchie?   191

eine bedeutende Stellung einnahmen, gelten demgegenüber heute als nachgeordnet.

R_4 Judikale Festsetzungen (Hübner)

In den judikalen Festsetzungen wird ausgesprochen, was unter einem *Beweis*, einer *Begründung*, einer *Bewährung*, einer begründeten *Kritik* oder gar einer *Widerlegung* zu verstehen ist.

Die Festsetzungen R_1 bis R_3 erfassen noch nicht, was Wissenschaft entscheidend von anderen Aussagesystemen unterscheidet, nämlich den Anspruch, es handele sich bei Wissenschaftsaussagen um wahre oder doch begründete Aussagen. Poppers *Logik der Forschung* etwa kann als der Vorschlag eingeordnet werden, im Bereich empirischer Aussagensysteme einzig und allein einen bestimmten Typus von Falsifikation als Widerlegungsinstanz für Hypothesen zuzulassen und hierauf alle anderen Formen der Bewährung von Hypothesen zu gründen. Andere Modelle entwickeln in diesem Zusammenhang andere Vorstellungen; ein mathematischer oder ein logischer Beweis galten über Jahrhunderte als das Ideal eines Wahrheitsnachweises, und hierauf gründeten sich die judikalen Festsetzungen in den exakten Naturwissenschaften – man denke an Newtons *Principia* und ihre axiomatische Darstellung der Mechanik. Doch rückblickend zeigt sich, daß selbst ein Begriff wie der des mathematischen Beweises geschichtlichen Wandlungen unterworfen ist, so daß keineswegs über die Jahrhunderte hin festliegt, was als ein korrekter mathematischer Beweis zu gelten hat. In jedem Falle aber muß es, wenn es sich um Mathematik handelt, Beweisverfahren geben – mögen sie nun darin bestehen, daß man, wie in der altindischen Geometrie, eine Zeichnung mit Hilfslinien versieht und daneben schreibt: »Siehe!«, sei es, daß man mit Euklid verlangt, ein Theorem aus Axiomen nach gegebenen Schlußregeln lückenlos abzuleiten. Heute stellt sich – um zu verdeutlichen, daß dieser Prozeß nie abgeschlossen ist – die Frage,

192   B Wissenschaftstheorie und -geschichte

ob ein mit einem Computer geführter mathematischer Beweis tatsächlich ein Beweis ist oder nichts anderes als ein empirisches Bewährungsverfahren, weil die Verwendung empirischer Halbleitertheorien für den Computerbau die notwendige Voraussetzung ist, um einen solchen Beweis führen zu können: In den früher ausschließlich a priori verstandenen mathematischen Beweis gehen also im Computerbeweis zahlreiche Aposteriori-Elemente ein!

R₅ *Normative Festsetzungen* (Hübner)

In jeder Wissenschaft gibt es über die vier eben genannten fundamentalen Festsetzungen hinausgehend weitere spezifische Festsetzungen; diese betreffen

– *die Theorienform,*
– *die Schönheit und Einfachheit* einer wissenschaftlichen Aussage oder einer ganzen Theorie,
– *die Zulässigkeit von Fragen und Antworten,* und schließlich
– *die Unumstößlichkeit bestimmter Aussagen,* die man innerhalb einer bestimmten Wissenschaft aufzugeben um keinen Preis bereit ist. Sie entsprechen dem, was Lakatos den *harten Kern* genannt hat, und sie finden sich als *Axiome* in formalisierten Theorien wie der absoluten Geometrie oder der klassischen Mechanik oder als Epocheneinteilung der Geschichte in scharfer oder weniger scharfer Form in jeder Wissenschaft.

Mit dem entwickelten Kanon von Festsetzungen erster Stufe ist eine innere Differenzierung des Kuhnschen Begriffs des Paradigmas geleistet, die zugleich wichtige Details von Lakatos und Laudan aufnimmt, vor allem aber in den judikalen Festsetzungen dem zentralen Ausgangspunkt der Wissenschaften gerecht wird, gesichertes Wissen zu verwalten und zu mehren. Allerdings sagen diese Festsetzungen nichts über das Zustandekommen der Wissenschaftsdynamik.

III. Anwendung oder Anarchie? 193

4. *Konventionen statt Erkenntnis?*

An vielen Einzelbeispielen ließe sich nun zeigen, daß alle Wissenschaften Festsetzungen der genannten Typen machen. Ebenso könnte man diskutieren, wie sich diese im einzelnen verändert haben, oder man könnte verfolgen, was das deduktive Ideal als judikale Festsetzung für die vorauszusetzenden Axiome als Teil der normativen Festsetzungen bedeutet (beispielsweise, welche Art von Evidenz hierbei in Anspruch genommen wird). Statt dessen sollen Fragen grundsätzlicherer Art gestellt werden:

- Worauf fußt der Begründetheitsanspruch der Wissenschaften, wenn es doch methodologische Festsetzungen, also Konventionen sind, die das jeweilige Vorgehen in einer einer Wissenschaft bestimmen?
- Wie kommt die Wissenschaftsdynamik zustande, wenn ein starres Regelsystem bestimmt, was jeweils als wissenschaftlich anzusehen ist?
- Wie läßt sich die schon erwähnte Änderung der Festsetzungen erster Stufe deuten?

Alle drei Fragen verlassen den Regelkanon der ersten Stufe und führen auf eine Metaebene von *Festsetzungen zweiter Stufe;* doch haben sie ihren Ansatzpunkt durchaus auf der ersten Stufe. Dies gilt es zunächst zu klären.

Daß Wissenschaften nicht nur Konventionen enthalten, sondern sogar enthalten müssen, um überhaupt Theorien aufbauen zu können, ist eines der wichtigsten und tiefgreifendsten Ergebnisse der Wissenschaftstheorie des 20. Jahrhunderts. Tiefgreifend ist es vor allem deshalb, weil mit ihm endgültig die Illusion zerstört ist, es lasse sich eine ›voraussetzungslose‹ und damit metaphysikfreie Wissenschaft aufbauen. Schon im gut überschaubaren Fall der Messungen zeigte sich, daß Konventionen völlig unverzichtbar sind, um Meßgrößen einführen zu können. Selbst die Berufung auf Erfolg im Handeln – die Leitidee des Operationalismus – erwies sich als angewiesen auf die Vor-

194   B Wissenschaftstheorie und -geschichte

aussetzung von theoretischen Begriffen wie ›Temperatur‹, ›Länge‹ oder ›Masse‹ im Falle der Mechanik. Die Frage ist nur, ob nicht mit der Unverzichtbarkeit von Konventionen in Gestalt methodologischer Festsetzungen zugleich der Grundanspruch der Wissenschaften auf gesicherte Erkenntnis zwangsläufig aufgegeben ist. Erschwerend kommt hinzu, daß sich diese Festsetzungen im Laufe der Wissenschaftsgeschichte vielfach geändert haben – zwar nicht von heute auf morgen, doch im Laufe von Generationen: Eben dies führte Kuhn zur Abgrenzung unvereinbarer Paradigmata. Doch verharren wir zunächst beim innerparadigmatischen Fall eines gegebenen Sets methodologischer Festsetzungen. Hier gilt ohne Frage, daß unbeschadet der Begrenzung des Gegenstandsbereichs und seiner Struktur durch die ontologischen Festsetzungen (R_1), unbeschadet der Begrenzung und Hierarchisierung der zugelassenen Begründungsinstanzen (R_2 und R_3), unbeschadet auch der mannigfachen Beschränkungen der Theorieform etc. (R_5) allein durch die judikalen Festsetzungen gewährleistet ist, daß nicht das Wunschdenken eines Wissenschaftlers den Ausschlag über Zulässigkeit oder Unzulässigkeit einer wissenschaftlichen Aussage gibt, sondern ein intersubjektiv kontrollierbares, methodisch geregeltes Verfahren: Genau dies führte zum schon erwähnten Ideal der experimentellen Begründung der Erfahrungswissenschaften; denn sicherlich stellt der Wissenschaftler die Fragen – aber die Antwort gibt die Natur. In genau diesem Sinne erweisen sich die judikalen Festsetzungen als das Zentralelement wissenschaftlichen Denkens.

Die Frage nach dem Begründetheitsanspruch der Wissenschaften verschärft sich jedoch dramatisch angesichts sich ändernder methodologischer Festsetzungen, wovon auch die judikalen Bedingungen nicht verschont sind. Dies stellt fraglos das schwierigste Problem dar; denn seit Kuhn die Paradigmenabhängigkeit wissenschaftlicher Aussagensysteme vertreten hat und seit Feyerabend dies sogar zu einem

III. Anwendung oder Anarchie? 195

anything goes in den Wissenschaften zugespitzt hat, werden
gerade die exakten Naturwissenschaften, die Musterbilder
objektiver Wissenschaft, von Vertretern der Postmoderne
gerne zum Anlaß genommen zu behaupten, wissenschaftliche Aussagen seien angesichts der Kuhnschen Resultate *geschichtlich*, angesichts der Relativitätstheorie *relativ*, angesichts der Heisenbergschen Unschärferelation *unscharf* und
angesichts des Gödelschen Unvollständigkeitstheorems *unvollständig* – mit der Konsequenz weitgehender Beliebigkeit und historischer Kontingenz. Diese Sicht spricht also
den Wissenschaften die Fähigkeit ab, dem behaupteten Ziel
auch nur ansatzweise näher zu kommen, gesicherte Erkenntnis methodisch zu gewinnen und systematisch zu
ganzen Theorien mit Erkenntnisanspruch zu verknüpfen.
Diese These ist jedoch nicht allein überzogen – sie miß-
braucht Wissenschaftsresultate, wie schon in der Einleitung
am Beispiel der metaphysischen Extrapolation verdeutlicht,
um wohlbegründete, nämlich einem Festsetzungsrahmen
genügende und auf diesen bezogene Aussagen davon abzu-
lösen und dabei die Bedingungen ihres Anspruchs auf Wissenschaftlichkeit freizugeben. Die Allgemeine Relativitätstheorie sagt nichts über eine allgemeine Erkenntnis-Relati-
vität, sondern über die wechselseitige Abhängigkeit von
Raum-, Zeit- und Materiekonfigurationen in sich beschleu-
nigt gegeneinander bewegten makroskopischen Syste-
men; die Unbestimmtheitsrelation sagt nichts über eine allgemeine Unbestimmtheit, sondern über die Unmöglichkeit, empirisch mit beliebiger Genauigkeit etwas über Ort
und Impuls atomarer und subatomarer Größen unterhalb
der durch das Plancksche Wirkungsquantum gegebenen
Schwelle auszumachen; das Gödelsche Theorem schließlich
besagt nicht mehr und nicht weniger als die Unmöglichkeit,
die Widerspruchsfreiheit reichhaltiger Logiksysteme (beispielsweise einer Formalisierung der Arithmetik) mit den
logischen Mitteln des Systems zu beweisen. Alle drei Resultate sind damit äußerst präzise Aussagen über Erkennt-

nisgrenzen in Abhängigkeit von den jeweiligen (insbesondere ontologischen und judikalen) methodologischen
Festsetzungen, nicht jedoch über eine Beliebigkeit wissenschaftlicher Aussagen.

Nun ist aber eine historische Bedingtheit von Wissenschaftsaussagen und die Abhängigkeit von geschichtlich
sich ändernden methodologischen Festsetzungen nicht zu
bestreiten – im Gegenteil, sie wurde hier ja gerade aufge-
zeigt. Also doch eine Relativität, die damit auch eine Wahr-
heitsrelativität nach sich zöge? So zu argumentieren würde
nicht nur verfehlen, daß der Antrieb aller wissenschaftlichen Bemühungen seit der Antike die Suche nach Erkenntnis, nach Erklärung und nach Wahrheit war; verfehlt würde
auch die methodisch geregelte Überprüfbarkeit und die damit gesicherte Intersubjektivität aller Wissenschaftsaussagen. Vielmehr:

> *Es kommt darauf an, beide Elemente, die Ausrichtung*
> *auf Wahrheit und die jeweils gewählten Konventionen in*
> *Gestalt methodologischer Festsetzungen, als etwas Zu-*
> *sammengehöriges zu begreifen.*

Dies gelingt, wenn man die judikalen Festsetzungen nicht
als bloße, an Zweckmäßigkeit gebundene Konventionen
auffaßt, sondern als den jeweiligen Versuch, im Streben
nach Wahrheit die angemessenste Form eines Kriteriums
judikaler Art zu finden. Ein Paradigmenwechsel, von Kuhn
durch eine Inkommensurabilität zwischen altem und neuem Paradigma gekennzeichnet, weil innerhalb eines Paradigmas ein gemeinsamer Vergleichsmaßstab ausgeschlossen
ist, läßt sich unter diesem Gesichtswinkel völlig anders,
nämlich als ein Schritt zu einem besseren judikalen Kriterium begreifen. So war Kopernikus überzeugt, gegenüber der
ptolemäischen Auffassung das wahrere Bild vom Universum zu vertreten, wenn er die Sonne statt der Erde ins Zentrum des Planetensystems rückte, obwohl sich auf diese
Weise keineswegs bessere, also die bisherige Auffassung fal-

III. Anwendung oder Anarchie? 197

sifizierende Vorhersagen machen ließen. Die Begründung mußte also auf einer anderen Ebene liegen, wenn er für seine Aussagen Wahrheit (und nicht bloß ein einfacheres Berechnungsverfahren der Planetenstellungen) in Anspruch nahm. Der Grund war vielmehr, daß im ptolemäischen Berechnungsverfahren nacheinander drei verschiedene, völlig unverbundene Prozeduren verwendet wurden, die am Ende das gewünschte Vorhersage-Resultat erbrachten, während eine gemeinsame theoretische Grundlage im Rahmen der Epizyklentheorie fehlte. Sobald aber gefordert wird, auch die Rechenschritte innerhalb *eines einheitlichen Modells* zu begründen, weil der Gegenstand, das Planetensystem, auch *eine* Einheit sei, wird dies mit der These verbunden, ein solches Rechenverfahren – ob einfacher oder nicht – sei der Wahrheit näher! Der Paradigmenwechsel besteht also nur äußerlich in einem veränderten Rechenmodus – er spiegelt die Überzeugung, durch die fragliche Änderung der Wahrheit näher zu kommen. Wenn wir dem heute entgegenhalten, in Wirklichkeit liege doch nur eine Relativbewegung von Sonne und Planeten innerhalb unserer ebenfalls beweglichen Galaxis vor, so spiegelt sich darin keineswegs eine nachträgliche Rechtfertigung der Gegner Kopernikus' und Keplers, denn niemand würde heute in diesem Zusammenhang auf ein einheitliches Modell und damit auf einen durchgängigen, theoretisch begründeten Rechenmodus verzichten wollen. Für die Regeln zweiter Stufe als Rechtfertigungsrahmen von Regeln erster Stufe und deren Veränderung bedeutet dies, daß *im Abzielen auf gesicherte Erkenntnis und auf Wahrheit* der entscheidende Rechtfertigungsgrund zu suchen sein wird.

Die Frage nach der *Wissenschaftsdynamik* bildete das zweite Grundsatzproblem. Sie kann im vorliegenden Modell nicht (wie bei Popper) einheitlich auf Falsifikation gegründet werden, schon weil dies weder in der Mathematik noch in den Humanwissenschaften möglich wäre; Popper bezieht sich denn auch mit seinem Abgrenzungskriterium nur

198   B Wissenschaftstheorie und -geschichte

auf empirische Wissenschaften. Doch läßt sich zum einen aus den judikalen Festsetzungen entnehmen, daß sehr wohl eingeschlossen ist, unter welchen Bedingungen eine Hypothese als gescheitert anzusehen ist. (In der Mathematik bedeutet dies, daß ein behauptetes Theorem auf einen Widerspruch führt, in der Germanistik, daß die Interpretation zwar den normativen Regeln der Problemakzeptanz, nicht aber der Lösungsakzeptanz genügt.) In all diesen Fällen wird ein nächster Schritt notwendig, gleichviel, ob man ihn als *puzzle solving* oder als Theorieentwicklung umschreiben mag.

Zum Teil wird man die Dynamik der Entwicklung der Erfahrungswissenschaften durchaus anhand faktischer Falsifikationen erklären können, doch sicherlich gilt dies weder für alle Wissenschaften, selbst wenn man Lakatos' Versuch mit hinzu nimmt, auch die Entwicklung der Mathematik als einen Prozeß von Versuch und Irrtum, von Beweis(versuch) und Widerlegung zu begreifen. Vor allem darf die Dynamik nicht nur als eine begrenzte, disziplininterne verstanden werden, wie dies Kuhn beim Rätsellösen innerhalb eines Paradigmas tat. Denn in der Tat sind die viel weiter und tiefer reichenden Änderungen diejenigen, welche die Grenze der jeweils gegebenen methodologischen Festsetzungen sprengen, indem neue Gegenstände, veränderte Wissensquellen, eine Umgewichtung der Rangordnung oder neue Begründungs- und Widerlegungsverfahren in den Kanon der Wissenschaften aufgenommen werden. Daß dies geschieht, zeigen Kuhns Beispiele für Paradigmenwechsel, ja, alle dramatischen Wissenschaftsdurchbrüche in Neuland; warum dies geschieht, ist aber gerade auf der Ebene der methodologischen Regeln erster Stufe keineswegs ausgemacht, sondern geradezu ausgeschlossen, wenn nicht ein systematischer Ort hierfür gefunden wird: Das Problem der Wissenschaftsdynamik erzwingt die Einführung einer Metaebene und damit die Einführung von Regeln zweiter Stufe.

III. Anwendung oder Anarchie? 199

Mit diesen letzten grundsätzlichen Erwägungen ist auch schon die Antwort auf die dritte der oben formulierten Fragen gegeben: Änderungen der Regeln erster Stufe erfahren ihre Begründung stets auf einer Metaebene und sind mit dem Anspruch verbunden, *so* breitere oder sachgerechtere Erkenntnis zu sichern.

5. *Metaregeln als Festsetzungen zweiter Stufe und die außerwissenschaftliche Weltsicht*

Alle genannten Festsetzungen erster Stufe bestimmen die Methodologie, aufgrund derer wissenschaftliche Aussagensysteme entfaltet werden. Nun zeigten die Überlegungen Kuhns und die nachfolgenden Modelle, daß solche Festsetzungen im Zuge der Wissenschaftsgeschichte Wandlungen unterworfen sind. Kuhns Charakterisierung des Wechsels von Paradigmata als wissenschaftliche Revolution hatte gar zu der Vorstellung geführt, in dieser Umbruchphase gebe es einen Einbruch der Irrationalität. Dem läßt sich nur begegnen, wenn man einbezieht, daß auch in solchen Umbruchphasen seitens der Wissenschaftler *argumentiert* und nicht etwa überredet wird. Tatsächlich nämlich gibt es auf einer Metaebene zu den oben entwickelten Regeln erster Stufe anders geartete, keineswegs so explizit angebbare *Regeln zweiter Stufe*, mit deren Hilfe die Regeln erster Stufe und deren Änderung begründet werden (vgl. Abb. 17).

Verdeutlicht sei dies an einem Beispiel: Ein unbekannter junger Physiker namens Einstein hatte den *Annalen der Physik* als renommiertester physikalischer Zeitschrift einen Artikel zugeschickt, der eine Veränderung der Ontologie der Physik durch die Einführung des Wirkungsquantums vorschlug (und wenig später in einem weiteren Artikel eine Veränderung dessen, was man bis dahin unter Raum und Zeit verstanden hatte). Damit verstieß er gegen etablierte wissenschaftliche Regeln des Typs R_1. Alle Perpetuum-Mo-

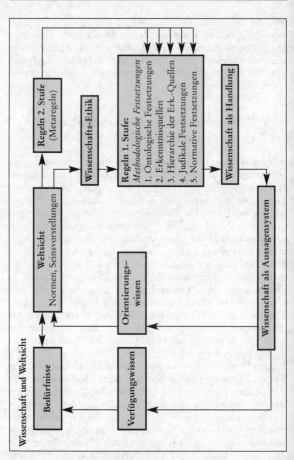

Abb. 17: Wissenschaft und Weltsicht

III. Anwendung oder Anarchie? 201

bile-Erfinder tun Ähnliches, indem sie mit ihren Vorschlägen den Energieerhaltungssatz, also eine axiomatische Regel des Typs R_5, verletzen. Wenn eine physikalische Zeitschrift zwar einen Artikel von der Art des Einsteinschen Beitrags zum Druck annimmt, sich aber standhaft weigert, einem Perpetuum-Mobile-Erfinder Platz einzuräumen, so muß die Argumentation außerhalb der Regeln erster Stufe auf der Ebene der Regeln zweiter Stufe erfolgen.

Diese Metaregeln als Regeln zweiter Stufe explizit anzugeben bereitet jedoch Schwierigkeiten, denn nirgendwo im Wissenschaftsbetrieb sind sie niedergelegt. Vielmehr stützen sie sich auf grundsätzliche Vorstellungen von wissenschaftlichem Wissen. So viel läßt sich zunächst über sie ausmachen:

– Die Regeln zweiter Stufe liefern eine Begründung für die Akzeptanz oder für die Zurückweisung von Änderungen der Regeln erster Stufe.

Die allgemeinen Vorstellungen von Wissenschaftlichkeit, auf die sie sich dabei berufen, betreffen

– das Abzielen auf gesicherte Erkenntnis in einem systematischen Kontext,

was im einzelnen bedeutet:

– das Erfordernis argumentativen Vorgehens,
– das Erfordernis methodisch-systematischen Vorgehens, insbesondere
– die analytische Problemsicht, der eine Synthese des analytisch Gewonnenen korrespondiert.

Zusammenfassen läßt sich dies alles unter der *regulativen Leitidee der Wahrheit*:

Wissenschaft zielt auf Erkenntnis im Sinne von möglichst unbezweifelbarer Wahrheit. Dieses Leitbild im Sinne einer regulativen Idee der Wahrheit ist der letzte Fluchtpunkt, an dem alle Regelbegründung der Regeln erster Stufe und alle Regeländerung vermöge der Bezugnahme auf Regeln zweiter Stufe orientiert ist. Hieraus bezieht

202   B Wissenschaftstheorie und -geschichte

*die Wissenschaft letztlich ihre Dynamik, und hierin liegt
der fundamentale Anspruch, Wissenschaften verwalteten
und mehrten das bestgesicherte Wissen einer Zeit.*

Viel schwieriger gestaltet sich nun die Frage, wie diese Regeln zweiter Stufe ihrerseits begründet sind. Sie zielen wesentlich darauf, daß mit den Mitteln wissenschaftlicher
Aussagen die Welt erfaßt werden soll. Eine Veränderung
der Regeln kann also immer nur damit begründet werden, daß der in Frage stehende Vorschlag diese Erfassung
erleichtert oder verbessert oder vertieft. Auch diese be-
gründende Argumentation kann ihrerseits nicht voraussetzungslos sein; und wenn man sich bemüht, die hier wirksam werdenden Voraussetzungen freizulegen, so stößt man
letztlich auf die verbindende *Weltsicht* als denjenigen Bereich von Grundauffassungen über den Zusammenhang
von Mensch und Welt, der das Selbstverständnis einer Zeit
trägt. Diese Weltsicht ist ihrerseits mitgeprägt durch die
Resultate der Wissenschaften, denn längst ist das frühgrie-
chische Bild der Erde als einer auf dem Wasser schwimmenden Scheibe durch die Vorstellung von einem Planeten
eines Sonnensystems als Teil einer Galaxis ersetzt, einer
Galaxis überdies, die ihrerseits Teil eines expandierenden
Universums ist. In ähnlicher Weise enthält die Weltsicht
auch normative Vorstellungen ethischer Art, die in den
Wissenschaften als Wissenschaftsethik und im Bereich der
Technik als Technikbewertung wirksam werden. Es zeigt
sich also, daß, wenn man Wissenschaft als Aussagensystem
charakterisieren und in ihrer Geschichtlichkeit einfangen
möchte, sich ein Rahmen ergibt, der weit über das hinaus-
weist, was doch so klar zu sein schien, als der Begriff einer
wissenschaftlichen Erklärung zur Analyse anstand: An der
eben herausgearbeiteten Stelle geht Wissenschaftstheorie in
Wissenschaftsmetaphysik über, wenn man darunter die begriffliche Klärung dessen versteht, was eben als Weltsicht
bezeichnet wurde.

III. Anwendung oder Anarchie?   203

Eine solche Klärung ist eine Aufgabe, die im Bewußtsein der Historizität aller Wissenschaften nach den Bedingungen fragt, die wissenschaftlicher Erkenntnis auf der obersten Ebene der Weltsicht zugrunde liegen; denn Wahrheit als regulative Idee reicht nicht aus, weil sie – wie Kant deutlich gemacht hat – formal und inhaltsleer bleiben muß, während die Kriterien der judikalen Festsetzungen immer inhaltliche Bestimmungen vornehmen. Die Verbindungslinien zwischen der Weltsicht und den Wissenschaften, die eine inhaltliche Füllung sichern, sind zahlreich und komplex; nur zwei davon sollen hier herausgegriffen werden, der Weg von der Weltsicht zu den Wissenschaften und die Rückwirkung von den Wissenschaften auf die Weltsicht.

In den eingangs betrachteten Ansätzen der analytischen Wissenschaftstheorie stand zunächst Wissenschaft als Aussagensystem im Zentrum, es folgten mit den Modellen aus der wissenschaftsgeschichtlichen Sicht die Ausweitungen auf die Handlungsregeln des Wissenschaftlers, die hier als Regeln erster Stufe gedeutet wurden, welche ihrerseits eine Fundierung in Regeln zweiter Stufe fanden. Diese wiederum sind durch ganz grundsätzliche formale Orientierungen an der Suche nach Wahrheit, an der Suche nach Erklärungen, an dem Bemühen um Objektivität und Universalität geleitet, Orientierungen, die sich nur als Teil der Weltsicht begreifen lassen. Zu diesen immer noch formalen Orientierungen treten inhaltliche Vorgaben über das, was die Welt im Innersten zusammenhält – sei es der Gedanke, die Welt sei eine Schöpfung Gottes und müsse deshalb entsprechend – beispielsweise teleologisch – gedeutet werden, sei es die Vorstellung, sie sei rein mechanistisch zu sehen und müsse deshalb allein in Kausalgesetzen erfaßt werden, oder sei es der alles umschließende Gedanke einer Einheit, der zum Ideal eines systematischen Aufbaus der Wissenschaften aus Prinzipien führt, wobei diese Einheit je nach Ausprägung der Weltsicht als Einheit göttlicher Vernunft, als Einheit der Natur oder als Einheit des transzendentalen Subjekts gesehen wird.

204   B Wissenschaftstheorie und -geschichte

Zwischen diese sehr allgemein gehaltenen Inhalte der Weltsicht und deren Umsetzung in ontologische, methodologische, judikale und andere Festsetzungen des innerwissenschaftlichen Regelkanons treten vermittelnde Elemente, zu denen vor allem Analogien und Gedankenexperimente zählen. *Analogiebildungen* sind durchgängig in der Ideengeschichte als Verfahren zu beobachten, neue Gegenstandsbereiche allererst zu konstituieren, um sie den methodologischen Festsetzungen erster Stufe zugänglich zu machen. In der Wissenschaftstheorie gelten Analogien zumeist als unwissenschaftlich; und solange man sich innerhalb einer Disziplin bewegt – also innerhalb des Rahmens ihrer Festsetzungen erster Stufe –, ist dieser Vorwurf gerechtfertigt. Sobald man hingegen den Weg betrachtet, auf dem Neues wissenschaftlich erschlossen werden soll, erweisen sich Analogien als unabdingbar, weil sie erlauben, ein Geflecht struktureller Beziehungen versuchsweise den neuen Phänomenen aufzuprägen. Erst dadurch gelangt man zu abgrenzbaren Gegenständen im Sinne der ontologischen Festsetzungen R_1, und erst auf dieser Grundlage wird es möglich, Hypothesen zu formulieren, die anhand der judikalen Festsetzungen R_4 überprüft werden können. So lassen unsere Begriffe für die Elektrizität immer noch diese Wurzel erkennen, wenn man im Deutschen von elektrischem »Strom« im Sinne eine Analogie zur Hydromechanik spricht.

Vergleichbares gilt für *Gedankenexperimente*, und unter ihnen insbesondere für solche, die sich gar nicht realisieren lassen und deshalb trotz empirischer Bedeutungslosigkeit eine veränderte Deutung der Welt vermitteln – gleichviel, ob dies in der Physik geschieht (Einsteins berühmter ›Weltraumfahrstuhl‹, der weit entfernt von jedem Bezugskörper an einem Seil befestigt ist, so daß sich für einen Fahrstuhlinsassen durch keinerlei Meßverfahren feststellen läßt, ob sein ›Fahrstuhl‹ in einem Schwerefeld hängt oder ob er über den Strick in eine beschleunigte Bewegung versetzt

III. Anwendung oder Anarchie? 205

wird) oder in der Geschichte (»Wenn Ludwig XIV. das Edikt von Nantes nicht aufgehoben hätte ...«): In beiden Fällen wird sichtbar, worauf man sich glaubt verlassen zu können, um mit irrealen Konditionalsätzen etwas über die reale Welt und ihre Geschichte aussagen zu können! Wie Analogien öffnen Gedankenexperimente neue Argumentationsfelder und entwickeln dabei plausible Sichtweisen, die ihrerseits der Rechtfertigung neuer Wissenschaftsbereiche dienen sollen. Daß sie in solcher Funktion auftreten, erlaubt aber Rückschlüsse auf die dahinterstehende Weltsicht.

Mit der außerwissenschaftlichen Weltsicht ist ein sehr weiter Horizont erreicht. Er umfaßt Normen und Seinsvorstellungen, aus denen sich die moralischen Prinzipien ebenso speisen wie die Vorstellung davon, welchen Grundprinzipien die Welt genügt und wie der Mensch zu ihr steht. Auch unsere Bedürfnisse haben hier ihre Wurzeln, weil sie durch die jeweilige Kultur geformt und ausgestaltet sind. Das Handeln des Wissenschaftlers als Wissenschaftler ist nun nicht nur durch den Kanon methodologischer Festsetzungen bestimmt, sondern auch durch moralische Regeln. Soweit diese kodifiziert sind, bilden sie den Gegenstand der Wissenschaftsethik, die sich selbst wiederum auf die in der Weltsicht verankerten moralischen Prinzipien stützen muß; denn es gibt keine Spezial-Ethik für die Wissenschaften, sondern nur spezielle wissenschaftsinterne Probleme, die auf die allgemeinen Normen zu beziehen sind. Solche Regeln gab es immer schon; man denke an das mittelalterliche Verbot, wegen der Unverletzlichkeit des Körpers Leichen zu sezieren. Doch sind sie heute deshalb so bedeutsam geworden, weil die Folgen wissenschaftlichen, insbesondere technikwissenschaftlichen Tuns eine Reichweite gewonnen haben, die in der Menschheitsgeschichte noch nie dagewesen ist. Wissenschaftsethik nimmt deshalb einen bedeutsamen Platz im Wechselspiel von Weltsicht und Wissenschaft ein.

206   B Wissenschaftstheorie und -geschichte

Wissenschaft steht der einer Zeit und Kultur impliziten Weltsicht als ein explizites System von disziplinär spezialisierten Aussagen gegenüber – von Phänomenbeschreibungen und Phänomenanalysen bis hin zu Theorien. Dem korrespondiert eine doppelte, auf die Weltsicht zurückwirkende Anwendung der Wissenschaften im Handeln, weil – um es mit Jürgen Mittelstraß zu sagen – deren Resultate als *Verfügungswissen* erlauben, Bedürfnisse zu befriedigen (und neue zu wecken) und als *Orientierungswissen* nicht nur uns selbst in der Welt zu situieren, sondern auch regulierend zu bestimmen, was aus dem wissenschaftlichen Wissen im Alltag zur Anwendung gelangt.[52]

Mit den aufgezeigten Elementen zeichnet sich ein Zusammenhang zwischen der Weltsicht, dem wissenschaftlichen Tun und den wissenschaftlichen Aussagesystemen ab, ein Zusammenhang, der als Struktur unabhängig ist von der jeweiligen inhaltlichen Füllung in einer kulturgeschichtlichen und wissenschaftsgeschichtlichen Lage, solange es sich überhaupt um eine Kultur handelt, in der Wissenschaft ihren Platz hat. All dies kann hier nicht weiter verfolgt werden; statt dessen soll untersucht werden, wie Geschichte und der Umgang mit ihr sich zum bisher Dargelegten verhält; denn nachdem der analytische Ansatz verlassen werden mußte, um die geschichtlichen Bedingungen der Wissenschaftsentwicklung umreißen zu können, kommt man nicht umhin zu fragen, wie sich Geschichtswissenschaft in wissenschaftstheoretischer Perspektive ausnimmt. Es kann dabei nicht um eine eigene Wissenschaftstheorie der Geschichtswissenschaft gehen, sondern allein um die Fortführung des Gedankens, Bedingungen wissenschaftlicher Erkenntnis aufzuspüren. Der besondere Hintergrund aber wird sein, daß es sich im folgenden um ein ganz anders geartetes Modell des Argumentierens handelt als jenes, das in

52 Jürgen Mittelstraß: *Wissenschaft als Lebensform*, Frankfurt a. M.: Suhrkamp 1982, S. 16 ff.

III. Anwendung oder Anarchie?

der analytischen Tradition mit ihrer Orientierung an der Physik den Kern bildete. Damit soll zugleich sichtbar gemacht werden, daß andere Argumentationsstrukturen als jene des Ideals des axiomatischen Denkens auch innerhalb der Wissenschaften ihre Berechtigung haben.

C
Der hermeneutische, der dialektische und der evolutionäre Ansatz

I. Die erkenntnistheoretische Problematik der Geisteswissenschaften: Hermeneutik

1. *Erklären und Verstehen*

Bei der Behandlung des HO-Schemas zeigte sich, daß eine Erklärung nie abschließend sein kann, sondern stets etwas als akzeptierten Hintergrund voraussetzt. Dieser Hintergrund, der sich in der Sicht Kuhns als Paradigma manifestiert, kann auch als ein unumgängliches *Vorverständnis* aufgefaßt werden. Während von seiten der Analytiker die These vertreten wurde, alles sogenannte Verstehen sei unvollständiges Erklären, wird darum seitens der Hermeneutiker geradezu die gegenteilige These vertreten, das Verstehen sei die eigentlich grundlegende Leistung. Von beiden Ansätzen wird also ein universeller Anspruch angemeldet, während noch Wilhelm Dilthey in der Gegenüberstellung von Erklären und Verstehen die Abgrenzung von Naturwissenschaften und Geisteswissenschaften sehen wollte. Ein zweites ist bemerkenswert: Während die Hermeneutik schon seit der antiken Rhetorik in einer Tradition steht, wonach die Teile durch das Ganze und das Ganze durch die Teile zu erschließen seien, eine Tradition, die auch für Hegels These »Das Wahre ist das Ganze« nicht folgenlos geblieben ist, vertritt der analytische Ansatz umgekehrt die Auffassung, man könne gar nicht wissen, was »das Ganze« überhaupt sei; deshalb müsse man in eine Analyse der Einzelheiten eintreten, weil nur diese überprüfbar seien: erst sie konstituierten das, was, als Aussage formuliert, wahrheitsfähig sei. Während also der hermeneutische Ansatz immer wieder auf das Ganze zielt, nicht nur in Gestalt der Universalhistorie, sondern auch in der Gestalt eines jeden Gedichts, zielt der analytische Ansatz stets auf das je begrifflich Abgrenzbare als ein Isolierbares – von der Einzelbeobachtung bis zum Gesetz und zur Theorie in einem abgesteckten Rahmen in einer bestimmten Wissenschaft.

Der hermeneutische Ansatz entstammt in seiner Genese den Geisteswissenschaften, der analytische den Naturwissenschaften. Der Gegensatz zwischen Natur- und Geisteswissenschaften war von Wilhelm Windelband in seiner Rektoratsrede »Geschichte und Naturwissenschaft« von 1894 zurückgehend auf Johann Gustav Droysen durch die Unterscheidung von *idiographischen* (nach griech. *idios*: eigentümlich) und *nomothetischen* (nach griech. *nomos*: Gesetz) Wissenschaften beschrieben worden, also – anders als beim eben zum Teil-Ganzes-Verhältnis Gesagten – als Gegensatz zwischen Wissenschaften, die Individuelles beschreiben, und solchen, die Gesetze ihres Gegenstandsbereiches, also Universelles suchen.[53] Der Leitgedanke bestand in folgendem:

> *Die Geisteswissenschaften mit ihrer Methode des Verstehens haben das Individuelle, Einmalige und Unwiederholbare in eben dieser Einmaligkeit, Individualität und Unwiederholbarkeit zu erfassen, während die Erfahrungswissenschaften mit der Methode des Erklärens in völligem Gegensatz hierzu auf das Allgemeine, Gesetzmäßige, Wiederholbare in Gestalt universeller Gesetzesaussagen abzielen.*

53 Wilhelm Windelband: »Geschichte und Naturwissenschaft«, in: ders., *Präludien. Aufsätze und Reden zur Philosophie und ihrer Geschichte*, Bd. 2, Tübingen: Mohr ⁹1924, S. 136–160, hier S. 145.

I. Hermeneutik   211

Die Fragestellung ist damit von vornherein mit einer Spannung durchsetzt; denn dieses Einmalig-Individuelle soll doch letztlich mit Begriffen, also mit etwas Allgemeinem, und zugleich als ein Ganzes erfaßt werden, während umgekehrt dem Erklären Einzelereignisse zugrunde liegen, die gerade *so*, in ihrer Einzelgestalt, prinzipiell unwiederholbar sind. Darum ist es nicht verwunderlich, daß die Diskussion um das Verhältnis von Erklären und Verstehen bis heute nicht zur Ruhe gekommen ist.

Nun könnte man die Hermeneutik als Angelegenheit einer Wissenschaftstheorie der Geisteswissenschaften allein sehen. Schon dies wäre Rechtfertigung genug, sie im Rahmen einer sonst einäugig an den exakten Naturwissenschaften als Musterbild ausgerichteten Wissenschaftstheorie zu behandeln. Tatsächlich aber erweist sich der Zusammenhang als viel enger; denn seit in der Nachfolge von Fleck und Kuhn nicht mehr zu vernachlässigen ist, daß auch die exaktesten Erfahrungswissenschaften geschichtlichen Wandlungen in ihrem Methodengefüge und einer historischen Bedingtheit in ihren Aussagen und Grundauffassungen unterworfen sind, bedarf es zu einer Behandlung dieser geschichtlichen Bedingtheit eines anderen Instrumentariums – eben des Instrumentariums der Hermeneutik. Der Anspruch der Hermeneutik, früher kaum in der Wissenschaftstheorie ernst genommen, erweist sich deshalb auf dem Hintergrund der wissenschaftshistorischen Relativierung aller Wissenschaften als durchschlagend: Keine Wissenschaft kommt aus ohne ein Vorverständnis; um daraus nicht ein Einfallstor des Subjektivismus werden zu lassen, wird durch Praktika, Übungen und Kurse in der Wissenschaftsausbildung eine künstlich-pragmatische Situation geschaffen, in der die Regeln erster Stufe einer Wissenschaft und der Umgang mit ihnen so vermittelt werden, daß, in der Perspektive der Hermeneutik gesehen, ein gemeinsames fachspezifisches Vorverständnis unter den Wissenschaftsadepten etabliert wird, das sicherstellt, daß physikalische

212   C Hermeneutik, Dialektik, Evolution

Formeln oder grammatische Formen, mathematische Beweise oder dichterische Formen unter Physikern, Linguisten, Mathematikern beziehungsweise Literaturwissenschaftlern innerhalb ihres Paradigmas oder ihrer Forschungstradition auf gleiche Weise verstanden werden: Dann erst kann ein Instrument wie das des HO-Schemas scheinbar pragmatikunabhängig zur Anwendung kommen. Der Anspruch besagt also nicht, nun seien die Methoden der Erfahrungswissenschaften durch Hermeneutik zu ersetzen, sondern er besagt, daß die fraglichen Methoden (und letztlich der verbindende Horizont der Weltsicht) nicht selbst wieder mit diesen Methoden erfaßbar sind, sondern als geschichtliche Phänomene der hermeneutischen Zugehensweise bedürfen, um dargestellt werden zu können. Damit ergibt sich zugleich eine sinnvolle Aufgabenzuweisung für eine analytisch orientierte Wissenschaftstheorie auf der einen und eine historisch-hermeneutische Wissenschaftsphilosophie auf der anderen Seite.

Was ist nun eigentlich das *Verstehen*, um das es dem Hermeneutiker geht? Am treffendsten ist wohl Diltheys Definition:

> »Wir nennen den Vorgang, in welchem wir aus Zeichen, die von außen sinnlich gegeben sind, ein Inneres erkennen: *Verstehen*.«[54]

Verdeutlichen wir uns, worum es geht. Sprache besteht aus willkürlichen Zeichen – dies hatte sich bei der Analyse des Begriffes Sprache gezeigt. Aber woher weiß ich, welche Bedeutung einem solchen Zeichen zuzuordnen ist? Wenn jemand auf eine Tafel weist und »schwarz« sagt – woher weiß der Hörer, daß die Farbe der Tafel, nicht die Tafel, nicht die ebene Oberfläche, nicht die verbliebenen Kreidespuren, die

---

54 Wilhelm Dilthey: »Die Entstehung der Hermeneutik (1900)«, in: ders., *Gesammelte Schriften*, Bd. 5, Leipzig: Teubner 1924, S. 318.

I. Hermeneutik

Form oder anderes gemeint ist? Dies läßt sich nur im Rahmen einer Pragmatik aus der Gesamtsituation und im Vergleich zu anderen Situationen erschließen, also durch die Einbettung in einen viel weiteren Rahmen. Das ist der Grund, weshalb erstens die Pragmatik, das Eingehen auf die je besondere Sprechsituation, die ja im Erklärungsbegriff von Hempel und Oppenheim um der Wissenschaftlichkeit willen gerade ausgeklammert werden sollte, zum unverzichtbaren Ausgangspunkt wird. Zweitens ist dies der Grund dafür, daß das Wechselverhältnis von Teil und Ganzem so belangvoll ist, denn jedes Verstehen, sei es die Äußerung eines anderen, sei es mein Lesen eines Buches, beginnt mit Teilen: mit Phonemen, die sich zu Wörtern gruppieren (beziehungsweise mit Buchstaben, die sich zu Worten und Sätzen verbinden), um im nächsten Schritt um weitere Teile ergänzt zu werden, bis mir das Ganze der Äußerung meines Gegenüber oder des gelesenen Buches gegenwärtig ist. Von diesem Ganzen her ordnet sich jeder Teil neu und vielleicht auch anders ein. Dieses Verhältnis von Teil und Ganzem, vom Verstehen des Teiles und Verstehen des Ganzen wird als *hermeneutischer Zirkel* bezeichnet, der Grundfigur des Verstehens überhaupt (Abb. 18).

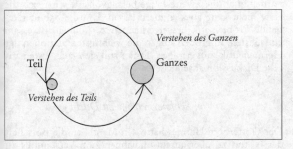

Abb. 18: Hermeneutischer Zirkel

214   C Hermeneutik, Dialektik, Evolution

Beim Verstehen von Zeichen denkt man primär an die Deutung von *Sprachzeichen*, aber ebenso bezieht sich das Verstehen auf *Anzeichen* – etwa eines psychischen Vorgangs des anderen, den ich als dessen inneren Vorgang ja selbst nie erlebe; es bezieht sich auf die Deutung von *Handlungen*, die äußeres Zeichen eines inneren Antriebs sind, der ja auch nicht der meine ist; und es gilt von *historischen Abläufen* ebenso wie von *Kunstwerken*. Immer geht es darum, etwas Äußerliches als Zeichen aufzufassen und auf etwas dahinterstehendes Geistiges zu schließen. Damit aber ergibt sich für die Hermeneutik ein doppeltes Problem:

1. Wie kann ich verstehen? Diese Frage führt auf eine *Methodologie* des Verstehens, also auf die Angabe von Verfahren, mit deren Hilfe mir der Rückschluß vom Zeichen auf das Bedeutete gelingen soll.
2. Warum kann ich verstehen? Diese Frage führt in die *Erkenntnistheorie*, denn in ihr wird gefordert zu begründen, wieso es überhaupt möglich ist, von einem Äußeren, das ich wahrnehme, auf ein Inneres zu schließen, das ja stets meiner Wahrnehmung entzogen bleibt.

Diese ganz unterschiedlichen Fragen sind natürlich voneinander in ihrer Beantwortung abhängig; und wenngleich in der Wissenschaftstheorie als Teil der Erkenntnistheorie vornehmlich die zweite Frage belangvoll ist, wird sich die erste nicht ganz ausklammern lassen. Um die dahinterstehende Problematik besser erkennen zu können, ist es am einfachsten, in groben Zügen die wichtigsten Stationen der Hermeneutik zu verfolgen. Daran soll sich eine systematische Diskussion anschließen.

2. *Von Schleiermacher zu Dilthey*

Der Götterbote Hermes hatte den Menschen die Botschaft der Götter zu übermitteln und ihnen zum Verständnis zu bringen (griech. *hermeneuo*: ich erkläre, ich dolmetsche).

I. Hermeneutik

Die Hermeneutik im heutigen Sinne entsprang im 16. Jahrhundert mit der Aufnahme der antiken Rhetoriktradition dem Bemühen, das Bibelverständnis ohne Orthodoxie, aufgrund des Textes allein zu erreichen. Der Gedanke war, es müsse möglich sein, gestützt auf das Wort Gottes allein, also auf den Text der Bibel, zu einem Verständnis dieses Textes zu gelangen. Das *Sola-Scriptura-Prinzip* sollte, so der Gedanke des Protestantismus, an die Stelle der von ihm als dogmatisch verworfenen katholischen Bibelauslegung ein ausschließlich am Text orientiertes und damit überprüfbares Verständnis der Bibel treten lassen. Entsprechend der damaligen protestantischen Vorstellung ist der hermeneutische Zirkel eine Kreisbewegung, die sicherlich nicht beim ersten, so doch beim zweiten oder gegebenenfalls auch mehrmaligen Durchgang zu einem vollständigen Verständnis des Ganzen führt, weil wir von einem ersten Verständnis der Teile über ein erstes Verständnis des Ganzen zu einem korrigierten Verständnis der Teile gelangen, das uns endlich ein vollständiges Verständnis des Ganzen ermöglicht.

Die Annahme, daß die Verstehensbewegung nach zwei oder vielleicht auch weiteren Durchgängen zur Ruhe kommt, ist für den Ansatz des Sola-Scriptura-Prinzips selbst konstitutiv; doch es treten noch eine Reihe von Voraussetzungen hinzu, die zunächst nicht erkannt wurden, aber Schritt für Schritt ins Bewußtsein traten und damit deutlich werden ließen, daß die ursprünglichen Annahmen selbst recht dogmatischer Art sind: Vorauszusetzen ist nicht nur, daß die Bibel überhaupt verstehbar ist, sondern auch, daß sie in sich konsistent und einheitlich ist. Nun mag man annehmen, die Heilige Schrift sei aus einem Diktat des göttlichen Wortes hervorgegangen, vermittelt über Engel, die den Propheten diese Inhalte weitergeben (man denke an jene mittelalterlichen Darstellungen, die einen an einem Pult stehenden schreibenden Propheten zeigen, während darüber aus dem Munde eines Engels ein langes Spruchband bis zum Ohr des Propheten führt). Selbst wenn man die-

216   C Hermeneutik, Dialektik, Evolution

se Grundannahme der Verbalinspiration hinnimmt, so ist doch die Vermittlung dessen, was der Prophet niedergeschrieben hat, von einer Generation zur nächsten über die Zeiten hinweg eine Quelle der Verdrehungen und Irrtümer, weil die Sprache, wie spätestens Spinoza erkannte, sich im Laufe der Geschichte stark gewandelt hat: Was vor Jahrhunderten einem Propheten diktiert worden war, ließ sich in der ursprünglichen Form einige Generationen später gar nicht mehr so verstehen und ausdrücken; es mußte deshalb übersetzt werden. Diese Übersetzungen aber sind Menschenwerk. Unversehens war damit die reine Methodenlehre der Hermeneutik in eine Problemreflexion eingetreten, die weit über den bloßen Rahmen der Bibelexegese hinausführte; denn was sich dort an Schwierigkeiten auftat, mußte ja für jeden antiken Text, ja, für jeden Text überhaupt gelten!

Warum aber ist – allgemein gesehen – Verstehen von Text, Handlung und Geschichte überhaupt möglich? Eine erste Antwort, die oben schon bei der Behandlung des Operationalismus kurz gestreift wurde, gab 1725 Giambattista Vico in seiner *Scienza Nuova*: Die Geschichte – wie überhaupt des Menschen eigene geistige Produkte – sind das einzige, das wir wirklich verstehen können, weil sie von uns selbst hervorgebracht werden, während die Natur uns immer unverständlich bleiben muß und nicht verstanden werden kann.[55]

Mit Vicos Antwort ist die erkenntnistheoretische Frage im Ansatz ein Stück weitergetrieben – aber hier bin ich, da ist der fremde Autor und sein Text. Wieso soll *ich* verstehen können, was *er* hervorgebracht hat? Offenbar muß hier eine weitere Lücke geschlossen werden. Dies gelingt Fried-

---

55 Giambattista Vico: *Princípi di Scienza Nuova*, Milano: Mondadori 1992, 1. Buch, 3. Teil, S. 121 (dt.: *Die neue Wissenschaft über die gemeinschaftliche Natur der Völker*, Reinbek: Rowohlt 1966, S. 51).

I. Hermeneutik

rich Schleiermacher. Er vertiefte die hermeneutische Problemstellung dadurch wesentlich, daß er das Verstehen als ein *Sichhineinversetzen* in das andere Individuum auffaßte. Dies verlangt, wie er 1829 betont, zwei Elemente, die einander ergänzen müssen, nämlich die *Komparation* und den *divinatorischen Akt*.[56] Mit der Komparation ist die in der Rhetorik- und Hermeneutiktradition bis dahin vertraute und entwickelte Vorgehensweise gemeint, Textstücke unter Ähnlichkeitsgesichtspunkten miteinander zu vergleichen und dadurch vom Verstehen eines bekannten Textes oder Textelementes auf das Verständnis eines sehr ähnlichen anderen zu schließen. Im Grunde aber kann die komparative Methode nur den Zugang zu etwas eröffnen, das dem schon Bekannten nicht ähnlich, sondern gleich ist, denn bereits die Ähnlichkeit verlangt eine eigenständige geistige Tätigkeit des Verstehenden, nämlich die Deutung dessen, wofür sich in aller Ähnlichkeit nichts Gleichartiges findet, das also verschieden ist. Hier setzt der divinatorische Akt ein, der schöpferische oder nachschöpferische Akt des Verstehenden. Der Verstehende muß in sich kreativ tätig werden, um etwas für ihn Neues tatsächlich erfassen und verstehen zu können. Deshalb kommen wir nicht umhin, eine solche Fähigkeit zum divinatorischen Akt in jedem menschlichen Wesen anzunehmen. Damit aber gewinnt die bis dahin als Textphilologie betriebene Hermeneutik eine psychologische Dimension. Auf diesem Hintergrund glaubt Schleiermacher sagen zu können, der Leser oder Hörer sei in der Lage, »sich in die ganze Verfassung

---

56 Friedrich Schleiermacher: »Über den Begriff der Hermeneutik mit Bezug auf F. A. Wolfs Andeutungen und Asts Lehrbuch«, in: ders., *Sämmtliche Werke*, 3. Abt., Bd. 3, Berlin: de Gruyter 1835, S. 344–386; abgedr. auch in: ders., *Hermeneutik und Kritik*, Frankfurt a. M.: Suhrkamp 1977, S. 309–346, sowie in: Hans-Georg Gadamer / Gottfried Boehm (Hrsg.): *Seminar: Philosophische Hermeneutik*, Frankfurt a. M.: Suhrkamp 1976, S. 131–165. – Alle folgenden Zitate entstammen diesem kurzen Aufsatz.

des Schriftstellers« zu versetzen und den »inneren Hergang« der Abfassung eines Werkes nachzuvollziehen, weil jeder in sich wegen der grundsätzlich gleichartigen seelischen Grundausstattung als Mensch ebenfalls etwas besitzt, an das er vergleichend und dann auch nachschöpfend anzuknüpfen vermag. Wäre dem nicht so, wäre das Verstehen eines anderen, eines Textes oder der Geschichte gänzlich unmöglich. *Gefühl* und *Einfühlungsvermögen* sind es deshalb, die nach Schleiermacher das Verstehen ermöglichen. Verstehen wird so zu einem *Rekonstruktionsprozeß* der fremden Individualität. Dabei glaubt Schleiermacher – und hierin besteht das Problematische, an dem in der Folgezeit angesetzt wird –, daß diese Rekonstruktion in letzter Instanz vollständig ist, ja, der Leser vermöge »einen Autor besser zu verstehen, als er selbst von sich Rechenschaft geben könne«, nämlich dann, wenn der Leser selbst ein genialer Künstler ist.

Die Auffassung Schleiermachers ermöglicht zwar die Schließung der zuvor aufgezeigten erkenntnistheoretischen Lücke, sie ruht aber auf einer alles andere als selbstverständlichen Voraussetzung, der Voraussetzung nämlich, daß man die zeitliche Differenz zwischen mir und einem (antiken) Autor einfach überspringen kann. Aber wer oder was garantiert, daß ich einen antiken oder mittelalterlichen Text oder gar ein Zeugnis einer anderen Kultur ›richtig‹ verstehe? Darum geht es jedoch: wann ist ein Verstehen ›richtig‹? Was sind die Voraussetzungen dafür, daß derlei möglich ist – wenn es überhaupt möglich ist? Das Problem verschärfte sich durch den *Historismus*, denn wenn »jede Epoche unmittelbar zu Gott« ist, wie Leopold von Ranke gesagt hat, wenn jede Epoche wegen ihrer unwiederholbaren Einmaligkeit nur aus sich selbst verstanden werden kann – wie gelingt mir dann überhaupt der Zugang zu ihr? Johann Gustav Droysen, der große Methodologe des Historismus, deckt die eminenten Schwierigkeiten auf, und er stellt fest, – daß wir über Vergangenes nur dann etwas erfahren kön-

I. Hermeneutik

nen, wenn etwas davon in der Gegenwart zugänglich ist,
und

– daß ein unmittelbares und vollständiges Verstehen der
Vergangenheit überhaupt unmöglich ist, weil dem unsere
Stellung in der Gegenwart und die Zufälligkeit des über-
lieferten Materials entgegenstehen.[57]

Dem Verstehen der Geschichte sind also Grenzen gesetzt,
die in der Überlieferung begründet sind und in meiner eigenen gegenwärtigen Auffassung.

Die von Droysen aufgedeckte Problematik wird von Wilhelm Dilthey zu den Ansätzen einer Hermeneutiktheo-
rie zusammengetragen, in der Vico insofern aufgenommen
wird, als Geschichtswissenschaften nur möglich sind, weil
jedes Ich ein geschichtliches Wesen ist; Schleiermacher wird
erweitert, indem das vorwissenschaftliche Lebens- und
Weltverständnis zur Grundlage des Verstehens wird (»Leben erfaßt Leben« ist die Kurzform, die Dilthey seiner Begründung des Verstehens gibt); Droysen wird insofern aufgenommen, als allen Thesen und Theorien der Geisteswissenschaften nur eine relative Gültigkeit zuerkannt wird, die
bezogen ist auf die jeweilige Lebenswelt des Interpreten
oder der Interpretationsgemeinschaft. Allerdings versucht
Dilthey, aus dieser Relativität auszubrechen und die Stand-
ortgebundenheit durch den Entwurf eines methodologischen Rahmens zu überwinden, der auf eine Objektivität
vergleichbar dem damaligen Anspruch der Naturwissenschaften abzielt; aber diese Versuche bleiben letztlich er-
folglos, und sie müssen es nach Lage der Dinge auch sein:
Jedwede Methodologie setzt bei einem Vorverständnis an,
ohne das es prinzipiell kein Verstehen gibt; und selbst wenn
dieses Vorverständnis revidierbar ist, kann keine Methodologie mehr leisten als die Absicherung einer relativen Gül-

---

57 Johann Gustav Droysen: *Historik. Vorlesungen über Enzyklopädie und Methodologie der Geschichte* [1858–83], München: Ol-
denbourg 1937, S. 335 ff.

220   C Hermeneutik, Dialektik, Evolution

tigkeit. Eines aber erkennt Dilthey mit aller Klarheit: »Verstehen […] ist das grundlegende Verfahren für alle weiteren Operationen der Geisteswissenschaften« – trotz aller Aporien, die er selbst in diesem Zusammenhang herausarbeitet.[58]

3. *Wahrheit und Methode: Hans-Georg Gadamer*

Der entscheidende Schritt zu dem hin, was die heutige Hermeneutikdiskussion bestimmt, wurde von Hans-Georg Gadamer unter Aufnahme einiger Konzeptionen Martin Heideggers geleistet. Heidegger hat betont, daß das Verstehen nicht nur auf Texte, Kunstwerke und Geschichte bezogen ist, sondern auf alles, dem wir als Menschen begegnen; denn immer deute ich es in Bezug auf mich, d. h. in Bezug auf Zwecke, Werte, Handlungsmöglichkeiten. Der Mond ist für das Liebespaar, wie alle Mondschein-Sonaten belegen, ein anderer als für den Einbrecher, der ihn als berufsschädigend ansieht; und erst der Versuch der völligen Distanzierung von solchen Perspektiven führt zur Betrachtung der Naturwissenschaften, die dennoch gerade in diesem Distanzierungsbemühen immer an menschlichen Zielen orientiert bleibt. Damit hat Heidegger die Hermeneutik, die ursprünglich eine Methodenlehre war und seit Schleiermacher einen Zweig der Erkenntnistheorie bildete, zur fundamentalen ontologischen Theorie geweitet. Der Universalitätsanspruch, der heute mit der Hermeneutik verbunden wird, hat hier unmittelbar seine Wurzeln; und die Brücke zur Wissenschaftstheorie läßt sich mit Leichtigkeit schlagen: Zeigte sich doch, daß die Ontologie einer Disziplin an Festsetzungen hängt, die ihrerseits von den zu verfolgenden Zielen bestimmt sind; sonst wäre völlig unerklärlich, wieso jedes Fach seine eigenen Gegenstände hat.

58 Dilthey, »Die Entstehung der Hermeneutik«, S. 332ff.

I. Hermeneutik   221

Gadamer verfolgt Diltheys erkenntnistheoretisches Problem weiter. Er orientiert sich dabei zunächst am Paradigma des Dialogs.[59] Was ermöglicht einen Dialog oder ein Gespräch? Das Eingehen auf den Gesprächspartner, genauer: ein In-Beziehung-Setzen seiner Meinung zu meiner Meinung über eine Sache (denn nur so kann ich über die dem Gespräch zugrunde liegende Sachfrage urteilen). Ein Gespräch, das nicht bloß im Austausch konventioneller Höflichkeitsfloskeln besteht, ist immer ein Gespräch um der Sache willen, hinsichtlich derer die Gesprächspartner sich Klarheit verschaffen wollen. Daraus ergeben sich als Elemente des Verstehens neben der *Rekonstruktion der fremden Meinung* die *Revision der eigenen Meinung* als konstitutiv. Damit sind zwei Voraussetzungen des hermeneutischen Zirkels freigelegt, denn *erstens* muß ich zu einer solchen Rekonstruktion der fremden Meinung fähig sein; dies bedeutet aber, daß ich in das Gespräch mit einem *Vor-Urteil* eintrete,[60] mit einem Vorverständnis, zu dem auch das Hintergrundwissen zählt, dessen Bedeutung auch innerhalb der Wissenschaften sich ja deutlich gezeigt hatte: Hierauf aufbauend rekonstruiere ich die fremde Meinung. *Zweitens* muß ich zur Revision der eigenen Meinung, gemessen an den Argumenten der fremden Meinung, bereit sein – also *gesprächsoffen*.
Wie nun ist dieses Verstehen des fremden Meinens überhaupt möglich? In der Situation des Gesprächs hängt dies vor allem an der Zugehörigkeit beider Gesprächspartner zu einer Kommunikationsgemeinschaft (wie Karl-Otto Apel dies später nennen sollte). Das aber bedeutet, daß wir, wie

---

59 Hans-Georg Gadamer: *Wahrheit und Methode. Grundzüge einer philosophischen Hermeneutik*, Tübingen: Mohr-Siebeck 1960.

60 Gadamer schreibt »Vorurteil«; doch er meint dies nicht in der negativen Bewertung der Umgangssprache, sondern als etwas zeitlich (und systematisch) Vorausgehendes. Darum wurde hier die Schreibweise »Vor-Urteil« gewählt.

Gadamer – Dilthey wesentlich vertiefend – herausarbeitet, stets in einem gemeinsamen *Überlieferungszusammenhang* stehen müssen. Gäbe es nicht diesen gemeinsamen Zusammenhang, gäbe es gar kein Verstehen und auch keine Kommunikationsgemeinschaft. Eine der wichtigsten Formen der Überlieferung ist dabei die Sprache.

Das einfache Modell des hermeneutischen Zirkels, der in einem ein- oder zweimaligen Durchgang bestand, ist in dem Modell Gadamers durch eine *Spiralbewegung* ersetzt: der eigenen Meinung wird die fremde Meinung entgegengesetzt, beide aber sind verbunden durch den Überlieferungszusammenhang einer gemeinsamen Sprache. Im nächsten Schritt rekonstruiere ich die fremde Meinung im eigenen Denken und gelange so zu einer revidierten Auffassung, die ich dem Gesprächspartner darlege, der entsprechend verfährt usf. Die Ausrichtung des Gesprächs ist dabei eine *Ausrichtung an der Sache* (vgl. Abb. 19).

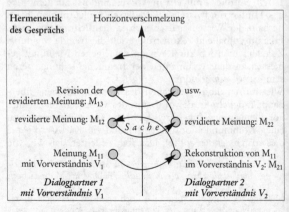

Abb. 19: Der hermeneutische Zirkel als Spiralbewegung des Verstehens

I. Hermeneutik

Doch zurück zu den Voraussetzungen: Das Angewiesensein auf einen gemeinsamen Überlieferungszusammenhang macht klar:

> *Die Aneignung der Tradition ist nicht nur eine Bedingung des Verstehens, sondern geschichtliche Bedingung unseres eigenen Lebens.*

Vergangenheit und Gegenwart sind nicht einfach voneinander zu separieren, sondern die Vergangenheit und das, was wir an ihr verstehen, dient der Selbstaufklärung der Gegenwart: »Am Anfang aller historischen Hermeneutik muß daher die *Auflösung des abstrakten Gegensatzes zwischen Tradition und Historie, zwischen Geschichte und Wissen von ihr stehen.* Die Wirkung der fortlebenden Tradition und die Wirkung der historischen Forschung bilden eine Wirkungseinheit«, schreibt Gadamer. Damit gelingt es ihm, die Sachfrage, die in der Gesprächsanalyse anklang, als Wahrheitsproblem wiederzugewinnen: »Im Verstehen der Überlieferung werden nicht nur Texte verstanden, sondern Einsichten erworben und Wahrheiten erkannt«.[61] Im Prozeß des Verstehens wird also mehr als ein Verstehen subjektiven Meinens eines Einzelnen geleistet, denn wegen der Verwurzelung in der gemeinsamen Tradition (die sich nicht abstreifen läßt, ohne den eigenen Lebensnerv zu treffen) führt das Verstehen im wechselseitigen Kontrollverfahren des Ausgleichs von Vorverständnis und fremder Meinung oder fremdem Text zu einem Resultat, das jedem, der in der selben Tradition steht, ebenfalls zugänglich und nachvollziehbar ist: das Resultat ist *insofern* intersubjektiv. Die Relativierung auf die jeweilige Situation bleibt dennoch unaufhebbar bestehen: Es ist unmöglich, aus dem Wissen heraus, daß wir mit einem Vorverständnis an einem Gespräch teilnehmen oder an einen Text und eine historische Überlieferung herantreten, im nächsten Schritt das

---

61 Gadamer, *Wahrheit und Methode*, S. 267 bzw. S. XXV.

224   C Hermeneutik, Dialektik, Evolution

Vorverständnis zu ›subtrahieren‹, um ein ›reines‹ Verständnis zu erreichen, weil der Kern unseres Vorverständnisses gerade die Bedingung dafür ist, daß wir überhaupt zu verstehen vermögen! Insofern ist der hermeneutische Zirkel unaufhebbar, wenngleich kein logischer Zirkel, sondern die beschriebene Spiralbewegung, die zu einem (vorläufigen) Ende kommt, wenn beide Dialogpartner in der Sache übereinstimmen: Gadamer nennt dies die *Horizontverschmelzung*. Die Spirale aber ist ein »ontologisches Strukturmoment des Verstehens«. Unser Standort bestimmt einen Horizont, den wir zu erweitern suchen zum historischen Horizont, innerhalb dessen ein Gesprächspartner, ein Text, ein historischer Vorgang oder ein Kunstwerk verständlich werden. Darum ist Verstehen »immer der Vorgang der Verschmelzung [...] vermeintlich für sich seiender Horizonte«.[62] Die Horizontverschmelzung bedeutet, die Wirkungsgeschichte, in der wir selbst stehen, etwas weiterzuführen, ohne daß man deshalb sagen könnte, man habe ein ›objektives Verständnis‹ erreicht – ein Wort, das Gadamer gar nicht verwenden würde, denn für jeden Verständnisprozeß ist das Vorverständnis als Folge der Wirkungsgeschichte konstitutiv. Das gesehen zu haben und damit das Verstehen zum fundamentalen Bestand der Geisteswissenschaften und ihres Wahrheitsbegriffs gemacht zu haben, ist die Leistung Gadamers: Hegels absolute Vermittlung von Geschichte und Wahrheit ist nur als Rückprojektion denkbar! Entsprechend gilt in entgegengesetzter Projektionsrichtung für die Analyse der Wissenschaften als ein historisches Phänomen: Der Objektivitätsanspruch der *Erfahrungs*wissenschaften beruht auf einer Ausblendung des Bedingungszusammenhangs, unter dem Beobachtungen und Theorien zustande kommen, weil das Vor-Verständnis innerhalb einer Disziplin bis hinunter in eine Forschungtradition durch Praktika, Übungen und exemplarische Unterwei-

62 Gadamer, *Wahrheit und Methode*, S. 277 bzw. S. 289.

I. Hermeneutik   225

sung in der Forschung so vereinheitlicht ist, daß die dadurch erzeugte Intersubjektivität als Objektivität gedeutet
wird. Genau dies herausgearbeitet zu haben, ist die Leistung der post-kuhnschen Wissenschaftsgeschichte. Doch
naturgemäß hat auch eine jede Wissenschaftsgeschichte
ihre Voraussetzungen, ihr Vorverständnis und ihre paradigmatischen Begrenzungen. Beides, die Freilegung dieser
Voraussetzung wie das methodisch-historische Verstehen
des Ganges der Wissenschaften selbst, vermag die Hermeneutik durchsichtiger werden zu lassen.

4. Kritik und Weiterführung der Hermeneutik

Seit Gadamers Werk ist die dort entwickelte Theorie unter
den unterschiedlichsten Gesichtswinkeln kritisiert worden.
Drei dieser Kritiken sollen hier herausgegriffen werden.

a) Transzendentalpragmatik statt Hermeneutik:
   Karl-Otto Apel

Daß Erkenntnis auch damit zusammenhängt, daß wir *etwas
Bestimmtes* erkennen wollen, also unser Augenmerk inten-
tional auf etwas richten, hatte schon Popper hervorgehoben, als er betonte, jede Beobachtung erfolge im Lichte einer Theorie. Dasselbe aber gilt für das Verstehen, denn
auch hier haben wir eine Intention, oder, wie Karl-Otto
Apel rückgreifend auf Jürgen Habermas sagt, ein *Erkenntnisinteresse*. Der Gegensatz von Erklären und Verstehen
wird nun von beiden auf den Gegensatz verschiedener Er-
kenntnisinteressen zurückbezogen, die zueinander komple-
mentär sind:
– ein Erkenntnisinteresse, »das durch die Notwendigkeit
   einer *technischen Praxis* auf Grund der Einsicht in Naturgesetze bestimmt ist«, und

226   C Hermeneutik, Dialektik, Evolution

– ein Erkenntnisinteresse, »das durch die Notwendigkeit
sozialer, moralisch relevanter Praxis bestimmt wird«.[63]
Gehen wir aus vom ersten Fall, bezogen auf eine Fundierung des Verstehens der Natur aufgrund unseres (als tech-
nisch verstandenen) handelnden Umgangs mit ihr. Die These ähnelt Bridgmans operationalistischer Antwort auf die
Frage, wann ein naturwissenschaftlicher Begriff sinnvoll
sei. Bei Apel erfolgt nun eine charakteristische Ausweitung,
geht es doch nicht bloß um Meßprozesse, sondern um das
Verstehen als soziale Praxis.
Die Sinnverständigung, derer sich die hermeneutischen
Wissenschaften annehmen, ist für jede soziale Praxis unumgänglich; und dies gilt auch für ein Physikpraktikum im
universitären Studium. Angewandt auf die Auffassungen
Kuhns und seiner Nachfolger geht es dabei um eine Verständigung über den Sinn von Wissenschaft, wie sie in den
methodologischen Regeln der ersten und zweiten Stufe bis
in die Weltsicht zum Ausdruck kommt. Diese Sinnverständigung beruht, wie Apel Gadamer folgend betont, auf Traditionsvermittlung. Aber was Apel bei Gadamer vermißt,
ist eine *Begründung der Hermeneutik*. Denn wie ist – bei
aller Tradition und bei allem Interesse an sozialer Praxis –
die intersubjektive Verständigung zwischen Menschen über
einen gemeinten oder ausgedrückten Sinn *möglich*? Dies ist
eine ganz und gar transzendentalphilosophische Fragestellung, eine nach den Bedingungen der Möglichkeit der Verständigung. Für Apel gibt Gadamer auf diese Frage keine
Antwort, sondern verschüttet sie; denn indem er den An-

63 Karl-Otto Apel: »Szientistik, Hermeneutik, Ideologiekritik.
   Entwurf einer Wissenschaftslehre in erkenntnisanthropolo-
   gischer Sicht«, in: *Hermeneutik und Ideologiekritik*, mit Beitr.
   von Karl-Otto Apel [u. a.], Frankfurt a. M.: Suhrkamp 1971, S.
   7–44, hier S. 26f. (Hervorhebung H. P.), unter Bezugnahme auf
   Jürgen Habermas: »Erkenntnis und Interesse«, in: ders., *Technik
   und Wissenschaft als ›Ideologie‹*, Frankfurt a. M.: Suhrkamp
   1968.

I. Hermeneutik

spruch auf eine objektive Methode preisgibt und die Bindung jedes Interpreten an sein je eigenes Vorverständnis als Vor-Urteil zum Ausgangspunkt macht, trete Relativismus an die Stelle des Konsenses; und statt einer Entideologisierung erfolge eine der Kritik grundsätzlich entzogene und damit ideologische Festlegung auf ein nicht revidierbares Vor-Urteil.

Um der herausgearbeiteten Schwierigkeit zu entgehen, schlägt Apel eine Tieferlegung des Fundaments der Hermeneutik vor. Dazu muß man sich klarmachen, daß das Verstehensproblem eine Frage der Deutung von Zeichen ist; man wird die Lösung also in einer Zeichentheorie zu suchen haben. Letztere darf jedoch nicht auf die Ebene von Syntax und Semantik beschränkt bleiben, wie dies für den Erklärungsbegriff des HO-Schemas grundlegend ist, sondern sie muß auf die Ebene der Pragmatik bezogen sein: Dort ist das Vor-Urteil, um dessen Tieferlegung es geht, ja situiert. Ausgehend von Charles S. Peirce sieht Apel jedes Zeichen in einer dreistelligen Relation:

Im Zeichen wird Etwas als Etwas interpretiert.

Dieser Interpretationsvorgang ist Ausgangspunkt jeder Erkenntnis. Garant für deren Objektivität ist nun nach Peirce der *Konsens*; er fungiert als regulatives Prinzip. Diesen Gedanken nimmt Apel auf und deutet die Peircesche Semiotik transzendental-hermeneutisch:

Der Praxisbezug der Zeicheninterpretation erfolgt in einer Interpretationsgemeinschaft, die zugleich Interaktionsgemeinschaft ist.

Die intersubjektive Verständigung qua Traditionsvermittlung wird also ihrerseits dadurch möglich, daß das Erkenntnis- (das heißt: das Interpretations-)Subjekt einer Kommunikationsgemeinschaft angehört. In dieser erfolgt eine Rollenidentifikation des Sprechers und Hörers aufgrund internalisierter Normen der sozialen Interaktion. So

228   C Hermeneutik, Dialektik, Evolution

kommt Apel zu einer Neuformulierung des regulativen Prinzips, das die Bedingung der Möglichkeit des Verstehens ist:

> »Das gesuchte regulative Prinzip steckt m. E. in der Idee der Realisierung einer unbegrenzten Interpretationsgemeinschaft, die jeder, der überhaupt argumentiert (also jeder, der denkt!), implizit als ideale Kontrollinstanz voraussetzt.«[64]

Damit aber sei eine Kritik des eigenen, durchaus historisch bedingten Standpunktes des Interpreten möglich. Der Grundgedanke ist also, daß der reale Interpret den Relativismus überwindet, indem er die jeweilige reale Sprachgemeinschaft als eingebettet in eine unbegrenzte Interpretationsgemeinschaft sieht: der Teil (der Interpret) wird als Teil des Ganzen (die Totalität der Interpretationsgemeinschaft) gesehen. Das gelingt – so Apel – reflektierend im Vorgriff auf diese Totalität, und damit wird unser zunächst als begrenzt verstandener Interpretationshorizont zu einem allgemeinen.

b) *Theorie der kommunikativen Kompetenz:*
    Jürgen Habermas

In eine ähnliche Richtung wie die Kritik Apels weist diejenige von Jürgen Habermas. Er geht aus von seiner frühen, schon erwähnten Bestimmung des Verhältnisses von Wissenschaft und Interesse. Hierbei erhebt er gegenüber den Erfahrungswissenschaften und der an ihnen orientierten Wissenschaftstheorie den Vorwurf, sie seien einseitig an einem *technischen Verwertungsinteresse* orientiert. Den her-

---

64 Karl Otto Apel: »Szientismus oder transzendentale Hermeneutik?«, in: Rüdiger Bubner / Konrad Cramer / Reiner Wiehl (Hrsg.): *Hermeneutik und Dialektik*, Bd. 1, Tübingen: Mohr-Siebeck 1970, S. 105–144, hier S. 140.

I. Hermeneutik

meneutisch vorgehenden Geisteswissenschaften – und um sie geht es hier – spricht er ein *sozialpraktisches Interesse* zu. Beide Formen des Interesses gelte es jedoch durch ein *kritisch-emanzipatorisches Interesse* zu überwinden.[65] So wendet er ein, daß die Tradition im Gadamerschen Ansatz absolut gesetzt werde und damit unrevidierbar sei, weil sie unkritisierbar hingenommen werden müsse. Statt dessen sei eine kritisch-reflektierende Aneignung der Tradition vermöge der Ideologiekritik nötig. Dazu ist nach Habermas eine umfassende *Theorie der kommunikativen Kompetenz* erforderlich, in der Gadamers Verstehenstheorie nur eine Teiltheorie ist. Nur so lasse sich Autorität (der Tradition) aufbrechen und über den »Traditionsspielraum geltender Überzeugungen« hinwegheben. So und nur so kann man nach Habermas' Auffassung der »Rehabilitierung des Vorurteils«, die Gadamer aus der hermeneutischen Einsicht in die Vorurteilsstruktur des Verstehens abgeleitet habe, begegnen, so und nur so kann man zu einem Gegensatz von Autorität und Vernunft gelangen und eine dogmatische Anerkennung der Überlieferung überwinden: »Vernunft im Sinne des Prinzips vernünftiger Rede« soll gegen sie ins Feld geführt werden. Die Habermassche Lösung, von ihm auf dem Wege über den *herrschaftsfreien Dialog* ausgebaut zu einer *Theorie des kommunikativen Handelns*, zielt also – ähnlich den Überlegungen Apels – auf eine Überwindung der Relativität der Gadamerschen Hermeneutik, nun nicht unter Bezugnahme auf transzendental-pragmatische Bedingungen, sondern auf die *regulative Idee einer idealen, herrschaftsfreien Kommunikation.* In beiden Fällen ist also ein ›metaphysischer‹ Preis zu zahlen. Gerade dies wird sich als lehrreich erweisen, wenn wir von der Kommunikationsproblematik wieder zur Philosophie der Wissenschaften zurückkehren.

---

65 Habermas, *Erkenntnis und Interesse*, S. 155–158.

230   C Hermeneutik, Dialektik, Evolution

c) Gegen den Holismus: Hans Albert

Eine Kritik, die sich sowohl gegen die Hermeneutik Gadamers als auch gegen ihre Erweiterung zu einer transzendentalen Sprachpragmatik wie auch zu einer Theorie der kommunikativen Kompetenz richtet, ist von Hans Albert vorgetragen worden, und in mancher Hinsicht wird sie von Vertretern der analytischen Philosophie heute noch geteilt. Im Lichte des Popperschen kritischen Rationalismus sieht Albert in der Hermeneutik eine »Fortsetzung der Theologie«, weil hier ein »Offenbarungsmodell der Erkenntnis« etabliert werde, statt daß man sich an einem Objektivitätsideal orientiere, das um seine Grenzen weiß.[66] Vor allem ist es der Vorgriff auf Totalität, den Albert »Holismus« nennt und den er einer radikalen Kritik unterzieht. Das Ganze – sei es jenes, das die Hermeneutik beschwört, sei es das Ganze der unbegrenzten Interpretationsgemeinschaft oder der Fluchtpunkt des herrschaftsfreien Dialoges – ist schlechterdings nie gegeben, nie erreichbar und auch nicht antizipierbar; Aussagen über ein solches Ganzes seien deshalb immer ideologisch und nicht etwa ideologiekritisch. Weiter wendet sich Albert gegen die Habermas-Apelsche Konzeption eines »Erkenntnisinteresses«, weil sie schon bei den Naturwissenschaften fehlgeht: So wenig Naturwissenschaft immer ein technisches Interesse hat (man denke an die Astronomie, die bei der Formulierung der Planetengesetze nicht darauf aus ist, die Planeten von ihrer Stelle zu bewegen), so wenig hat Verstehen als Methode stets ein sozialpraktisches Interesse (man denke an das Verstehen von Kunst). Statt dessen, so Albert, werden im Verstehen *Deutungshypothesen* formuliert und nachfolgend überprüft – was mit kritisch-emanzipatorischem Interesse gar nichts zu tun hat, im Gegenteil; denn durch ein solches ›Interesse‹

66 Hans Albert: *Traktat über Kritische Vernunft*, Tübingen: Mohr-Siebeck ²1969, S. 134 bzw. 138.

I. Hermeneutik

würde die Prüfung selbst ideologisiert. Eine kritische Wissenschaft könne und dürfe sich aber nicht auf Immunisierungsprinzipien stützen, die eine Kritik verhindern! Die transzendental klingende Frage »Wie ist Verstehen möglich?« verschleiert dagegen nach Alberts Auffassung, daß die Frage eigentlich nur lauten kann: »Wie ist Verstehen zu erklären?« Das HO-Schema ist deshalb das von ihm um der Wissenschaftlichkeit willen geforderte Modell. Damit ist das Verstehen von Zeichen und Symbolen nur ein Sonderfall der Wahrnehmung, weil jede Wahrnehmung ja auch schon deutend ist. Daraus folge aber nicht, daß auch Wahrnehmungen hermeneutisch aufzufassen sind (wie Heidegger es getan hat), sondern daß mit jeder Wahrnehmung eine Deutungs*hypothese* verbunden sei. Auch beim Handlungsverstehen liegt nach Albert dieselbe Situation vor. Hier geht es um eine teleologische Sinnkomponente menschlichen Handelns, die intentional-sinngerichtetem Verhalten zukommt; aber dies verlangt kein grundsätzlich anderes Verfahren als beim Entwickeln von Deutungshypothesen. Die angebliche Methode des Verstehens verschleiere hier nur, daß wir uns im Alltag dieses Hypothesencharakters nicht bewußt sind. Damit wird deutlich, daß Alberts Anliegen darin besteht, in Übereinstimmung mit einer starken Strömung in der analytischen Philosophie hermeneutische Verfahren als unvollkommene und nicht durchschaute Erklärungen, also als Erklärungsskizzen im Sinne des HO-Schemas, aufzufassen.

d) Die Verteidigung Gadamers

Gadamer hat sich gegen die erhobenen Vorwürfe in Repliken verteidigt, die seine Auffassung von Hermeneutik in ein deutlicheres Licht rücken:[67]

---

67 Hans-Georg Gadamer: »Replik«, in: *Hermeneutik und Ideologiekritik*, S. 283–317.

232   C Hermeneutik, Dialektik, Evolution

1. Der Vorwurf, die Rehabilitation der Tradition bedeute einen *Konservativismus*, eine *Überhöhung der Autorität* und des *Vor-Urteils*, ist unberechtigt, denn der Vorwurf ist selbst Ausdruck der Verabsolutierung einer einzigen Tradition – der aufklärerischen. Tatsächlich jedoch leben wir stets in mehreren Traditionssträngen zugleich, darunter auch solchen, die eine wechselseitige Kritik ermöglichen. Im übrigen wäre eine Kritik, wie sie Apel und Habermas vortragen, gar nicht verständlich und schon gar nicht argumentativ begründbar, wenn sie sich nicht auf uns vertraute Begriffe und damit auf uns vertraute Denktraditionen stützen könnte: eine Kritik ist also nur möglich *wegen* ihrer Vor-Urteilsstruktur! Welche Tradition wir selbst akzeptieren oder akzeptieren sollen und warum – darüber sagt die Hermeneutik nichts, sie kann und sie will hierüber nichts sagen. Das aber ist aus Gadamers Sicht keine Schwäche, sondern erforderlich, um dem Verstehen gerecht zu werden!
2. Die Habermas-Konzeption ist irreführend, wenn sie suggeriert, daß eine umfassende Theorie der Kommunikation erforderlich sei. Tatsächlich beurteilen wir einen Dialog immer unter Voraussetzung der Kenntnis des gelungenen Dialogs. Die Einführung einer regulativen Idee, so darf man Gadamers Verteidigung wohl fortführen, garantiert gerade nicht, daß ein je geführter Dialog seine Bedingtheit verlöre.
3. Alberts Kritik richtet sich zwar in erster Linie gegen Habermas und Apel; doch die generelle Forderung nach einer Ersetzung der Hermeneutik durch den Erklärungsbegriff kann nicht tragen, weil Albert selber von der »Deutung« von Phänomenen sprechen muß. Bei dieser Deutung geht es jedoch nicht um die Überprüfung gesetzesartiger Aussagen – und damit fehlt jede Möglichkeit einer Einordnung in das HO-Schema. Der Erklärungsbegriff der analytischen Philosophie ist darum nicht in der Lage, die Problematik der Hermeneutik zu lösen: Erklären ist ohne Verstehen nicht denkbar.

I. Hermeneutik 233

Der Beginn der eben skizzierten Kontroverse liegt inzwischen drei Jahrzehnte zurück, Jahrzehnte, in denen die Standpunkte zwar modifiziert und erweitert, nicht jedoch aufgegeben wurden. Zugleich hat sich in diesen Dezennien gezeigt, daß eine analytisch vorgehende Wissenschaftstheorie der Ergänzung um Wissenschaftsgeschichte und mit ihr um die Dimension der Pragmatik bedarf, weshalb der ursprüngliche Anspruch der analytischen Philosophie, nicht nur die Bedingungen der Wissenschaftlichkeit der Erfahrungswissenschaften angeben zu können, sondern aller Wissenschaften überhaupt, überzogen ist. Damit aber wird der Methodenkanon der Hermeneutik unverzichtbar; denn wenn das Phänomen Wissenschaft adäquat nur greifbar wird, wenn auch die historischen Bezüge mitberücksichtigt werden, kommt man nicht umhin, die geisteswissenschaftliche Methodik zumindest auf der Ebene der Analyse des Spannungsverhältnisses von Regeln zweiter Stufe und Weltsicht heranzuziehen und fruchtbar zu machen. Tatsächlich wird von dort her deutlich, daß die sogenannte Objektivität der Wissenschaften, gegründet auf den Regelkanon der Regeln erster Stufe, genau dadurch möglich erscheint, daß über die Vermittlung dieser Regeln in der schulischen und universitären Ausbildung bis hinein in die Praxis einer Forschergruppe *ein gemeinsames, standardisiertes und unhinterfragtes disziplinspezifisches Vor-Verständnis* im Sinne der Vor-Urteilsstruktur etabliert wird. Die Hermeneutik erlaubt nun, diese Verstehenspraxis in ihrer Bedingtheit zu durchschauen. Die Hinweise auf die Antizipation einer idealen Kommunikation als regulative Idee zur Überwindung der Relativität hermeneutischen Verstehens machen dagegen darauf aufmerksam, daß im Horizont der Regeln zweiter Stufe und ihrer Begründung in der Weltsicht metaphysische Elemente verborgen sind, die als regulative Idee der Wahrheit hinter dem Ideal objektiver Wissenschaft stehen, obwohl doch jede Erscheinungsform von Wissenschaft unausweichlich geschichtlich ist! Apel und Habermas hat-

234   C Hermeneutik, Dialektik, Evolution

ten versucht, diese regulative Idee enger zu fassen, wenn
der eine sie als »Idee der Realisierung einer unbegrenzten
Interpretationsgemeinschaft«, der andere als »regulative
Idee einer idealen, herrschaftsfreien Kommunikation« bezeichnet: Dies sind Beispiele für Bemühungen, die regulative Idee der Wahrheit konzeptuell umzusetzen; doch sehen
beide dabei nicht, daß eine Umsetzung und Konkretisierung gerade keine regulative Idee, sondern eine methodologische Regel ist, wenn sie anwendbar sein soll. Als regulative Idee verstanden, könnte sie weder konkret noch
anwendbar sein, sondern sie darf allein als das stets offen
bleibende Ziel aufgefaßt werden – eben jenes, auf das hin
Wissenschaft ausgerichtet zu sein beansprucht.
So erweist es sich als notwendig, beide Methoden, die analytische wie die hermeneutische, in einem Ergänzungsver-
hältnis zueinander zu sehen. Lapidar hat dies Stegmüller
einmal zum Ausdruck gebracht: Um etwas erklären zu
können, muß man schon etwas verstanden haben ...

II. Das Verhältnis von Gegenstand und Methode: Dialektik

1. *Die Dialektik des Gesprächs*

Das Gespräch bildet bei Gadamer die Grundfigur der Hermeneutik, an der die Problematik des Verstehens deutlich wurde. Für die Behandlung der Dialektik empfiehlt es sich, ebenfalls von dort auszugehen; jedoch nicht das Verstehen des Gesprächs ist zu untersuchen, sondern die begriffliche Bewegung, die sich dabei vollzieht. *Dialektike episteme* nennt Platon das aus der Diskussion gegenteiliger Meinungen erwachsende Wissen. Er war davon überzeugt, daß nur durch ein solches Verfahren überhaupt Wissen zu gewinnen sei oder der Gesprächspartner zum Wissen geführt werden könne; darum ist es keine Äußerlichkeit, wenn er sein Werk in Dialogform geschrieben hat. Doch es geht hier nicht um die Geschichte der Dialektik, sondern um die Argumentation, welche dazu führt, in der Dialektik eine Grundfigur des Denkens (und damit auch der Methodik der Wissenschaften) zu sehen, für die im übrigen der selbe universelle Anspruch angemeldet wird wie für die analytische und für die hermeneutische Methode.

Was ist es, das ein Gespräch vorantreibt und das Resultat dem Wissen näherbringt? Gadamers Antwort bestand im Verweis auf die Ausrichtung an der Sache; aber das erklärt nicht die Dynamik des Gespräches selbst. Diese beruht nach Auffassung der Dialektik auf dem Auftreten einander widersprechender Auffassungen und dem Aufeinanderprallen gegensätzlicher Meinungen, die einen Ausgleich verlangen. Durch Ausräumen der Widersprüche soll letztlich die Wahrheit gefunden werden – eine Erwartung, die schließlich nicht nur Sokrates, Platon und jeder Richter in einer Verhandlung teilen, sondern die Habermas auch in seiner

236   C Hermeneutik, Dialektik, Evolution

Theorie des herrschaftsfreien Dialogs leitet. Ist also schon von daher gesehen eine Analyse der Denkbewegung eines Gesprächs belangvoll genug, wenn es – wie unterstellt – den Weg vom bloßen Meinen zur sachlich zutreffenden, wahren Aussage weist, so wird die ganze Fragestellung noch durch die Antwort der Dialektik darauf vertieft, woher es überhaupt zu verschiedenen Meinungen von einer Sache kommt. Auf einer etwas vordergründigen Ebene stellt sich dies so dar: Will man eine Beschreibung einer Sachlage geben, so ist durch die Sachlage keineswegs determiniert, wie sie zu beschreiben ist. Tauen von Schnee kann einerseits als *Vergehen* (von Schnee), andererseits als *Entstehen* (von Wasser) verstanden werden; Aufblühen läßt sich als Vergehen (der Knospe) oder auch als Hervorkommen (der Blüte) beschreiben, je nachdem, in welchem Zusammenhang die Beschreibung steht. Daß zwei Dinge einander gleichen, kann man einmal durch Hinweis auf Gleichheit belegen, ein anderes Mal durch den Aufweis des Fehlens von Ungleichheit.

Aus der Sicht der analytischen Philosophen würde man jetzt einwenden, eine genaue Analyse des jeweils Gesagten zeige, daß je verschiedene Sachverhalte einer komplexen Situation gemeint, aber nicht vollständig zum Ausdruck gebracht seien. Der Hermeneutiker würde sagen, durch Hineinversetzen oder Horizonterweiterung verstehe ich, was der andere gemeint hat, und kann es zu meinem Meinen in Beziehung setzen. Der Dialektiker wird all dem entgegenhalten, daß die aufgewiesenen Widersprüchlichkeiten konstitutiv erstens für das Verstehen und zweitens für unsere Begriffsbildung überhaupt seien. Denn was ›Tauen‹ heißt, habe ich erst vollends verstanden, wenn ich darin sowohl das Vergehen von Schnee als auch das Entstehen von Wasser zu sehen vermag. Insofern wird der Widerspruch, daß ›Schmelzen‹ zugleich Vergehen und Entstehen ist, zum *dialektischen Widerspruch*, der im nächsten Schritt des Verstehens *aufgehoben*, d. h. einerseits bewahrt, andererseits zur

II. Dialektik 237

Lösung gebracht wird. Verstehen ist also in der Sicht des Dialektikers das Aufheben von dialektischen Widersprüchen.

2. Der dialektische Dreischritt

Die weitergehende These der Dialektik lautet nun, auf dem Prinzip des dialektischen Widerspruchs beruhe unsere Begriffsbildung insgesamt. Sie wurde von Johann Gottlieb Fichte in seiner *Wissenschaftslehre* von 1794 ausgesprochen und läßt sich so verdeutlichen: Wenn ich den Inhalt eines bestimmten Begriffes A kenne, so heißt dies, daß ich

1. weiß, was unter den Begriff A fällt; aber auch
2. weiß, was *nicht* unter den Begriff A fällt;

denn wäre dem nicht so, würde ich eben den Begriffsinhalt A gerade nicht kennen. Insofern ist mit einem Begriff zugleich seine Negation mitgedacht oder »mitgesetzt«. Wenn ich sage »dies ist A«, so sage ich zugleich »dies ist nicht Nicht-A«. Um aber etwas Derartiges überhaupt zum Ausdruck bringen zu können, muß ich eine Gemeinsamkeit von A und Nicht-A voraussetzen; sonst käme überhaupt keine sinnvolle Entgegensetzung zustande. Um etwas als rot, etwas anderes als nicht-rot bezeichnen zu können, müssen beide überhaupt die Eigenschaft haben, eine Farbe tragen zu können (es wäre sinnlos zu sagen, Primzahlen seien nicht-rot). Was Rot und Nicht-Rot gemeinsam haben, ist, daß beide eine Farbe bezeichnen. Ist man so weit gelangt, kann man sowohl A als auch Nicht-A in einer neuen Aussage »aufheben«, also zu einer Synthese bringen, indem man dieses Gemeinsame benennt:

Sowohl A als auch Nicht-A ist B.

Meist wird dies von Dialektikern sehr paradox formuliert, indem gesagt wird: »B ist sowohl A als auch non-A«, oder gar: »B ist A und non-A«. Das aber ist völlig irreführend, denn gemeint ist nicht eine Negation im Sinne der Komple-

238   C Hermeneutik, Dialektik, Evolution

mentärmenge der extensionalen Logik, sondern im Sinne
einer begrenzten, *eingeschränkten Negation*: Wenn ich sage:
»Dies ist kein Bleistift«, so ist dies nur sinnvoll bezogen auf
Schreibgeräte (oder vielleicht auch auf Gegenstände, die einem Bleistift ähnlich sehen), nicht jedoch in Bezug auf alles
sonst in der Welt. Vieles, was an Unsinnigem sowohl von
Vertretern der Dialektik als auch von deren Gegnern gesagt
wurde, beruht auf dieser mangelnden Unterscheidung zwischen der logischen Negation und der hier mit »Nicht-x«
wiedergegebenen eingeschränkten Negation, die noch viel
von der alten Privation, dem Absprechen einer Eigenschaft,
mit sich führt. Hegel hat dies in seiner *Wissenschaft der Logik* mit ausreichender Deutlichkeit gesagt: »Das Einzige,
um den wissenschaftlichen Fortgang zu gewinnen, und um
dessen ganz *einfache* Einsicht sich wesentlich zu bemühen
ist, – ist die Erkenntniß des logischen Satzes, daß das Negative eben so sehr positiv ist, oder daß das sich Widersprechende sich nicht in Null, in das abstracte Nichts auflöst,
sondern wesentlich nur in die Negation eines *besondern* In-
halts, oder daß eine solche Negation nicht alle Negation,
sondern *die Negation der bestimmten Sache*, die sich auflöst, somit bestimmte Negation ist; daß also im Resultate
wesentlich das enthalten ist, woraus es resultiert; – was eigentlich eine Tautologie ist, denn sonst wäre es ein Unmittelbares, nicht ein Resultat. Indem das Resultierende, die
Negation, *bestimmte* Negation ist, hat sie einen *Inhalt*. Sie
ist ein neuer Begriff, aber der höhere, reichere Begriff als
der vorhergehende; denn sie ist um dessen Negation oder
Entgegengesetztes reicher geworden; enthält ihn also, aber
auch mehr als ihn, und ist die Einheit seiner und seines
Entgegengesetzten.«[68] Diese eingeschränkte Negation soll
im folgenden als *Bereichsnegation* bezeichnet werden.

68 Georg Friedrich Wilhelm Hegel: *Gesammelte Werke* (Akademie-Ausgabe), Bd. 21: *Wissenschaft der Logik I*, Hamburg: Meiner 1984, Einleitung, S. 38.

II. Dialektik 239

Es wird sich zeigen, daß die Bereichsnegation entscheidend für die ganze dialektische Denkweise ist. Nun läßt sich eine aufschlußreiche Parallele zum Bestätigungsparadoxon ziehen, das darauf fußte, daß die Negation eines Begriffsumfangs jeweils den komplementären Umfang bedeutete. Eine Lösung des Bestätigungsparadoxons, so war festzustellen, wäre nur möglich, wenn man solche Formen der klassischen formallogischen Negation ausschlösse: Nur wenn ich weiß, was als *direkte* Bestätigung für die Hypothese »Alle Raben sind schwarz« in Frage kommt, würde das Bestätigungsparadoxon nicht auftreten. Bei der Bereichsnegation bedient man sich nun einer Begriffsbildung, die ähnliche Eigenschaften haben müßte wie die gesuchte direkte Bestätigung einer Hypothese, wenn ein eingeschränkter, aber keineswegs kontradiktorisch entgegengesetzter Begriff gesucht wird. Im Alltagssprachgebrauch gelingt dies ohne besondere Schwierigkeiten, auch wenn es dafür (jedenfalls zur Zeit) keine befriedigende Formalisierung gibt: Wir vermögen sehr wohl zu unterscheiden, ob ein Objekt unter den fraglichen Begriff fällt (also eine Hypothese direkt bestätigen würde) oder unter die Bereichsnegation (und deshalb unter Umständen zu einer Widerlegung der Hypothese taugen könnte).

Der *dialektische Dreischritt*, um den es hier geht, nimmt damit folgende Form an:

These: $A = A$
Antithese: A nicht = Nicht-A $\quad (A \neq \text{Nicht-A})$[69]
Synthese: B umfaßt A und Nicht-A

Da sich dasselbe für B und Nicht-B fortführen läßt, kann man das Verfahren, zu einer Thesis die Antithesis zu bestimmen, um im nächsten Schritt zur Synthesis zu gelangen, beliebig fortsetzen (Abb. 20).

---

69 In dieser Aussage werden zwei verschiedene Formen der Negation verwendet, eine zur Verneinung der Identität, die andere im Sinne der eingeschränkten Bereichsnegation!

C Hermeneutik, Dialektik, Evolution

Immer aber gilt es dabei – wie schon betont – festzuhalten, daß es sich bei dem »Nicht-« um eine eingeschränkte, um eine Bereichsnegation handelt.

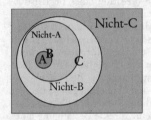

B umfaßt A und Nicht-A
C umfaßt B und Nicht-B
usw.

Abb. 20: Der dialektische Dreischritt als Abfolge von Bereichsnegationen

Was hier mit Hegel formuliert wurde, geht ursprünglich auf Fichtes Ausprägung der Dialektik zurück. Nun hat Fichte im dialektischen Dreischritt sehr schnell für ›A‹ einen ganz bestimmten Begriff eingesetzt, das »Ich«. Der Dreischritt nimmt dann eine Form an, die einem analytischen Philosophen, der nicht mit dem Hintergrund vertraut ist, die Haare zu Berge stehen läßt, wenn Fichte folgendermaßen vorgeht:

These: Ich bin Ich (A = A)

Antithese: Ich bin nicht Nicht-Ich (Ich ≠ Nicht-Ich, d. h. A ≠ Nicht-A)

Synthese: Ich setze im Ich dem teilbaren Ich ein teilbares Nicht-Ich entgegen.[70]

Naturgemäß wird der analytische Philosoph am letzten Satz Anstoß nehmen und erklären, dieser sei unverständ-

---

70 Johann Gottlieb Fichte: *Grundlage der gesammten Wissenschaftslehre* (1794), in: *Fichtes sämmtliche Werke*, hrsg. von I. H. Fichte, Berlin 1845, Bd. 1, S. 110.

II. Dialektik

lich; doch was Fichte uns nahebringen will, ist so unverständlich nicht: Ich bin es selbst, der ich mich von meiner Umwelt unterscheide. Diese Unterscheidung ist aber eine Leistung meines Bewußtseins – also treffe ich in mir eine Unterscheidung von ›Ich‹ und ›Nicht-Ich‹. Da ich es aber selbst bin, der ich diese Unterscheidung treffe, und da ich sie in mir, in meinem Bewußtsein treffe, muß ich sagen, daß das Ich im einen Falle umfassend gedacht ist, im anderen Falle als das, das sich selbst gegen die Welt absetzt. Nichts anderes bringt Fichte zum Ausdruck.

Hier soll nicht die spekulative Überhöhung weiterverfolgt werden, auf die Fichte letztlich abzielt, nämlich die Totalität aller Bestimmungen überhaupt, die sich im absoluten Ich finden; ebensowenig kann hier Hegels Trias von Sein / Nicht-Sein / Werden behandelt werden; vielmehr soll es um die Formen und die Bedeutung von Dialektik im Rahmen einer Wissenschaftstheorie gehen. Dazu sind einige Erweiterungen notwendig, denen wir uns jetzt zuwenden wollen.

Bisher wurde so getan, als handele es sich um Begriffsumfänge, nicht aber um Begriffsinhalte, mit denen es der dialektische Dreischritt zu tun hat. In der Regel aber ist die Dialektik eine Theorie der Begriffsinhalte. Das bedeutet nun, einen dialektischen Widerspruch als einen Widerspruch zwischen Inhalten von Begriffen bei extensionaler Gleichheit aufzufassen. Betrachten wir hierzu folgendes Fregesche Beispiel:

Die Venus ist der Abendstern.
Die Venus ist der Morgenstern (also Nicht-Abendstern).

Damit stehen wir vor der Frage, ob ›Abendstern = Morgenstern‹ oder ›Abendstern ≠ Morgenstern‹. Beide Antworten sind in gewisser Hinsicht zutreffend, in anderer Hinsicht unzutreffend; dies wird ausgedrückt, wenn man zusammenfassend formuliert:

Die Venus ist extensional Abendstern und Morgenstern.

242   C Hermeneutik, Dialektik, Evolution

Hier zeigt sich, daß die fragliche Negation als Bereichsnegation auf die *Intension* der Begriffe bezogen ist.

Nun kann das Verhältnis noch komplizierter werden, wenn diese Intensionen als Begriffsinhalte ideologisch verformt sind. Die dann vorliegende Problematik führt zu dem, was seit Hegel »falsches Bewußtsein« genannt wird: Wir bezeichnen damit einen Begriff, dessen Intension systematisch verzerrt ist, so daß er – ideologisch belastet – immer zugleich neben der Extension und einer Intension etwas anderes enthält als wir aufgrund der Intension glauben, daß er enthält, nämlich eine nicht unmittelbar sichtbare *Intention*. Dadurch erhält die Dialektik bereits auf der Ebene der Begriffe eine über das bloß Logische hinausgehende Komponente.[71] Dies sei an einem Beispiel erläutert:

Während der Rezession der achtziger Jahre forderten die Arbeitgeber von den Gewerkschaften, auf Lohnerhöhungen zu verzichten, um die wirtschaftliche Lage nicht noch zusätzlich zu verschärfen. Seitens der Gewerkschaften wurde dies abgelehnt unter dem Schlagwort »keine Lohnpause«. Jedem Zeitgenossen war die tatsächliche Intension des Begriffes Lohnpause klar, nämlich »Lohnerhöhungspause«; unterschwellig jedoch vermittelte die Wortprägung »Lohnpause« eine ganz andere Intension, nämlich: »kein Lohn«. Hier besteht der dialektische Widerspruch zwischen dem Gesagten und dem heimlich Mitgemeinten.

Grundsätzlich ließe sich jetzt einwenden, all diese Probleme seien im Rahmen von Ideologiekritik und philosophischer Reflexion sinnvoll, nicht aber in Überlegungen zur Wissenschaftstheorie. Doch betrachten wir dazu den nächsten Schritt der Ausweitung, den Übergang nämlich von der Dialektik der Begriffe zu einer *Dialektik von Aussagen*. Dann stellt sich das Schema in der schon kritisierten, unter Dialektikern üblichen Sprechweise so dar:

71 Vgl. Christoph Hubig: *Dialektik und Wissenschaftslogik*, Berlin / New York: de Gruyter 1978.

II. Dialektik

Thesis: A ist B
Antithesis: A ist Nicht-B
Synthesis: A ist sowohl B als auch Nicht-B

Genauer formuliert sollte man statt dieser kryptischen Ausdrucksweise lieber sagen:

A ist in gewisser Hinsicht B.
A ist in anderer Hinsicht Nicht-B.
A ist in einer Hinsicht B, in einer anderen Nicht-B.

Hierfür läßt sich nun ein Standardbeispiel angeben, das immer wieder für die Dialektik der Natur herangezogen worden ist, obwohl es, recht besehen, eine Frage der Dialektik der theoretischen Deutung des praktisch-beobachtenden Umgangs mit der Natur ist:

Licht ist Welle.
Licht ist Korpuskel (= Nicht-Welle).
Licht ist (je nach Art der Beobachtung) Welle oder Korpuskel.

An diesem Beispiel zeigt sich, daß es wohl ein gewisses Recht gibt, eine Betrachtung der Dialektik auch in der Wissenschaftstheorie vorzunehmen.

Erst in der zuletzt entwickelten Gestalt, bezogen auf Aussagen, wird die Dialektik zu dem, was sie befähigt, methodisch wirksam zu werden, denn von hier stammt die Aufforderung, im Denken nicht stehen zu bleiben bei irgendeiner Aussage, sondern diese auf ihre Begrenztheit abzuklopfen oder – in der Sprache dialektischer Argumentation ausgedrückt – ihre ›Negation‹ zu suchen, um das Positive auf der nächsthöheren Stufe als ›Negation der Negation‹ wiederzugewinnen. Im folgenden werden sich alle Weiterungen der Dialektik auf Aussagen beziehen.

Doch bevor wir die begriffstheoretischen Erörterungen verlassen, sind zwei Anmerkungen notwendig:

244 C Hermeneutik, Dialektik, Evolution

1. Der in der Synthese zum Ausdruck kommende sogenannte dialektische Widerspruch ist kein logischer Widerspruch; wäre es ein logischer, wäre alle Dialektik von
vornherein sinnlos, denn dann wäre jedes Argumentieren im Rahmen einer Dialektik unmöglich. Es hat fast
zwei Jahrhunderte gedauert, bis auch für Dialektiker
klar war, daß die klassische Logik von ihnen nicht ange-
tastet werden kann; in der sogenannten dialektischen
Logik ist deshalb eine Erweiterung zu sehen (der allerdings die meisten Logiker den Namen ›Logik‹ streitig
machen – aber darum geht es hier nicht). Es kommt vielmehr darauf an, die dialektische Negation als etwas zu
verstehen, das vom jeweils (nächst)höheren Allgemeinbegriff ausgeht und nur eine Unterscheidung in der spezifischen Differenz betont; erst wenn man den fraglichen
Allgemeinbegriff und die fragliche Differenz kennt, ist
eine Synthese möglich. Darin liegt zugleich die Begrenzung des Verfahrens, die sich in der immer wiederkeh-
renden These der Dialektiker selbst niederschlägt, man
könne gar keine allgemeine Methode der Dialektik angeben, sondern man müsse den jeweiligen Dingbereich betrachten.

2. Der dialektische Dreischritt muß nicht unbedingt ein
Dreischritt sein; beispielsweise kann man das ›B‹ des gerade wiedergegebenen Schemas von vornherein aufspalten
in ein C und ein D. Damit ergibt sich ein Vier-Schritt:

These: A ist (C und D)
1. Antithese: A ist (Nicht-C)
2. Antithese: A ist (Nicht-D)
Synthese: A ist in gewisser Hinsicht (C und D),
              in anderer (Nicht-C und Nicht-D).

Dies ist deshalb nicht verwunderlich, weil eine Bereichsnegation neben anderen Bereichsnegationen zu stehen vermag, denn für sie gilt in keiner Weise das Tertium non da-
tur. Umgekehrt ließe sich jeder solcher Vierschritt in zwei

Dreischritte auflösen. Daß dies bei Hegel nicht geschieht, liegt wohl daran, daß er sonst in Schwierigkeiten mit dem geschichtlichen Ablauf käme, den er in seiner *Phänomenologie des Geistes* zu erfassen sucht.

3. *Das Wahre ist das Ganze*

Die dialektische Bewegung läßt sich fortsetzen, auf eine Synthese wird die nächste getürmt, weil jede Synthese, wenn sie ihrerseits vollends verstanden werden soll, als These zu einer Antithese aufgefaßt werden muß, die beide wiederum in der nächsten Synthese aufzuheben sind (vgl. Abb. 21).

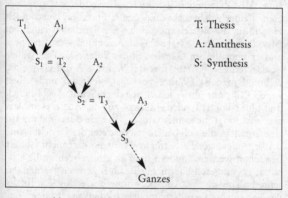

Abb. 21: Dialektischer Dreischritt als Prozeß

Dieser Prozeß ist nach Anlage des Verfahrens – analog der Erklärung von Gesetzen durch allgemeinere Gesetze im HO-Schema – prinzipiell endlos; doch wenn er endlos ist, ergibt er niemals gesicherte Wahrheiten. Gegen diese dem

246   C Hermeneutik, Dialektik, Evolution

Verfahren innewohnende Schwierigkeit hilft nur die Hinzunahme eines anders gearteten Abschlusses. Kant hatte aus diesem Grund den Begriff der *Idee* im Rahmen der transzendentalen Dialektik – einer Dialektik des Scheins – eingeführt: Die Idee bringt in der Vernunft zum Abschluß, was in der Erfahrung, also im Erkenntnisprozeß, gar nicht abgeschlossen werden kann: ›Welt‹, ›Seele‹, ›Gott‹ sind solche, gar nicht in der Realität auffindbaren abschließenden Ideen – wobei Kant nicht müde wird, auf die Problematik dieser durch Erfahrung nicht legitimierten Begriffe hinzuweisen, bei denen man selbst dann, wenn man sie verwendet, nicht auf einmal so tun darf, als gäbe es etwas durch sie Bezeichnetes, so, wie es die einzelnen durch Begriffe bezeichneten Dinge gibt. Ihr Gebrauch ist vielmehr nur der eines Als-Ob, nämlich als eine regulative Idee.

Genau einer solchen abschließenden Funktion bedarf auch Hegel, um die aufsteigende Folge der Synthesen zu einem Abschluß – oder besser: Zusammenschluß – zu bringen; und er sieht ihn im *Ganzen*, in der *Totalität*: »Das Wahre ist das Ganze«.[72] Wenn aber das Wahre erst das Ganze ist, während man das Wahre zunächst nicht hat und haben kann, bleibt nur übrig, jeden einzelnen Schritt im Hinblick und unter Vorgriff auf das Ganze zu tun. Aus diesem Ansatz entspringt die immer wiederkehrende Bezugnahme auf eine Totalität, die sich bei jedem Vertreter der Dialektik findet: irgendein gesellschaftlicher Vorgang darf nicht isoliert betrachtet werden, sondern muß als einbezogen in die ›Totalität gesamtgesellschaftlicher Bezüge‹ gesehen werden. So schreibt Theodor W. Adorno, »ohne Beziehung auf Totalität« sei »nichts Gesellschaftliches zu denken«.[73] Gleichzei-

---

72 Georg Friedrich Wilhelm Hegel: *Phänomenologie des Geistes*, Vorrede (Akademie-Ausgabe, Bd. 9, 1980), S. 19.

73 Theodor W. Adorno: »Einleitung«, zu: *Der Positivismusstreit in der deutschen Soziologie*, [von] Theodor W. Adorno [u. a.], Neuwied/Berlin: Luchterhand 1969, S. 42.

II. Dialektik 247

tig aber wehrt er sich energisch dagegen, diese Totalität nur als ›Idee‹, als ›Vorgriff‹ im Sinne Kants zu verstehen; das, sagt er, reiche nicht aus, weil die Totalität ein »Wesen« der Sache bezeichne, im Gegensatz zu den bloßen Fakten: Das Wesen »leuchtet auf« in der Deutung der Fakten.

Der Abschluß des dialektischen Ansatzes durch den Rückgriff auf eine Totalität, die zugleich Wesen, Essenz, Summe der Wirklichkeit ist, erweist sich in diesem Zugang als unerläßlich, um einen absoluten Wahrheitsanspruch zu etablieren und den Weg des dialektischen Denkens in seiner Genesis als Weg zur Wahrheit ausgeben zu können. Hier setzt zugleich auch die schärfste Kritik der Gegenpositionen ein – sowohl der Hermeneutiker wie vor allem der Vertreter des kritischen Rationalismus und der analytischen Methode: Denn woher soll ich wissen, worin die Totalität besteht? Und wieso hat dies und nicht jenes als Wesen aufzuleuchten, wenn es dafür – wie ja zugestanden wird – keinerlei Kontrollinstanz geben kann? Dieser Punkt soll jedoch noch etwas zurückgestellt werden, um zunächst einige weitere Aspekte der Dialektik zur Darstellung zu bringen.

4. *Dialektik und Bewegung*

Ein Gespräch tritt nicht auf der Stelle (oder sollte es nicht); was es vorantreibt, sind die aufzulösenden Widersprüche in den einander gegenüberstehenden Aussagen der Gesprächspartner über eine Sache. Insofern hat Dialektik schon bei Platon einen dynamischen Gehalt. Diese Dynamik betrifft bei Platon den Erkenntnisprozeß, nicht aber die Dinge oder gar die Ideen. Bei Fichte nimmt sich dies ganz anders aus; denn wenn das Setzen des Ich und des Nicht-Ich eine Tathandlung ist, die allererst das Ich konstituiert, dann ist Dialektik schon nicht mehr bloß eine begriffliche Angelegenheit, sondern ihr wohnt eine Dynamik auch der Sache inne. Wird nun Bewegung – wie bei Hegel – ausschließlich

248   C Hermeneutik, Dialektik, Evolution

als geistige Bewegung verstanden, und wird darüber hinaus
alles, was es gibt, als Entäußerung, als Objektivierung des
Geistigen gesehen, dann ist Dialektik nicht mehr bloß eine
Form der *Beschreibung* eines Erkenntnisprozesses, sondern
der Erkenntnisprozeß selbst *ist* dialektisch. Oder noch
deutlicher: Die Entwicklung des Geistes vollzieht sich in
einer dialektischen Bewegung. Damit ist Dialektik nicht
mehr eine Methode, um etwas von der Methode Unabhän-
giges zu untersuchen, sondern das, was da untersucht wird,
ist identisch mit dem Resultat der Methode; die Dialektik
ist also zugleich eine Dialektik der Sache. Die dialektischen
Widersprüche sind mithin nicht eine Folge der gewählten
Beschreibung, sondern der Geist, also das, was da als Sache
entgegentritt, ist selbst dialektisch. So gelangt Hegel zu der
These, die Begriffe müßten fließend werden, um der dialektischen Dynamik der Sache (des Denkens) gerecht zu
werden.
Aus der begrifflichen Struktur der Dialektik folgt, wie wir
sahen, daß es kein Ende gibt. Andererseits sollte die Dialektik des wahrheitssuchenden Gesprächs gerade zur Wahrheit führen! Um nun nicht im Relativismus enden zu müssen, wie wir dies bei der Hermeneutik und auf andere Weise auch bei der analytischen Philosophie kennengelernt
haben, macht Hegel eine Zusatzannahme: Die Geistes-
Geschichte hat ein *Ziel*: Sie bewegt sich – als Fortschritt des
Geistes im Bewußtsein der Freiheit – über verschiedene
Stadien zu einer Vereinigung des Subjektiven mit dem Objektiven im Absoluten, d. i. im göttlichen Geist. Dort
kommt die Bewegung zur Ruhe.
Es war nötig, Fichte und Hegel so ausführlich darzustellen,
weil Karl Marx, als er Hegel »vom Kopf auf die Füße«
stellte, die dialektische Methode übernahm. Wir müssen
uns fragen, was dabei erstens aus der Identifikation von
Methode und Gegenstand und zweitens aus der Annahme
eines Geschichtsziels wurde, denn beides ist für ein Verständnis der Wissenschaft *und* ihrer Geschichte von weit-

II. Dialektik 249

reichender Folge. Die Identifikation von Untersuchungsmethode und Sache führt, wenn man den Idealismus durch einen Materialismus ersetzt, von einer Dialektik des Denkens zu einer »Dialektik der Natur«: Die Natur selbst ist dialektisch, und zwar per se und nicht auf Grund unserer Betrachtung. So jedenfalls sieht es Friedrich Engels und nach ihm Lenin und die orthodoxe Sowjetphilosophie. Engels entwickelt in seiner Schrift *Dialektik der Natur* drei »Gesetze« der Naturdialektik:[74]

1. Gesetz des Umschlagens von Quantität in Qualität und umgekehrt.
2. Gesetz von der Durchdringung der Gegensätze (heute in der Regel formuliert als: Gesetz der Einheit und des Kampfes der Gegensätze).
3. Gesetz von der Negation der Negation.

Mit diesen Gesetzen hat es bei Engels folgende Bewandtnis:

Das erste Gesetz erläutert Engels dahingehend, daß »in der Natur, in einer für jeden Einzelfall genau feststehenden Weise, qualitative Änderungen nur stattfinden können durch quantitativen Zusatz oder quantitative Entziehung von Materie oder Bewegung (sogenannte Energie)«.

Mit dem zweiten Gesetz will Engels ausdrücken, daß alle Wirklichkeit veränderlich ist und daß alle Veränderung auf dem Ausgleich von Gegensätzen, also von polaren Spannungen, beruht. Engels geht es mithin darum, das Wesen der Wirklichkeit als dynamisch zu kennzeichnen.

Das dritte Gesetz ist eine Variante des Dreischritts von Thesis, Antithesis und Synthesis, wobei die Synthesis als etwas Neues »Negation der Negation« sein soll. Die Engelsschen Beispiele sind allerdings sehr blumenreich und lassen die Fichtesche und Hegelsche Arbeit am Begriff vermissen.

---

74 Friedrich Engels: *Dialektik der Natur* (Marx/Engels: *Werke* [MEW], Bd. 20), S. 348 f.

250 C Hermeneutik, Dialektik, Evolution

Die drei Gesetze zusammengenommen werden von Engels als die wirklichen »Entwicklungsgesetze der Natur« angesehen, »also auch für die theoretische Naturforschung gültig«. Als allgemeinste Prinzipien alles Wirklichen sollen sie allgemeingültig sein, während alle sonstigen Naturgesetze bloß hypothetisch sind, weil sie durch Abstraktion aus der Erfahrung gewonnen wurden. Das allerdings stößt auf Schwierigkeiten – denn diese Engelsschen allgemeinsten Prinzipien bilden einen unangreifbaren harten Kern im Sinne von Lakatos oder der Axiome der normativen Festsetzungen R_5; dann aber müßten sie zumindest der langfristigen Änderung unter dem Druck von Argumenten offenstehen. Der Ausweg einer Begründung durch induktive Generalisierung ist – von Poppers Einwänden ganz abgesehen – schon deshalb nicht gangbar, weil sich aus Hypothesen durch Abstraktion in keiner Weise auf noch allgemeinere und dann nicht mehr hypothetische, sondern absolut wahre Sätze schließen läßt. Marx war denn auch viel vorsichtiger; er sah die Anwendung der dialektischen Methode in der politischen Ökonomie und hielt sich bei der Übertragung auf die Natur vollkommen zurück. Dennoch ist gerade die Sichtweise des dialektischen Materialismus und die dort entwickelte Form von Wissenschaftstheorie über Jahrzehnte durch die Engelssche Auffassung geprägt worden.

Während für Hegel der Prozeß der geistigen Entwicklung die ›Sache‹ war und Hegel insofern eine Identifikation von Methode und Sache vornehmen konnte, klaffen doch Natur und unser Reden von der Natur auseinander, selbst wenn man metaphysischer Realist ist. Die bei Hegel legitime Identifikation von Sache und Methode ist aber bei einem Ausgang von einer für sich bestehenden Natur gar nicht zu begründen und stellt schon vom Ansatz her eine dogmatische Festlegung dar. Dagegen wäre nichts zu sagen – schließlich haben wir zahlreiche ontologische wie methodologische Festsetzungen in den Wissenschaften kennenge-

II. Dialektik 251

lernt; abzulehnen ist aber der Dogmatismus, es handele sich bei der Naturdialektik um die einzig legitime Form der Naturbetrachtung: Dafür gibt es keinerlei Gründe.

Ähnlich liegt es mit der Annahme eines Geschichtsziels, also eines Endes der dialektischen Bewegung, die allein ja den Ausweg aus dem Relativismus sichert. Hier ist Marx, wie Herbert Marcuse betont, sehr vorsichtig, während seine Epigonen das Hegelsche christliche Endziel durch ein säkularisiertes Geschichtsziel ersetzt haben: Statt des absoluten Geistes die klassenlose Gesellschaft, in der die Dialektik des Besitzes von Produktionsmitteln und Produktivkräften zum Stillstand kommt. Für eine Naturauffassung dagegen würden alle Konstruktionen solcher Art in die Nähe einer aristotelischen Teleologie geraten. Doch sie wieder zuzulassen bedürfte es einer anderen Problemkonstellation der Weltsicht als der heutigen.

Nun geht es hier nicht um den Dialektischen Materialismus, auch nicht um Dialektik schlechthin, sondern allein um Dialektik als wissenschaftstheoretische Methode. Damit kann man den Streit zwischen orthodoxer und liberaler Marx-Exegese auf sich beruhen lassen zugunsten des hier zentralen Punktes: Wieviel bleibt von einer *dialektischen Methode* nach einer Kritik der Dialektik bestehen?

5. *Kritik der Dialektik*

Die Dialektik hat zahlreiche Befürworter und Gegner – und das nicht erst heute; denn schon die Sophisten hatten sich anheischig gemacht, mit diesem Verfahren jede beliebige These wie auch die dazugehörige Antithese zu beweisen. Das Resultat sollte zeigen, daß der Mensch zu keinerlei gesichertem Wissen zu gelangen vermag. Sokrates und Platon hatten versucht, dem durch eine unangreifbare methodische Untermauerung zu begegnen, Aristoteles durch die Entwicklung der Logik, die zeigen sollte, daß die dialektischen

252   C Hermeneutik, Dialektik, Evolution

Widersprüche gar keine logischen Widersprüche sind, sondern reine Scharlatanerie. Wenn Dialektik, bei Kant noch eine Logik des Scheins, seit Hegel für eine ganze Richtung an ihn anknüpfender Philosophen zur allein zulässigen Betrachtungsweise wurde, so gelang dies durch eine Reihe von Voraussetzungen zur Absicherung des Unternehmens, die nicht selbstverständlich sind und deshalb scharfe Kritik hervorgerufen haben. Dabei geht es nicht um Engels' unglückliche *Dialektik der Natur*, auch nicht um die These von der ehernen Notwendigkeit der Geschichte als Weg zur klassenlosen Gesellschaft, als vielmehr um den Rückgriff auf das Ganze, auf Totalität, zur Rechtfertigung des Wahrheitsanspruchs. Es gibt keinerlei Kriterien dafür, was und wie das Wesen in den Erscheinungen aufleuchtet, es gibt weiter keinerlei Möglichkeiten zu prüfen, wieweit Aussagen, die auf dieses Wesen abzielen, zutreffen. Solange aber für Wissenschaft Kontrollverfahren, wie wir sie in den judikalen Festsetzungen kennenlernten, konstitutiv sind, solange hat ein solcher Totalitätsanspruch in den Wissenschaften nichts verloren.

Nun könnte man argumentieren, bei der dialektischen Methode werde nur ein altes empiristisches Erkenntnisprinzip verwendet, nämlich der Beweis eines Geltungsanspruchs durch den *Aufweis der Genese*: John Lockes ganze Erkenntnistheorie baut hierauf. Historisch trifft das zu, aber systematisch gesehen führt das Argument in die Irre, denn die Untersuchungen zur Geltung einer Aussage lassen sich nicht durch solche der Genesis ersetzen. So erklärt beispielsweise die Genese eines Irrtums, warum jemand diesem Irrtum erlegen ist, aber damit ist der Irrtum nicht als wahr erwiesen! Die *Suche* nach Erkenntnis führt ja nicht mit Gewißheit zu *gesicherter Erkenntnis*. So ist in der Evolution der Erkenntnis der nächste Schritt nicht prognostizierbar, und dasselbe gilt für die nächste Synthese im dialektischen Dreischritt. Damit aber ist die Dialektik wegen des Zusammenhangs von Prognose und Erklärung gar nicht

II. Dialektik 253

in der Lage, irgend etwas zu erklären (im Sinne des HO-Schemas), weil sie nichts zu prognostizieren vermag. Ernst Topitsch hat daraus insbesondere den Schluß gezogen, sie sei eine bloße Leerformel, die auf alles im nachhinein passe und darum ohne jeden wissenschaftlichen Wert sei.

Die zuerst genannten Kritikpunkte sind fraglos berechtigt: Eine Dialektik der Natur ist naiv, der Rückgriff auf nicht-prüfbare Totalitäten unwissenschaftlich, der behauptete sichere Weg zur Wahrheit muß völlig zugunsten eines relativen Wahrheitsbegriffes aufgegeben werden, für den die Prüfungsverfahren des analytischen und des hermeneutischen Ansatzes gelten. Doch abschließend müssen wir uns fragen, ob die letzte radikale Kritik, wie sie Topitsch formuliert hat, zu Recht besteht, oder ob sie über das Ziel hinausschießt.

6. Dialektik als Methode

Obwohl Adorno betont, es gebe keine allgemeine Methode der Dialektik, und Habermas meint, Dialektik sei nicht definierbar, weil sie jeden durch irgendeine Kennzeichnung abgegrenzten Bereich immer wieder verlasse, soll hier Dialektik doch als *Methode* betrachtet werden; denn wenn sie keine Methode ist, sondern etwas den Dingen auf je andere Weise Innewohnendes, brauchen wir uns gar nicht weiter bei ihr aufzuhalten. Was schließlich die Definierbarkeit anlangt, so wird Hegel zu viel Glauben geschenkt, wenn aus dem Faktum, daß Änderungen im Bewußtsein vorgehen, geschlossen wird, man müsse die Begriffe, um eine ideale Widerspiegelung zu erreichen, zum Fließen bringen – was natürlich jede Definition unmöglich machen würde: Im Falle eines Fließens der Begriffe wäre es nämlich gar nicht mehr möglich, die Veränderung begrifflich zu fassen, ja, sie überhaupt festzustellen. Aber auch die physikalische Bewegungsgleichung einer Bewegung – man denke an das Fall-

254   C Hermeneutik, Dialektik, Evolution

gesetz – bewegt sich selbst nicht, obwohl sie im Rahmen der methodologischen Festsetzungen der klassischen Physik der angemessene Ausdruck des Bewegungsvorgangs ist. Auch für die Sache selbst, für die Natur, gilt, daß Veränderungen nur konstatiert werden können, wenn uns zwar nicht ideal starre, so doch halbwegs stabile Maßstäbe und Begriffe zur Verfügung stehen: Nur unter der Voraussetzung einigermaßen klarer, abgegrenzter Begriffe ist es im übrigen erst möglich, eine Begriffsbildung als unpraktikabel oder als angemessen zu bewerten.

So sei versucht, Dialektik als Methode herauszudestillieren. Hierbei sind zwei verschiedene Anteile zu berücksichtigen, einer, der sich auf die Fortentwicklung der Wissenschaft bezieht, und ein zweiter, der die dialektische Methode als erklärende Methode für historische Phänomene sieht. Beginnen wir mit dem zweiten Anteil.

»Geschichte als Sinngebung des Sinnlosen« heißt ein Buch von Theodor Lessing; denn welche Fakten sollten auf welche Weise herangezogen und eingeordnet werden, um daraus das entstehen zu lassen, was wir ›Geschichte‹ nennen? *Wir* sind es, die Geschehenes als Geschichte deuten. Im Rahmen eines solchen Deutungsbemühens liefert die Betrachtung vergangenen Geschehens als ein dialektischer Prozeß ein *Netzwerk*, das eine Auswahl und Einordnung des Materials leistet; Hegel hat dies vorgeführt. Aber da es sich um eine Methode, ein Netzwerk handelt, das wir, um ein Bild Wittgensteins zu verwenden, über die Dinge werfen, kann man hinterher nicht sagen, die Geschichte *sei* dialektisch, sondern nur, sie werde im gegebenen Falle dialektisch gesehen oder *dargestellt*. Relativ zu diesem Netzwerk und diesem Rahmen hat die Methode auch einen Erklärungswert, weil sie eine Ordnung im Bereich des Darzustellenden stiftet, obwohl Prognosen nicht möglich sind; aber das teilt die dialektische Methode mit der Erklärung der biologischen Evolution der Arten durch Mutation und Selektion.

II. Dialektik 255

Nun zum ersten, dem allgemeinen Aspekt. Anhand der Rekonstruktion Fichtes ließ sich zeigen, daß der Dialektiker sich des Aufeinanderbezogenseins von komplementären Begriffen und Aussagen bewußt ist; für eine Methode bedeutet das, daß er nicht bei einer Aussage A stehen bleiben darf, sondern nach denjenigen widersprechenden Aussagen zu suchen hat, die A allererst sinnvoll machen. Im Falle einer Theorie etwa hieße das, nach einer kontrastierenden Theorie zu suchen, um beide, die Ausgangstheorie und die Kontrasttheorie, zur Synthese zu bringen, etwa, indem eine dritte Theorie entwickelt wird, in der die zutreffenden Anteile konkurrierender oder einander widersprechender Theorien ›aufgehoben‹ sind. Dann aber ist Popper der Prototyp des dialektischen Denkers, denn er fordert uns auf, zu einer Theorie eine konkurrierende zu suchen, da wir uns ihrer Vorläufigkeit bewußt sind![75] Dann ist Feyerabends Methode der Antimethode der richtige Weg, Durchbrüche zu erzielen, um die Wissenschaft voranzutreiben. Und dann ist das Vorgehen des Hermeneutikers, dem eigenen Vor-Urteil die Rekonstruktion der entgegenstehenden Meinung entgegenzusetzen, um das Gespräch um der Sache willen weiterzuführen, der reine Ausdruck dialektischer Methode. Dialektik als Methode, sauber nachkonstruiert und auf ihre Möglichkeit abgeklopft, führt also zwangsläufig auf Elemente des analytischen und des hermeneutischen Ansatzes zurück und auf den Weg, den wir dort bis zur methodologischen Rechtfertigung eines Wissenschaftspluralismus durch Lakatos gegangen sind. Vielleicht ist auch dies eine »List der Vernunft« (Hegel).

---

75 Karl R. Popper: »What is Dialectic?«, in: ders., *Conjectures and Refutations. The Growth of Scientific Knowledge*, London: Routledge & Paul ³1969, S. 312–335.

III. Evolution als Deutungsschema

1. *Der Newton des Grashalms*

»Es ist [...] gewiß«, schrieb Kant 1790 in seiner *Kritik der Urteilskraft*, § 75, »daß wir die organisierten Wesen und deren innere Möglichkeit nach bloß mechanischen Prinzipien der Natur nicht einmal zureichend kennen lernen, viel weniger uns erklären können; und zwar so gewiß, daß man dreist sagen kann, es ist für Menschen ungereimt, auch nur einen solchen Anschlag zu fassen, oder zu hoffen, daß noch etwa dereinst ein Newton aufstehen könne, der auch nur die Erzeugung eines Grashalms nach Naturgesetzen, die keine Absicht geordnet hat, begreiflich machen werde.«

Kant schrieb dies, um zu verdeutlichen, daß wir über eine objektive Absicht, über einen Zwecksetzer in der Natur als erste Ursache empirisch nichts ausmachen können – und daß es deshalb den Newton des Grashalms nicht geben könne –, daß wir aber sehr wohl als ein kritisches Prinzip der reflektierenden Urteilskraft eine objektive Zweckmäßigkeit in der Natur annehmen müssen.

Schon zwei Generationen später, so sagt man heute, gab es den von Kant für unmöglich gehaltenen Newton des Grashalms: Darwins Evolutionstheorie, entwickelt noch ohne Kenntnis der Mendelschen Gesetze, deutete, wie der Titel seiner Schrift sagt, die *Entstehung der Arten durch natürliche Zuchtwahl* (*On the origin of species by means of natural selection; or, The preservation of favoured races in the struggle for life*). Entscheidend ist der Gedanke, daß der Prozeß der Ausbildung neuer Arten durch Variation (oder Mutation) vorangetrieben wird, die von einer Selektion begleitet ist (Abb. 22). Das Zusammenwirken spontan auftretender Mutationen mit nachfolgender Selektion machte es möglich, den Begriff der Teleologie in eine Zweckmäßigkeit ohne Zwecksetzer in Gestalt der Anpassung durch natürli-

III. Evolution als Deutungsschema 257

che Zuchtwahl zu überführen. (Historisch gesehen war die Evolutionstheorie etwas komplizierter, es gab da Vorläufer wie den Lamarckismus mit der These der Vererbung erworbener Eigenschaften, und die Untersuchungen Mendels mit der Entdeckung von Vererbungsgesetzen, Ergebnisse, die erst später eine Verbindung mit der Darwinschen Theorie eingingen und dessen Pangenesis-Annahme ersetzten.)

Damit werden Elemente des alten Teleologiebegriffes aufgenommen, weil das Ergebnis der Selektion zwar nicht zielgerichtet erreicht wird, wohl aber zweckmäßig erscheint. Ebenso werden Elemente des Fortschritts übertragen, weil die Mutation zwar zufällig erfolgt, aber im jeweiligen Evolutionsprozeß insgesamt, wenn auch keineswegs in der Mehrheit der Einzelschritte, retrospektiv ein Weg in Richtung höherer Komplexität zu verzeichnen ist.

Dennoch ist mit dem Evolutionsmodell eine Erklärung der Genese der Arten verbunden, nicht im Sinne des HO-Schemas, auch nicht im Sinne der teleologischen Erklärung, wohl aber in Gestalt einer Funktionserklärung: Schon der Titel der Darwinschen Schrift formuliert dies in Kurzform, wenn die »natürliche Zuchtwahl« als das die Evolution vorantreibende Element benannt wird. Oder anders gewendet: Unter der Voraussetzung des Auftretens nicht vorhersagbarer Mutationen erfolgt unter diesen eine Auslese im Hinblick auf die bessere oder schlechtere Erfüllung der Funktion der Überlebenssicherung und Arterhaltung, eine Funktion, die der mutierte Organismus erfüllen muß. Angesichts der gemachten Voraussetzungen ist damit aber das HO-Schema weder auf Mutationen anwendbar, noch auf den Selektionsvorgang; ersteres, weil Mutationen weder hinsichtlich des Zeitpunktes ihres Auftretens noch bezüglich ihres Inhaltes vorhersehbar, also auch nicht HO-erklärbar sind; letzteres, weil die genannten Funktionen nicht hinreichend klar und vollständig angebbar sind und vor allem nie eine vollständige Angabe möglicher alternativer Mittel erlauben. Beides jedoch schließt nicht aus, daß das

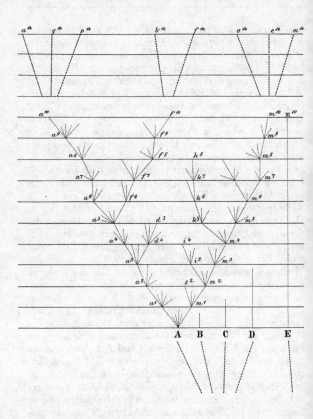

Abb. 22: Evolution nach Darwin
Die Charles Darwins Werk *On the Origins of Species* (1859; hier nach der deutschen Übersetzung Stuttgart [7]1884) entnommene Grafik zeigt verwandte biologische Arten A bis L einer

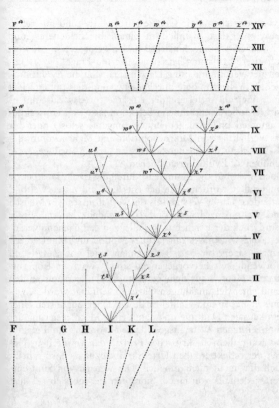

Gattung, die Varietäten hervorbringen, die teils zu gut ausgeprägten neuen Arten führen (z. B. von A zu a^{10}, f^{10} und m^{10}), teils im Kampf ums Überleben durch Auslese enden (z. B. von A zu d^5). Die Querlinien I bis XIV sollen jeweils 1000 Generationen je Zwischenraum markieren.

260   C Hermeneutik, Dialektik, Evolution

Evolutionsschema die Genese retrospektiv (und nur retrospektiv) erklärt, nämlich in einem bescheideneren und schwächeren Sinne hinsichtlich der geforderten Antwort auf unsere Erklärung heischende Warum-Frage.

Seit der Veröffentlichung Darwins hat sich die Evolutionstheorie in der Biologie durchgesetzt, und dies unbeschadet einer Vielzahl differierender Ansätze für das Zusammenwirken äußerer und innerer Selektion (also von Umweltbedingungen und Anlagen im Organismus selbst) oder für das Verhältnis von Mikroevolution und Makroevolution – als Verhältnis der kleinen Schritte zu großen Sprüngen oder Schüben im Evolutionsgeschehen.

Doch nicht nur die Biologie ist durch die Evolutionstheorie umgestaltet worden – sie hat entscheidend unser Weltbild verändert: Unser Verständnis des Verhältnisses von Mensch und Welt, von Mensch und Transzendenz hat sich unter dem Druck der Erfahrung grundlegend dahingehend verändert, daß wir, um es mit Jacques Monod und Manfred Eigen zu sagen, biologisch aus einem Spiel von Zufall und Notwendigkeit hervorgegangen sind.[76] War mit Kopernikus der Mensch aus dem Zentrum des Universums an den Rand einer der unzähligen Galaxien gedrängt worden, waren seit Bacon und Galilei finale Ursachen zugunsten einer rein kausalen Deutung und damit einer Mechanisierung der raumzeitlichen Welt ausgeschlossen worden, um Finalität mit Kant allein als kritisches Prinzip der Vernunft in Gestalt der reflektierenden Urteilskraft zuzulassen, so scheint auch dies nicht mehr möglich. Die Welt ist von Sinn entleert, jedenfalls von einem Sinn, den sie von sich aus hat.

---

76 Jacques Monod: *Le hasard et la nécessité. Essai sur la philosophie naturelle de la biologie moderne*, Paris: Éds. du Seuil 1970 (dt.: *Zufall und Notwendigkeit. Philosophische Fragen der modernen Biologie*, München/Zürich: Piper 1971); Manfred Eigen / Ruthild Winkler: *Das Spiel. Naturgesetze steuern den Zufall*, München/Zürich: Piper 1975.

III. Evolution als Deutungsschema   261

Wenn der Marquis de Laplace auf Napoleons Frage, wo
Gott in seinem kosmologischen Modell einen Platz finde,
noch antwortete: *Sire, je n'ai pas besoin de cette hypothèse-
là*, so wurde die Evolutionstheorie geradezu als Widerlegung jeder Möglichkeit von transzendenter Sinngebung
aufgefaßt.
Die mit dieser veränderten Sicht zusammenhängenden Probleme sind im Verlauf der letzten hundert Jahre so oft diskutiert worden, daß es sich erübrigt, sie nochmals aufzu-
rollen. Die Aufmerksamkeit soll im folgenden einem anderen Phänomen gelten, nämlich der Übertragung des an der
Biologie gewonnenen Modells der Evolution auf völlig andere Wissenschaftsbereiche, vom Sozialdarwinismus bis zur
evolutionären Erkenntnistheorie. Evolution wird damit zu
einem *Deutungsschema*, das weit über seinen Ursprung
hinausgreift. Was bedeutet diese Ausweitung? Die Beantwortung soll in drei Schritten erfolgen: Im ersten geht es
um eine knappe Darstellung der Fakten dieser Übertragung, im zweiten um die aus der Kritik an der kausalen
Weltsicht erwachsenden Gründe für die Akzeptanz und
im dritten um die These, das Evolutionsschema als ein
geschichtsmetaphysisches Deutungsschema zu verstehen.
Hieran werden sich einige Schlußbemerkungen knüpfen.

2. *Evolution als Analogie*

Die Evolutionstheorie beruht auf den beiden Grundannahmen der Mutation und der Selektion. *Mutationen* sind
spontan auftretende, nicht prognostizierbare und in diesem
Sinne zufällige Veränderungen des Genotyps, also der Erb-
substanz, die *Selektion* ist eine nachfolgende, von inneren
und äußeren Bedingungen abhängige Auslese des Phäno-
typs entsprechend der Vergrößerung der Überlebens- und
damit der Reproduktionschancen des Mutanden. Dieser
Ansatz erlaubt, die parallele Ausdifferenzierung verschie-

262   C Hermeneutik, Dialektik, Evolution

dener Arten von Individuen ebenso zu beschreiben wie das
Mitschleppen funktionslos gewordener Elemente oder das
Aussterben einer Art. Er erlaubt weiter, diesen geschichtlichen Prozeß als Optimierung unter gegebenen oder sich
ändernden Randbedingungen zu begreifen.
Neben Darwins Evolutionsmodell gab es zahlreiche andere, so, wie erwähnt, vor ihm von Lamarck und später von
Spencer. Auch hat Darwins Theorie bis heute in der Biologie Differenzierungen erfahren; so wurden Mikroevolution
und Makroevolution unterschieden und Evolutionsfakto-
ren ausgegrenzt;[77] insbesondere sind Faktoren hinzuge-
kommen, die es ermöglichen, in gewissem Umfang statistische Prognosen unter festliegenden Randbedingungen zu
machen.
All dies kann und muß hier nicht verfolgt werden, weil
nicht die Evolutionstheorie der Biologie untersucht werden
soll, sondern das überaus erstaunliche Phänomen der Übertragung des Darwinschen Modells auf alle Bereiche geschichtlicher Prozesse. Das allerdings gelingt gerade deshalb, weil hierbei als Grundbegriffe nur die Mutation als
das Auftreten von prinzipiell unvorhersagbarem Neuen
und die Selektion als ein wie immer beschaffener Auslese-
prozeß angenommen werden, während die neueren Differenzierungen aus der Biologie in der Regel unberücksichtigt bleiben.
Wir finden dieses zweiphasige Modell von Mutation und
Selektion – wie Gerhard Vollmer die Übertragung darstellt
– in aufeinander aufbauenden Stufen als psychosoziale Evolution in der Psychologie und in der Soziobiologie, als
Theorie der kulturellen Evolution in der Religionssoziologie und der Kulturanthropologie. Ebenso dient es in den

77 Vgl. Franz M. Wuketits: Evolutionstheorien. Historische Voraus-
    setzungen, Positionen, Kritik (Dimensionen der modernen Bio-
    logie, Bd. 7), Darmstadt: Wissenschaftliche Buchgesellschaft
    1988, S. 16 bzw. 67 ff.

III. Evolution als Deutungsschema   263

Wirtschaftswissenschaften zur Konzeption von Theorien
der Wissenschaftsdynamik; Jean Piaget benutzt es in seiner
Theorie der Entwicklung des kindlichen Denkens, das inzwischen alle Erziehungswissenschaftler assimiliert haben;
und die Technikentwicklung wird nicht nur von Stanislav
Lem in seiner *Summa technologiae* in Parallele zur Bio-
evolution gesehen, sondern von Ingo Rechenberg sogar als
Strategie seiner Evolutionstechnologie für technische Entwicklungen fruchtbar gemacht.[78] Selbst Wertprobleme werden in eine evolutionäre Ethik eingeordnet.[79] Seit Popper
gibt es den Begriff des Theoriendarwinismus in der Wissenschaftstheorie, wonach die Wissenschaften durch unvorher-
sehbare neue Ideen vorangebracht werden, die hernach dem
Selektionsdruck der Fachkollegen standhalten müssen.[80]
Die transzendentale Frage nach den Bedingungen der Möglichkeit von Erkenntnis erfährt in der evolutionären Erkenntnistheorie eine Beantwortung durch die These von der
Passung unserer Erkenntniskategorien an die Welt im Laufe
der Evolution[81] – eine Lösung, die zwar von den meisten
Philosophen nicht akzeptiert wird, die aber bei einem breiten interessierten Publikum als völlig einsichtig gilt. – So
weit der faktische Befund, der uns nach einem hundertjähri-
gen Streit um die Evolutionstheorie eine ungeahnte Zustimmung zu dieser Theorie dokumentiert. Natürlich gibt es

78 Ingo Rechenberg: *Evolutionsstrategie. Optimierung technischer
   Systeme*, Stuttgart: Frommann 1973.
79 Hans Mohr: *Natur und Moral. Ethik in der Biologie* (Dimensionen der modernen Biologie, Bd. 4), Darmstadt: Wissenschaftliche Buchgesellschaft 1987, S. 76 ff., – auch wenn Mohr dies nicht
   als Ethikbegründung verstanden wissen will. Vgl. auch Kurt
   Bayertz (Hrsg.): *Evolution und Ethik*, Stuttgart: Reclam 1993.
80 Karl R. Popper: »The Rationality of Scientific Revolutions«, in:
   Rom Harrée (Hrsg.): *Problems of Scientific Revolution*, Oxford
   University Press 1975, S. 72–101.
81 Gerhard Vollmer: *Evolutionäre Erkenntnistheorie*, Stuttgart:
   Hirzel 1975.

264 C Hermeneutik, Dialektik, Evolution

auch Gegenstimmen, aber sie machen nur um so deutlicher, wie breit das Evolutionsschema akzeptiert ist.[82]

Alle eben genannten Fälle haben gemeinsam, daß in ontologisch von der Biologie völlig geschiedenen Bereichen eine der Biologie strukturell analoge Entwicklung angenommen wird. Es wurde schon erwähnt, daß Analogien eine entscheidende Rolle bei der Einführung neuer Sichtweisen und der Veränderung der Regelstrukturen erster und zweiter Stufe bilden. Hier nun findet sich ein exemplarisches Beispiel. Betrachten wir deshalb den Analogiebegriff etwas näher. Eine Analogie, genauer eine Proportionalitätsanalogie, ist die Übertragung eines Verhältnisses ›A zu B‹ von einem Bereich in einen davon gänzlich geschiedenen anderen als ein ›C zu D‹:

A verhält sich zu B im Bereich U wie C zu D im völlig davon verschiedenen Bereich V.

Verglichen werden also nur die Verhältnisse miteinander, nicht aber die zugrunde liegenden Bereiche. Modern gesprochen geht es nur um die gemeinsame Struktur; und tatsächlich sind die meisten Analogien Strukturanalogien. Viele Jahrhunderte hindurch waren Analogien ein in den Wissenschaften zugelassenes Beweismittel; denn wenn in der Welt alles mit allem zusammenhängt und die Welt selbst Spiegel Gottes ist, so ist jede Entsprechung nur Ausdruck der Widerspiegelung des zugrunde liegenden Einen, aus dem alles hervorgegangen ist. Dieses Verständnis von Analogie als Beweismittel teilen wir nicht mehr, ja, Analogien gelten geradezu als unwissenschaftlich und bloß persuasiv; allenfalls zur Hypothesengewinnung, also in heuristischer Funktion, seien sie zulässig – doch selbst dann seien sie, wie Wolfgang

82 So z. B. Robert Spaemann / Peter Koslowski / Reinhard Löw: *Evolutionstheorie und menschliches Selbstverständnis. Zur philosophischen Kritik eines Paradigmas moderner Wissenschaft* (Civitas-Resultate, Bd. 6), Weinheim: VCH 1984.

III. Evolution als Deutungsschema 265

Stegmüller warnt, nur mit großer Vorsicht zu gebrauchen, weil sie uns auf eine falsche Fährte locken können.

Wissenschaftsimmanent ist Stegmüllers Hinweis zutreffend – aber im vorwissenschaftlichen Bereich, im Bereich der Grundüberzeugungen, durch die allererst abgesteckt wird, wie ein Problemfeld zu sehen ist und was mit den Hypothesen überhaupt gemeint ist, sind Analogien auch heute unverzichtbar. Nicht zufällig werden in den Wissenschaften, wie die Wissenschaftsgeschichte zeigt, neue Sichtweisen so gut wie immer durch Analogien vermittelt, weil sie es ermöglichen, eine Struktur eines Bereiches auf einen anderen, fremden, noch unstrukturierten Gegenstandsbereich zu übertragen. Albert Einstein bedient sich ihrer in reichem Maße, die Werke Manfred Eigens zur Evolution und diejenigen Ilya Prigogines zur Selbstorganisation sind voll von ihnen. Bedenkt man diese Funktion von Analogien in unserem Denken, so kommt der Feststellung ein um so größeres Gewicht zu, als sich in so vielen Wissenschaftsbereichen, in denen es um dynamische Prozesse geht, eine Analogie zur biologischen Evolution durchgesetzt hat. Sie machen darauf aufmerksam, daß der Evolutionstheorie eine paradigmatische Plausibilität zugesprochen wird. Erlaubt sei eine Kostprobe: Um zu verdeutlichen, was Hermann Lübbe mit seiner These meint, etwas sei nur historisch zu erklären, benutzt er als exemplarisches Beispiel die VW-Käfer-Trittbretter: Sie seien, schreibt er, »Trittbrettrelikte der Landfahrzeugevolution«, die in Parallele zu setzen seien zum »homologen Schema der Paläontologie bei der Deutung zurückgebildeter Hinterextremitäten von Riesenschlangen durch *Rekurs auf einen evolutionär früheren Zustand des fraglichen Organismus*«.[83] Die Analogie zur Evo-

---

83 Hermann Lübbe: *Die Einheit von Naturgeschichte und Kulturgeschichte* (Akademie der Wissenschaften und der Literatur Mainz, Abhandlungen der geistes- und sozialwissenschaftlichen Klasse, Jg. 1981, Nr. 10), Wiesbaden 1981, S. 11–13.

lutionsbiologie dient hier zur Erklärung eines, wie Lübbe betont, nur historisch zu erklärenden technischen Sachverhaltes!

Den Wurzeln solcher Plausibilität soll nun unsere Aufmerksamkeit gelten. Hierzu ist zunächst zu verdeutlichen, wieso die über vier Jahrhunderte vorherrschende kausale Sicht in den Hintergrund getreten ist.

3. *Die Kritik an der kausalen Weltsicht*

Das evolutionstheoretische Deutungsschema finden wir heute so gut wie überall dort, wo geschichtliche Prozesse in Gesetzmäßigkeiten gefaßt werden sollen. Daß es hinter allem Werden und Vergehen ein Beharrendes gebe, war die erste Einsicht des erwachenden philosophischen Denkens, beginnend bei den ionischen Naturphilosophen. Sie suchten nach einer begründenden und erklärenden Deutung dessen, was jede Kultur als ihren kosmogonischen Mythos kennt. Denn wenn alles fließt, muß es wenigstens, wie Heraklit meint, einen unveränderlichen *logos* geben. Oder moderner formuliert, wenn sich nie Gleichartiges gesetzmäßig ereignete, könnten wir die Welt niemals erkennen. Die Erfassung des Wandels durch Gesetze war der Leitgedanke aller Erfahrungswissenschaften. Die aristotelische Theorie der Finalursachen folgte ihm geradeso wie die kausalen, induktiv gewonnenen Theorien der Neuzeit.

Die kausale Weltsicht zielte darauf ab, diejenigen Gesetze zu ermitteln, die es gestatten würden, nach dem Musterbild des Laplaceschen Dämons und im Sinne des HO-Schemas aus je gegebenen Bedingungen in Prognosen jeden künftigen und in Retrodiktionen jeden vergangenen Zustand der Welt zu berechnen. Die Erweiterung um statistische Gesetze, gar als quantentheoretische Grundgesetze, schien hieran nichts Wesentliches zu ändern, galten sie doch nur für den Bereich des Mikrokosmos, während sich makroskopische

III. Evolution als Deutungsschema 267

Phänomene weiterhin kausal deuten ließen. Diese an der Physik orientierte Sicht war seit der Renaissance so mächtig geworden, daß sie zeitweilig zum Leitbild der Wissenschaftlichkeit schlechthin geworden war; selbst die Geisteswissenschaften, von den Sozialwissenschaften zu schweigen, hatten sich ihm anbequemen sollen; die Hermeneutik des 19. Jahrhunderts war in ihrem Weg von Schleiermacher zu Dilthey gerade durch das Bemühen gekennzeichnet, sich dieser Sichtweise nicht beugen zu müssen.

Die neuzeitliche Suche nach den Gesetzen der Natur hat einen ungeheuren Reichtum an Wissen, an Naturverständnis und an Handlungsmöglichkeiten bis in die Technologie der Gegenwart mit sich gebracht. Heute aber sind uns ihre Voraussetzungen deutlicher geworden als je zuvor: Die kausale Sicht hatte die finale Deutung und mit ihr die Verankerung von Zwecken in der Natur verdrängt, mehr noch, ihr verdinglichender Zugriff hatte die als unerschöpflich verstandene Natur zur bloßen Materie und mit ihr die Lebewesen, ja den Menschen zur Maschine werden lassen: Nicht der Mutterschoß der Natur läßt die Pflanzen wachsen, sondern der Kunstdünger; und der Arzt vertröstet den Patienten mit der Diagnose auf morgen, bis alle Laborwerte vorliegen. Die Betrachtung unter dem Blickwinkel von Gesetzen führte weiter dazu, nur noch das Allgemeine statt des Individuellen, das Universelle statt des Einmaligen, das Schema statt der unerschöpflichen Fülle jedes Augenblicks, das Beharrende statt des Geschichtlichen zu sehen. Das erlebte Leben und die wissenschaftliche, auf Objektivität und Intersubjektivität abzielende Erfassung der Welt rückten weit auseinander. Ein Naturgesetz warnt aber nicht vor knapper werdenden Ressourcen oder vor irreversiblen Veränderungen dessen, wovon es handelt.

Ein weiteres kam hinzu: Die Suche nach dem letzten Beharrenden in der Natur erwies sich selbst als historisch gebunden, als abhängig von Paradigmen, als Teil der Geschichte. So schreibt Stephen Toulmin:

268   C Hermeneutik, Dialektik, Evolution

>»Wie müssen wir heute die Dinge sehen? Wenn weder die
Elementarteilchen noch die Organismenarten Beispiele
für die ewigen ›Gegenstände‹ der griechischen Metaphysik sind, gibt es denn in der wirklichen Welt überhaupt
welche? Auf diese Frage gibt es nur eine einzige ehrliche
Antwort. Zweihundert Jahre Geschichtsforschung haben
ihre Wirkung getan. Ob man sich nun der Gesellschafts-
oder Ideengeschichte, der Evolutionszoologie, der historischen Geologie oder der Astronomie zuwendet – ob man
erklärende Theorien der Sternhaufen, Gesellschaften oder
Kulturen, Sprachen oder Disziplinen, Organismenarten
oder die Erde selbst betrachtet –, das Ergebnis ist kein
parmenideisches, sondern ein epikureisches. Wie man es
heute sieht, besitzt nichts in der empirischen Welt die
dauerhafte und unveränderliche Identität, die alle griechischen Naturphilosophen (abgesehen von den Epiku-
reern) den Grundbausteinen der Natur zuschrieben.«[84]

Fassen wir dies alles zusammen, so verzeichnen wir heute
eine fundamentale Akzentverschiebung, weg von den Gesetzen des Wandels, hin zu dem, was sich da wandelt. Natur wird nicht mehr als bloße Materie, sondern als von uns
nur mühsam zu stabilisierende Lebenswelt in ihrer Besonderheit begriffen. Mit dem Bemühen um das je Einzelne
statt des Gesetzmäßigen, des Vorübergehenden statt des
Wandelnden statt des Allgemeinen rückt die *Geschichtlichkeit* alles Irdischen ins Zentrum der Aufmerksamkeit. War
die Sachbuchwelle früher an den Naturwissenschaften orientiert, so sind es heute Chroniken und Kulturgeschich-
ten, welche die Regale füllen: Eine genetische Betrachtungsweise ist an die Stelle der kausalgesetzlichen getreten.
Es geht nicht mehr um eine Theorie aller möglichen Welten, sondern darum, diesen Kosmos zu begreifen, diese
Erde in ihrer Gestalt, diese Pflanzen und Tiere in ih-

---

84 Toulmin, *Kritik der kollektiven Vernunft*, S. 415.

III. Evolution als Deutungsschema 269

ren räumlich und zeitlich begrenzten Erscheinungsformen und Lebensbedingungen, diese Menschen in ihrer kulturellen Verschiedenheit und Veränderlichkeit, kurz in der Genese. Die Hermeneutik war ein erster entscheidender Schritt in diese Richtung der Akzentuierung des je Einzelnen in seiner Geschichtlichkeit; doch da sie sich selbst als eine Theorie des Verstehens sieht, nicht aber nach der Struktur der geschichtlichen Änderung fragt, trägt sie nicht weit genug, eine Antwort auf den Logos der Veränderung geben zu können. Daß der Logos der Genese nicht mehr in der Kausalität gesehen wird, ist verständlich – denn jede kausale Sicht (und jede DN-Erklärung) versagt, wenn die geschichtliche Entstehung biologischer, sozialer und kultureller Vielfalt zum Gegenstand der Frage wird. Die Dialektik hatte sich anheischig gemacht, hier einspringen zu können; mit der These, alles sei dialektisch, war – gestützt auf Bereichsnegationen – sehr wohl eine Gabelung und das Auftreten von Vielfalt deutbar. Doch hat dieses Ordnungsschema Nachteile: weder vermag es der Reduktion der Vielfalt (also dem Aussterben ganzer Arten und Kulturen) einen Platz einzuräumen, noch besitzt es ausreichende begriffliche Klarheit, um wirklich als Ordnungsmittel wirksam werden zu können, das über das Regelsystem der zweiten und ersten Stufe bis in die Einzelwissenschaften hinein wirksam zu werden vermöchte. Dies alles aber – so zeigt die breite Akzeptanz – wird dem *Evolutionsschema* als einem der Evolutionsbiologie entlehnten Deutungsschema zugetraut. Es ist auf dem Wege, zur neuen Weltsicht zu werden. Diese These gilt es genauer zu erklären.

4. *Evolution als geschichtsmetaphysisches Deutungsschema*

Die kausale Sicht der Welt war unauflöslich mit einem physikalischen Reduktionsprogramm gekoppelt, das bis heute noch wirksam ist. Physikalische Chemie und Molekularbiologie sind als Disziplinen beredter Ausdruck hierfür. Die Anwendung des Evolutionsschemas außerhalb der Biologie ist hingegen nicht mit einem Rückführungsprogramm, etwa einem Biologismus, verbunden; kein Technikhistoriker oder Wissenschaftstheoretiker, kein Kulturanthropologe denkt auch nur im Traume daran, seine Disziplin auf Biologie gründen zu wollen. Einzig das *Schema* der Evolutionstheorie, das Schema von Mutation und Selektion, wird als Deutungsschema eines genetischen Prozesses übernommen. (Das, was dabei als Theoriendarwinismus beschrieben wird, ist, recht besehen, zugleich ein Theorien-Lamarckismus, denn erworbene Eigenschaften sind hier ebenfalls weitergebbar, vererbbar. Die Analogie hat also Grenzen.) In der hier behaupteten Proportionalitätsanalogie fungiert das Evolutionsschema als geschichtsmetaphysisches Deutungsschema, das dem neuen Verständnis der Stellung des Menschen zur Welt Ausdruck verleiht. Dies wird deutlich, wenn man finale, kausale und evolutionäre Sicht der Geschichte miteinander vergleicht:

Die teleologische Sicht der aristotelischen *causa finalis* läßt sich, wie sich bei der Behandlung der teleologischen Erklärung zeigte, nicht auf eine kausale Erklärung zurückführen, denn in ihr wird die Gegenwart von der Zukunft her bestimmt: das *Ziel* der Veränderung liegt fest. Dies fand seinen unmittelbaren Ausdruck im mittelalterlichen Lebensgefühl einer Hinorientierung jedes Lebens, jedes Augenblicks auf das allein belangvolle, in der Zukunft liegende Ereignis des Jüngsten Gerichtes. Geschichte ist hier immer nur Vorgeschichte.

Die kausale Sicht dagegen findet ihren adäquaten Ausdruck

III. Evolution als Deutungsschema   271

im Laplaceschen Dämon, der vermöge der Kausalgesetze von einer vollständigen Zustandsbeschreibung eines Gegenwartspunktes aus jeden beliebigen Zustand in der Vergangenheit und in der Zukunft zu errechnen vermag. In dieser Sicht – gerade das zeigte die Diskussion der DN-Erklärung des HO-Schemas – ist das Schema der Prognose dasselbe wie das einer Retrodiktion; und damit sind Vergangenheit und Zukunft einander im Grundsatz ähnlich, denn beide werden von der Gegenwart her gleichermaßen erhellt, und die Zukunft bringt nichts grundsätzlich Neues, weil die Gesetzmäßigkeiten jetzt schon festliegen. Hier, in dieser Auffassung der Geschichte, scheinen die Mittel an die Hand gegeben, die Zukunft vermöge der Kenntnis der Kausalgesetze zu gestalten. Die kausale Sicht ist darum unmittelbar mit dem Gedanken eines vom Menschen zu bewirkenden Fortschritts verbunden.

Die evolutionäre Sicht unterscheidet sich grundlegend von den beiden anderen Sichtweisen, denn sie erklärt *allein retrospektiv*, wie es zu der vorliegenden Fülle der Arten mit ihren spezifischen Eigenschaften gekommen ist und wieso für frühere Zeiträume nachweisbare Arten nicht mehr der Gegenwart angehören. Mit der Ablösung des Ursache-Wirkungs-Schemas durch das Mutations-Selektions-Schema ist die Zukunft wegen des spontanen Auftretens von Mutationen, von Neuem, grundsätzlich offen, und nur im Sinne einer Trendaussage sind Zustände für die nahe Zukunft prognostizierbar. Die aus der Evolutionsbiologie vertrauten Aussagen über ein Evolutionsfenster widerlegen dies nicht, denn ein ›Darwinscher Dämon‹, der im Zeitalter der Saurier den Homo sapiens hätte vorhersagen können, ist ausgeschlossen. Die Zukunft ist auch offen für die Verwirklichung mehrerer nebeneinander bestehender Alternativen, doch ebenso für eine Konstanz oder für einen Abbruch der Entwicklung. Die Pluralität der Arten findet ebenso ihre Erklärung wie die Pluralität der Sprachen, Kulturen und Religionen, der Positionen, Theorien und Technologien –

272　C Hermeneutik, Dialektik, Evolution

oder deren Aussterben. Das Evolutionsschema ist damit in seiner Erklärungsleistung insofern schwächer als das Kausalschema, als es nur das Verständnis und die Deutung der Vergangenheit von der Gegenwart her erlaubt, aber es ist leistungsfähiger, was den Umfang der zu strukturierenden Bereiche anlangt: Es ermöglicht – wie in der Biologie – mit der Akzeptanz des Paares Mutation/Selektion die Deutung und damit das Verstehen von geschichtlichen Prozessen, die sich einem teleologischen oder einem kausalen Schema nicht fügen. Seine Stärke besteht dabei in der Betonung der Unwiederholbarkeit bei gleichzeitiger Deutbarkeit jedes einzelnen Sachverhaltes und jeder als individuell abgrenzbaren Erscheinung, die sich unter dieses Schema bringen läßt.

In dieser Gestalt entspricht das Schema gänzlich unserem heutigen Geschichtsverständnis. Nahtlos fügt sich hier die Hermeneutik und das heutige Interesse an ihr ebenso wie ihre Ausgestaltung zur Interpretationstheorie ein, denn beide geben uns die methodischen Hilfsmittel solchen Verstehens und deren Deutung an die Hand. Doch mehr noch, das Evolutionsschema macht deutlich, daß wir auf die Vergangenheit angewiesen sind, um uns selbst zu verstehen. Es ersetzt die Projektion einer teleologischen Heilsgewißheit in die Welt oder das Vertrauen in einen von uns kausal zu bewirkenden Fortschritt durch den neutraleren Begriff der Entwicklung, die in ihrer Janusköpfigkeit (man denke an die Technikentwicklung) als Beglückung wie als Bedrohung erkennbar wird. Schließlich verspricht das Evolutionsschema nach der Erfahrung der Begrenztheit der voraufgegangenen Weltsichten eine verbindende, einheitsstiftende Deutung aller Prozesse des Werdens, von der biologischen und psychischen bis hin zur sozialen und geistig-kulturellen Sphäre. Dies sind, wie mir scheint, die Gründe, die dafür sprechen, einen grundsätzlichen Wandel der außerwissenschaftlichen Weltansicht zu konstatieren, einen Wandel vom kausalen zum evolutionären Deutungsschema der Welt.

III. Evolution als Deutungsschema 273

An dieser Stelle ist ein Hinweis geboten: Das Evolutionsschema ersetzt nicht etwa das kausale Schema, so wenig wie
das kausale seinerzeit das teleologische. So, wie menschliche Handlungen allemal teleologisch bleiben und im Übergang zur Neuzeit nur die teleologische Deutung allen Geschehens im Bereiche der Natur zugunsten der Kausalursa-
chen ausgeschlossen wurde, so wird jetzt der Bereich der
kausalen einschließlich der statistischen Gesetzmäßigkeiten
auf all jene Ereignistypen beschränkt, wo sie sinnvoll und
unverzichtbar sind; die Berechnung eines Motors eines Kä-
fernachfolgers, nun sicherlich ohne Trittbretter, wird nicht
anders als mit Mitteln kausaldeterministischer Gesetze erfolgen, aber diese Gesetze erlauben keine Erklärung des
Modellwechsels vom Käfer zu den Nachfolgemodellen, deren letztes kaum mehr mit dem ersten Golf vergleichbar ist.
Sobald aber unser Hauptaugenmerk nicht mehr den für die
Konstruktion benötigten Gesetzen, sondern den singulären
Zuständen in ihrer Geschichtlichkeit und in ihrem jeweiligen Bezug zum Menschen gilt, stehen wir vor dem Erfordernis, uns eines Deutungsschemas zu bedienen, das umfassender ist als das kausale, nachdem sich dessen Begrenztheit
gezeigt hat.

5. *Die Zumutung des Zufalls*

Das Deutungsschema der Evolutonstheorie zu akzeptieren
bedeutet eine Zumutung, denn es verlangt in Gestalt der
spontanen Mutation, in Gestalt des unvorhersehbaren
Neuen in jedem Anwendungsbereich die *Anerkennung des
Zufalls*. Nun kann Zufall ganz Unterschiedliches bedeuten,
nämlich

– erstens im Hinblick auf die Welt das Sichkreuzen zweier
  unabhängiger Kausalreihen. Das zufällige Geschehen ist
  hier sehr wohl kausal, aber es wird üblicherweise nicht
  auf einen gemeinsamen Rahmen bezogen. Das klassische

Beispiel ist der vom Wind gelockerte Ziegelstein, der einem Vorbeigehenden auf den Kopf fällt (wenn man beide Ereignisreihen hier einmal als Kausalmechanismus sieht).

– Zweitens kann zufällig ein Ereignis sein, dessen Prognose uns nicht möglich ist, weil uns die Kenntnis der genauen Antecedensbedingungen fehlt; das alte Beispiel dieses epistemischen Zufalls ist der einzelne Wurf eines Würfels, der in der Vorstellung der klassischen Physik in jeder Einzelphase kausal verläuft.

– Drittens wird Zufall – nämlich ontischer Zufall – als Ursachlosigkeit, als Spontaneität aufgefaßt. In der teleologischen wie in der kausalen Weltsicht ist für solch ontischen Zufall grundsätzlich kein Platz. Das Evolutionsschema hingegen setzt (im übrigen ebenso wie die Kopenhagener Deutung der Quantentheorie) die Existenz objektiven, ontischen Zufalls voraus.

Im Sinne dieses fundamental neuen Zufallsbegriffes sind wir nicht nur zu unwissend, die Art und den Zeitpunkt der nächsten Mutation vorherzusagen, sondern das Ereignis wird prinzipiell als spontan, das heißt als ursachlos im Sinne des Fehlens einer spezifischen, für eine Prognose tauglichen Ursache angesehen: Das HO-Schema der Erklärung ist unanwendbar, weil es keinerlei Gesetzesaussage über das Auftreten der nächsten Mutation geben kann! Ebenso ist das kreative Hervorbringen einer neuen naturwissenschaftlichen Hypothese oder einer technologischen Innovation nicht prognostizierbar, denn gelänge dies, enthielten sie gerade nichts prinzipiell Neues. Den Zugewinn an Deutungsmöglichkeit mit Hilfe des Evolutionsschemas zahlen wir also mit einem Preis, der gerade bedeutet, auf ein grundlegendes Prinzip des neuzeitlichen Naturverständnisses zu verzichten, nämlich auf das Prinzip des zureichenden Grundes:

Die Deutungsleistung des Evolutionsschemas wird erkauft durch einen Verzicht hinsichtlich des Anspruchs, die Welt erklären zu können.

III. Evolution als Deutungsschema 275

Mag dies in der Biologie angesichts der Beschränkung, die uns die Unschärferelation der Quantentheorie auferlegt, gerade noch einsichtig sein, so verlangt die Übertragung auf andere Bereiche doch eine Rechtfertigung; denn was aufgegeben und worauf verzichtet wird, ist, Erklärung heischende Warum-Fragen zu beantworten zu können, wie Hempel und Oppenheim dies mit dem HO-Schema für eine wissenschaftliche Erklärung herausgearbeitet hatten! Die Rechtfertigung besitzt eine andere Wurzel: Sie scheint überall dort, wo menschliche Kreativität im Spiele ist – im Bereich der Technik-, der Theorien- und Wissenschaftsdynamik –, gerade aus der Grunderfahrung spontaner Handlungen und des kreativen Denkens zu erwachsen; *Kreativität, Spontaneität und Freiheit* aber gelten als Inbegriffe des Humanum, denn Spontaneität als Selbstbestimmung ist Voraussetzung der Freiheit; und die Kreativität erst macht den Menschen zum Homo faber, zum Schöpfer von Kultur und Zivilisation. Mit diesen Begriffen, die für unser heutiges Selbstverständnis völlig zentral sind, hatte aber das kausale Weltbild seine nur um den Preis großer metaphysischer Konstruktionen zu überwindenden Schwierigkeiten; man denke nur an Spinoza: Freiheit als Einsicht in die Notwendigkeit; an Leibniz: Freiheit als Vorherwissen Gottes statt eines Vorherbestimmens (*praevisio* statt *praedeterminatio*); oder an Kant: Freiheit als besondere Form der Kausalität durch Freiheit! Nur wenn man sich diesen Problemhorizont vergegenwärtigt, wird verständlich, wieso die Gegenwart bereit ist, die Zumutung des Evolutionsschemas für tragbar zu halten. So mag die Rechtfertigung von dort auch in den sozialen Bereich ausstrahlen. Das Evolutionsschema, selbst eine theoretische Konstruktion menschlicher Kreativität, entspricht also auch in diesem Punkte einer Grunderfahrung des Menschen: wo es zur intellektuellen Bewältigung des Zufalls in der Biologie als fundamentale Kontingenzerfahrung der Kontingenzbewältigung bedarf, kann sich das Schema außerhalb der Biologie auf den Zufall als

276   C Hermeneutik, Dialektik, Evolution

Neues in Gestalt menschlicher Kreativität stützen. Damit
sind zwar nicht alle Probleme gelöst, aber die Zumutung ist
entscheidend gemildert.

6. Zwischen Empirie und Transzendenz: Der Mensch als
Glied und als Steuernder der Evolution

Das Deutungsschema der Evolution, so zeigt sich, ist auf
dem Wege, eine neue Weltsicht zu etablieren, die mit unserer heutigen Problemlage in Einklang steht. Darüber aber
sollte nicht versäumt werden, die Punkte aufzuzeigen, an
denen es an seine Grenzen stößt. Mit seiner Herkunft aus
der Biologie als einer Erfahrungswissenschaft verbindet das
Schema den Anspruch auf Objektivität im Sinne einer Gültigkeit unabhängig vom Subjekt. Problematisch wird nun
diese Objektivität bei der Übertragung auf andere Bereiche;
denn schon in der Biologie wird sie erlangt durch die Beschränkung auf das, was Darwin »natürliche Zuchtwahl«
nannte – im Gegensatz zur menschlichen Zuchtwahl. So
läßt uns das Schema vergessen, daß *wir* es sind, die in all
den Bereichen von der Religionssoziologie bis zur Technikentwicklung das jeweils Neue hervorbringen: Es besteht so
die Gefahr, Entwicklungprozesse als etwas Naturgesetzli-
ches zu verstehen, das in seiner Eigendynamik zwar nach-
zeichenbar, aber – eben wegen der Nichtprognostizierbar-
keit – nicht steuerbar ist. Das jedoch wäre fatal, denn wir
würden verspielen, was uns das Schema gerade deutlich
machen könnte, die Bedeutung nämlich des Menschen als
Faktor in der Evolution, seine Bedeutung in der Möglichkeit zur Zuchtwahl wie zur Genmanipulation, im Entwerfen und Verwirklichen sozialer Systeme, im Konzipieren
wissenschaftlicher Theorien und im Realisieren technologi-
scher Artefakte zur Befriedigung echter und vermeintlicher
menschlicher Bedürfnisse. Hier, im Bereich menschlichen
Eingreifens in den als Evolution gedachten Prozeß mit den

III. Evolution als Deutungsschema   277

von den Wissenschaften entwickelten Mitteln, treten die
uns heute bedrängenden Probleme der Wissenschaftsethik,
der Gentechnologie und der Technikbewertung auf, hier,
wo der Mensch durch Unterlassen möglicher Hilfe und
durch Unterlassen von Neuentwicklungen geradeso schuldig werden kann wie durch Handeln ohne zureichende Ab-
schätzung der Folgen. All solche Handlungen setzen Normen und Werte voraus; die aber sind nicht auf ein Spiel von
Zufall und Notwendigkeit zurückführbar. Der Empirie
sind solche Ziele nie zu entnehmen, sie liefert immer nur
deskriptive, keine normativen Aussagen. Ohne Sinnzuschreibungen aber sind wir nicht mehr Menschen. Nur
indem wir der Welt einen Sinn geben, entstehen Werthal-
tungen, denen das Evolutionsschema seine heutige Akzeptanz verdankt! Ehrfurcht vor dem Leben verlangen Albert
Schweitzer und Hans Jonas: Der Natur wird damit in ihrer
Einzigkeit ein Wert zugesprochen, und die Bewahrung der
Natur wird zum Ziel. Ziele, oder wie Kant sagte, Absich-
ten, letztlich also Werte und Sinnzuschreibungen, sind aber
der Natur prinzipiell nicht zu entnehmen, sie entstammen
einer anderen, ihr transzendenten Quelle. Wie sagte doch
Kant zur Begründung eines kritischen Prinzips der Vernunft für die reflektierende Urteilskraft: »Es ist für den
Menschen ungereimt, zu hoffen, daß dereinst ein Newton
aufstehen könne, der auch nur die Erzeugung eines Grashalms nach Naturgesetzen, die keine Absicht geordnet hat,
begreiflich machen werde.« So weit auch die ordnende
Kraft des neuen Deutungsschemas reichen mag, es läßt uns
mit der Aufgabe zurück, die Absicht, den Sinn unseres
menschlichen Daseins, je für uns zu suchen und zu finden.

Epilog: Wissenschaftsphilosophie

1. Neue Perspektiven

Was hier als analytische Wissenschaftstheorie zur Darstellung kam, läßt sich rückblickend als *klassische Wissenschaftstheorie* bezeichnen, klassisch, weil sie wesentlich von einem harmonisierenden Einheitsgedanken getragen war und, am Leitbild der Physik orientiert, zugleich einer Vorstellung verpflichtet, für die Descartes' *Mathesis universalis*, Leibnizens *Scientia generalis* und die Newtonsche Axiomatik der *Principia* früh schon ein Ideal bildeten. Carnap, Hahn und Neurath hatten in diesem Geiste die Vorstellung einer *wissenschaftlichen Weltauffassung* entwickelt, und Reichenbach verfaßte 1951 das viel gelesene, populär geschriebene Werk *Der Aufstieg der wissenschaftlichen Philosophie*.[85] Sie alle brachten die Überzeugung zum Ausdruck, daß sich die traditionelle Metaphysik und Philosophie auflösen werde, weil sich all ihre Begriffe und Aussagen als sinnlos erweisen lassen würden; an deren Stelle werde metaphysikfreie Wissenschaft treten – kurz, die traditionellen Fragen der Philosophie würden von den Wissenschaften ideologiefrei und im Grundsatz ein für alle Mal gelöst werden. Der Philosophie bliebe nur noch, überall dort, wo sich angeblich neue philosophische Probleme auftun, diese entweder durch sorgfältige Analyse als sinnlos zu entlarven oder der zuständigen Fachwissenschaft zuzuweisen.

Nach Thomas S. Kuhn war eine solche Auffassung nicht mehr vertretbar; doch selbst die Wende zum Historischen, die von ihm bewirkt wurde und die dazu führte, Dialektik,

---

85 Hans Reichenbach: *The Rise of Scientific Philosophy*, Berkeley: University of California Press 1951 (dt.: *Der Aufstieg der wissenschaftlichen Philosophie*, Berlin: Herbig 1953).

280 Epilog: Wissenschaftsphilosophie

Hermeneutik und das Evolutionsschema in den Horizont der Wissenschaftstheorie einzubeziehen, ist mittlerweile zum festen Bestand der Sicht und des Verständnisses von Wissenschaft geworden; auch diese drei Formen der Strukturierung zeitlichen Geschehens können längst schon als klassisch gelten. An die Stelle der inhaltlichen Einheit der Wissenschaften ist jedoch die Einheit der Modellierung des historischen Prozesses getreten.

Auf der Basis der Übertragung des Evolutionsschemas als Deutungsschema zeichnete sich – ablesbar bei Toulmin – eine Veränderung der Weltsicht ab, der an der Schwelle zum neuen Jahrhundert eine grundlegende Wandlung des Bildes korrespondiert – und dies, obwohl es nach wie vor zahlreiche Untersuchungen gibt, die dem klassischen wissenschaftstheoretischen Zugang zuzurechnen sind und die in immer neuen, verfeinerten Anläufen fragen, was eine Erklärung und was eine gesetzesartige Aussage ist, was die historische Perspektive und was ein Paradigma bedeuten, wie der Wechsel von fundamentalen Überzeugungen zu charakterisieren sei und wie in Ausweitung der Hermeneutik ein neuer Interpretationsbegriff fundiert werden müsse. Das Grundverständnis der Wissenschaften hat sich jedoch durch eine Reihe neuer Zugangs- und Sichtweisen vielfach verändert.

Die neue Problemkonstellation, die hier nicht mehr zur Darstellung kommen kann, soll wenigstens als Ausblick angedeutet werden. So veröffentlicht Nancy Cartwright an der früheren Wirkungsstätte von Popper und Lakatos ein Buch mit dem Titel *Wie die Naturgesetze lügen*; Peter Janich, ein Operationalist in der Nachfolge Bridgmans, Dinglers und Lorenzens, hat eine neue Richtung, den *Methodischen Kulturalismus*, kreiert; und dem Analogieschluß, der bei Stegmüller als unwissenschaftlich galt, werden ganze Bücher gewidmet. Man mag das als Modeerscheinung abtun, denn manchmal handelt es sich um alten Wein in neuen Schläuchen; doch steht dahinter viel eher ein Perspekti-

Epilog: Wissenschaftsphilosophie   281

venwechsel, sicherlich ausgelöst durch die Erfahrung der Begrenztheit der klassischen Wissenschaftstheorie und ihrer Physikorientierung, zugleich jedoch mitbewirkt durch ein verändertes Verständnis des Wissensanspruchs der Wissenschaften. Diese Sicht kokettiert in Gestalt der Postmoderne oft mit dem Relativismus, aber auch damit ist der Kern noch nicht getroffen.

Die veränderte Lage wird deutlich, wenn Cartwright den Zusammenhang der Wissenschaften als »patchwork« versteht:[86] »The Dappled World« – die Welt der Wissenschaften ist nicht nur gescheckt, vielmehr fügt sie sich nicht mehr zu einer Einheitswissenschaft. Philip Kitcher, der eine ähnliche Auffassung vertritt, sucht den Zusammenhalt dieses scheckigen Stückwerks zu bestimmen. Er bedient sich dazu eines Bildes, das zugleich Ausdruck dieser neuen Perspektive ist, wenn er schreibt, er wolle die Wissenschaftsentwicklung – zur Abwehr alter »Legenden« über die Wissenschaft und ihren Fortschritt – »als einen Prozeß behandeln, in dem kognitiv beschränkte Lebewesen ihre Anstrengungen in einem sozialen Raum verknüpfen«.[87] Er beginnt seine Untersuchung mit »Darwins Herausforderung«, also mit einem biologiegeschichtlichen Zugang, der Kuhns Thesen aufnimmt, um diese nachfolgend mit einem evolutionsanalogen Entwicklungsmodell zu einem neuen Bild von Wissenschaftsentwicklung zu verknüpfen. Sein Werk schließt mit der Beteuerung, die alten Legenden müßten »nicht begraben, sondern verwandelt werden«. An die Stelle des Gedankens der Einheitswissenschaft ist so das übergreifende Modell einer geschichtlichen Genese getreten, während das Strukturmodell einer jeden Einzelwissen-

86 Nancy Cartwright: *The Dappled World. A Study of the Boundaries of Science*, Cambridge University Press 1999, S. 23.
87 Philip Kitcher: *The Advancement of Science. Science without Legend, Objectivity without Illusions*, New York / Oxford: Oxford University Press 1993, S. 9.

schaft zu einem gegebenen Zeitpunkt durchaus dem entsprechen kann, was hier im Zweistufenmodell (vgl. Abb. 17) zusammengetragen wurde.

Dieser neuen, auf die klassische Wissenschaftstheorie aufbauenden und sie modifizierenden Sicht gehören, wie sich heute abzeichnet, folgende durchgängig zu beobachtenden Interessenverschiebungen an:

– *Biologie gilt als neues Leitbild* – nicht im Sinne eines Biologismus, sondern im Sinne eines neuen Verständnisses von Veränderungsprozessen über das Evolutionsschema hinaus als fundamental für alles, was mit menschlichem Erkennen und Handeln zusammenhängt, verbunden mit der Bereitschaft, andere, auch schwächere Erklärungsschemata zuzulassen.

– Die Bedeutung der *Neurologie* für die Erkenntnistheorie und damit auch für die Modell- und Theoriebildung in den Wissenschaften, wie sie sich beispielsweise im Radikalen Konstruktivismus abzeichnet, führt nicht nur auf Fragen der künstlichen Intelligenz und des Leib-Seele-Problems, sondern auf neue Fragen zur Dignität und zum Umfang des Geltungsanspruchs der Aussagen dieser Wissenschaften.

– Die *Computerisierung* insbesondere des wissenschaftlichen Wissens – von der Datenerhebung über die Datenbearbeitung bis hin zur Theorieausformung – bringt nicht nur neue Wissenschaften wie Informatik, Kognitions- und Medienwissenschaften hervor, sondern sie führt mit ihnen auch zu neuen Kriterien der Wissenschaftlichkeit: Nur noch Fragen, die digitalisierbar sind, und Lösungen, die auf dieser Basis gewonnen werden können, bestimmen vielfach den Rahmen der Wissenschaft.

– *Wissenschaftstheorie der Technikwissenschaften* erscheint als ein Desiderat, und damit die Rehabilitation funktionaler und teleologischer Kategorien, die Hinwendung zum Einzelnen statt zu allgemeinen Gesetzen, die theoretische Orientierung an funktionaler Effizienz statt an

Epilog: Wissenschaftsphilosophie   283

Wahrheit (genauer: gefordert ist die Wahrheit der Aussagen über solche Effizienz) und die Reflexion auf Ziele – alles Voraussetzung einer Technikbewertung und Technikethik, die heute eine bestimmende Rolle in der Entscheidung über den Fortgang der Entwicklung unserer Lebensbedingungen spielen sollen und müssen.

Dieser Verschiebung entsprechen neue, bislang noch gar nicht zureichend ausgelotete Möglichkeiten der Strukturierung des Wissens, wie sie vor allem in der *Chaostheorie* und in Theorien der *Selbstorganisation* gegeben sind. Aus dem Bereich des Leib-Seele-Problems greifen Fragestellungen in Gestalt der *Emergenztheorie* auf das Verständnis von Wissenschaft über. Bei der Theorie chaotischer Systeme handelt es sich zunächst um etwas Altbekanntes, nämlich um Systeme nichtlinearer Differentialgleichungen, nur hatte man sie früher wegen der Schwierigkeit, zu Lösungen zu gelangen, nicht praktisch beherrschen können; das sieht heute dank des Einsatzes von Computern völlig anders aus: Mit ihnen werden Prozesse, die zwar klassisch-physikalisch sind, weil sie kausal determiniert ablaufen, auf einmal darstellbar und zeigen unerwartet neue Strukturen der Selbstähnlichkeit, die zu den von Benoît B. Mandelbrot so plastisch herausgearbeiteten Bildern führen. Doch damit nicht genug, auf einmal wird dieses Modell – direkt oder als Analogie – auf Phänomene übertragen, wo sich Systeme nichtlinearer Differentialgleichungen oft gar nicht formulieren lassen, weil die dafür nötigen quantitativen Begriffe ebenso fehlen wie funktionale Abhängigkeiten, so beispielsweise bei sozialen Phänomenen. Dasselbe wiederholt sich bei der Selbstorganisation, die, formal gesehen, wie die Untersuchungen von Ilya Prigogine zeigen, zunächst ähnliche Voraussetzungen wie die Chaostheorie hat; doch entscheidend ist allein die Entstehung von Ordnung ohne Außensteuerung und ohne inneres Programm: Auch dieses Modell wird von physikalischen und biotischen auf gesellschaftliche Systeme übertragen und führt überall zu neuen Struk-

284   Epilog: Wissenschaftsphilosophie

turbildungen. In der Emergenztheorie schließlich wird eine
heftige Diskussion der zwanziger Jahre des letzten Jahrhunderts wieder aufgegriffen, in der es darum ging, wie
man das Entstehen von Neuem im Aufstieg vom Materiel-
len über das Biotische und das Psychische zum Geistigen
zu denken habe; doch gegenüber der alten Debatte sind die
Ausgangsbedingungen völlig andere – sowohl hinsichtlich
der Wissenschaften als auch hinsichtlich ihrer wissenschaftstheoretischen Einordnung.

Gewiß, die Werke von Mandelbrot und Prigogine reichen
in die siebziger Jahre zurück; aber die Ausweitung und
Übertragung auf andere Gebiete erfolgte erst später. Was
entstand, sind gänzlich veränderte Kriterien in allen Festsetzungen erster Stufe, nämlich völlig neue Gegenstandsbereiche, Theoriestrukturen, Überprüfungskriterien und normative Festlegungen – bis hin zu Veränderungen in der Weltsicht, wenn die Vorgänge im Universum nicht bloß als infla-
torisch, sondern als selbstorganisierend, kreativ-emergent
und das menschliche Denken hervorbringend verstanden
werden: Das Leib-Seele-Problem, seit Descartes geläufig
und dort durch die methodische und ontologische Trennung von *res cogitans* als dem Denken und *res extensa* als
der Ausdehnung (der Körper) hervorgerufen, gehörte zur
Metaphysik; doch heute betrifft es ganz unmittelbar das
Verhältnis von Neurophysiologie, Psychologie, Kognitions-
wissenschaft und Philosophie: Durch völlig neue Methoden
und Modellbildungen sind neue Formen der Wissenschaft
entstanden, die Fragen aufwerfen, welche sich in die alten,
physikorientierten Sichtweisen ebensowenig einordnen lassen wie in eine traditionelle geisteswissenschaftlich-her-
meneutische Deutung. So vertritt beispielsweise Paul M.
Churchland als ein Anhänger des ›eliminativen Materialismus‹ die These von der Überflüssigkeit mentalistischer
Sichtweisen – weshalb das Verstehen wissenschaftlicher
Theorien »nicht darin besteht, eine Anzahl von Gesetzen zu
akzeptieren und zu handhaben«, wie Kuhn gemeint habe,

Epilog: Wissenschaftsphilosophie 285

»sondern es besteht in einer Anzahl von Fähigkeiten, die in den Verbindungsgewichten der Synapsen im Gehirn des Wissenschaftlers begründet sind«.[88] Ganz anders dagegen der Mathematiker und theoretische Physiker Roger Penrose, der sich vehement gegen eine solche Elimination des Geistigen wehrt: Mathematische Objekte ›gibt‹ es unabhängig von wirklichen Gehirnen und ihren Modellen.[89]

Alle genannten Beispiele haben ein gemeinsames Element, das diese veränderte Perspektive ebenfalls kennzeichnet: Die neue Sicht ist weder von Einzelwissenschaften abgezogen, noch folgt sie einem einzigen Modell, gar in Gestalt eines Reduktionsprogramms oder eines Aufbaus, der dem cartesischen Ideal entspräche; vielmehr ist sie disziplinübergreifend – gleichviel, ob man dies als Multidisziplinarität, Interdisziplinarität oder Transdisziplinarität differenzieren und unterschiedlich kennzeichnen mag. Genau dies drückt auch Cartwrights Bild vom Patchwork aus, oder das des Rhizoms, das Helga Nowotny aufnimmt.[90] Am handgreiflichsten wird dies bei der Frage der Technikbewertung: sie wird durchaus als ein wissenschaftliches Problem verstanden, doch zu einer Lösung oder Entscheidung müssen so heterogene Elemente wie technische Funktionalität, wirtschaftliche Effizienz, individuelle Sicherheit, ökologische Verträglichkeit und die Respektierung gesellschaftlicher und personaler Werte verknüpft werden. Allerdings – und

88 Paul M. Churchland: *The Engine of Reason, the Seat of the Soul*, Harvard: MIT Press 1995 (dt.: *Die Seelenmaschine. Eine philosophische Reise ins Gehirn*, Heidelberg: Spektrum 1997, S. 326 f.).

89 Roger Penrose: *The Emperor's New Mind. Concerning Computers, Minds, and the Laws of Physics*, New York: Oxford University Press 1989 (dt.: *Computerdenken. Des Kaisers neue Kleider oder Die Debatte um Künstliche Intelligenz, Bewußtsein und die Gesetze der Physik*, Heidelberg: Spektrum 1991).

90 Helga Nowotny: *Es ist so. Es könnte auch anders sein. Über das veränderte Verhältnis von Wissenschaft und Gesellschaft*, Frankfurt a. M.: Suhrkamp 1999.

auch dies gilt es zu betonen – setzt jede Inter-, Multi- und Transdisziplinarität stets Disziplinarität voraus, und damit die Wissenschaftsformen, die Gegenstand der klassischen Wissenschaftstheorie sind.

Auch wenn die genannten Werke von Mandelbrot bis zu Penrose keine Fachbücher sind, markieren sie sehr wohl die veränderte Fragestellung, geht doch mit den skizzierten neuen Wissenschaften eine Verlagerung des Schwerpunktes leitender Interessen einher. Damit werden die Inhalte und Resultate der klassischen Wissenschaftstheorie alles andere als obsolet – es wird nur möglich, eine Trennungslinie zwischen den Neuansätzen und dem Fundament zu ziehen, auf das sie aufbauen, selbst dann, wenn sie es einer Kritik und Umdeutung unterziehen.

In noch anderer Hinsicht zeichnet sich ein grundlegend verändertes Verständnis ab: Wissenschaft ohne Metaphysik ist unmöglich! So ist es alles andere als zufällig, daß neuere Publikationen zu Fragen, die man noch vor einem Jahrzehnt der Wissenschafts*theorie* zugerechnet hätte, nun – wie zahlreiche neuere Veröffentlichungen belegen – unter dem Signum der Wissenschafts*philosophie* erscheinen: Es geht dabei nicht einfach um die Wiedergewinnung verloren geglaubten Terrains, sondern um eine unter der Hand veränderte Fragestellung, die nicht mehr in erster Linie dem Erkenntnisanspruch wissenschaftlicher Aussagen gilt, sondern dem wissenschafts- und kulturgeschichtlichen Phänomen Wissenschaft in seinen Weltbildbezügen.

Auf all diese neuen Entwicklungen kann und soll hier nicht mehr eingegangen werden, denn sie verlangen eine Ausrichtung an anderen Fragen, und es sind andere Inhalte, die zur Darstellung gebracht werden müßten, zu schweigen davon, daß sich zwar ein Neubeginn abzeichnet, dessen Ausgang sich aber nicht einmal erahnen läßt. Doch gerade weil es sich nach wie vor um Wissenschaften handelt, werden Grundvorstellungen tragend bleiben, die eine abschließende wissenschaftsphilosophische Betrachtung auf dem

Epilog: Wissenschaftsphilosophie 287

Hintergrund des Dargelegten erlauben und die es erfordern, die Überlegungen zum Phänomen Wissenschaft abzurunden.

2. Wissenschaftskritik

Der Blick auf die Wissenschaften in analytischer Sicht hatte weitergeführt in deren Geschichtlichkeit. So waren Modelle der Wissenschaftsentwicklung entstanden, die – den Weg zwischen Konventionalismus und Dogmatismus suchend – einerseits nach der Ergänzung um Bedingungen des Verstehens von Geschichte verlangten, andererseits ein Verstehen der Dynamik der Wissenschaftsentwicklung erforderten. Schritt für Schritt zeigte sich dabei, daß die Wissenschaften in ihrem systematisch und methodisch geleiteten Fragen und in ihrer Suche nach begründeten Antworten als gesicherte Erkenntnis stets eingebettet sind in Auffassungen, die selbst ihren Grund in dem haben, was hier die Weltsicht genannt wurde. Wissenschaftstheorie, auf dem beschriebenen Wege angereichert um die Wissenschaftswissenschaften, kann diese Bedingungen selbst nicht mehr einholen – sie gehören dem Bereich der Wissenschaftsphilosophie an. Deren Probleme wurden bis hin zum Zusammenhang der Regeln zweiter Stufe mit der Weltsicht verfolgt und am geschichtsmetaphysischen Denkschema der Evolution in ihrer Verwobenheit mit dem Phänomen Wissenschaft sichtbar gemacht.

War die Leitschnur zunächst die Klärung des die Wissenschaften vorantreibenden *Fragens* als methodisch und systematisch geleitete Suche nach begründeter Erkenntnis, so korrespondiert dem als ein konstitutives Element der Wissenschaften die *Kritik* an den jeweils vorgeschlagenen Antworten, nämlich begründete immanente Kritik um der angestrebten Objektivität und Begründetheit der wissenschaftlichen Antworten willen. Dem trugen Poppers Falsi-

288   Epilog: Wissenschaftsphilosophie

fikationismus, Gadamers Gesprächsmodell, die Thesis-Antithesis-Synthesis-Abfolge der Dialektik und der Selektionsmechanismus des Evolutionsschemas je auf ihre Weise Rechnung: Wenn das Fragen die Wissenschaften anleitet, so sichert die Kritik die gefundenen Resultate.

Kritik als immanente Kritik ist wissenschaftskonstitutiv; doch wo sind die Grenzen der Immanenz? Und vor allem: wenn kritisches Denken der Weg ist, der zur Objektivität führt, so kann ein solches Denken nicht auf die Wissenschaften begrenzt bleiben, sondern wird sich auch gegen sie selbst wenden. So sehen wir uns heute – für viele unerwartet – einer externen Kritik an den Wissenschaften und der verwissenschaftlichten Technik gegenüber, obwohl diese Menschheitsträume wahr gemacht haben: Die Mäuler der Familie können (oder könnten doch) bis zum Abend gestopft sein, die sieben dürren Jahre lassen sich überwinden (oder wären doch überwindbar), viele Krankheiten haben ihren Schrecken verloren, und selbst bei Naturkatastrophen pflegen wir heute nicht die Natur oder Gott schuldig zu sprechen, sondern Menschen – etwa für den Bau nicht erdbebensicherer Behausungen, für die Besiedlung dazu ungeeigneter Niederungen oder Berghänge, für die unzureichende Vorsorge gegen Überschwemmungen, eben weil uns die verwissenschaftlichte Technik Lösungsmöglichkeiten an die Hand gegeben hat. Dennoch mehren sich die kritischen Stimmen: Die apokalyptischen Reiter am Beginn des neuen Jahrtausends heißen heute Ozonloch, Klimakatastrophe, Strahlenverseuchung und Overkill; und ihr Ritt beginnt in Seveso, Bophal, Tschernobyl und Hiroshima. Gleichzeitig entstehen Konzepte der Wissenschaftsethik, der Technikethik, der Technikbewertung und der Technikfolgenabschätzung, um der Apokalypse zu begegnen; dies ist fraglos ein Gebot der Stunde. Doch wie konnte etwas, das als Wissenschaft nach begründeter Erkenntnis strebt, statt sich mit Mythen zufrieden zu geben, solche negativen Einschätzungen erfahren?

Epilog: Wissenschaftsphilosophie 289

Die Gründe für die Beunruhigung liegen tiefer, wenn als Grundlage der heutigen Lebenswelt die Wissenschaften verantwortlich gemacht werden, obwohl sie doch viele der genannten existentiellen Sorgen nur mittelbar zu verantworten haben, nämlich nur soweit sich wissenschaftliche Mittel nicht ablösen lassen von Zielen, für die sie eingesetzt werden. Oder anders gewendet: Warum wird eine primär der Technik zuzuschreibende Konstellation pauschal den Wissenschaften insgesamt angelastet? Die Beunruhigung liegt tiefer, weil ihre Wurzeln in wenigstens drei mit der neuzeitlichen Wissenschaft verbundenen Problemen gegründet sind, nämlich

– in einem Wertkonflikt von Individuum und Wissenschaft,
– in einer unerfüllten Heilserwartung und
– in einer unerfüllbaren Hoffnung einer Sinnstiftung durch Wissenschaft.

Beginnen wir mit dem Wertkonflikt: Während in unserer abendländischen Kultur seit dem Humanismus immer der Wert des Individuums betont wird, spielt die Individualität in der Wissenschaft als Theoriegebäude keinerlei Rolle. Hier soll ja gerade jeder, der von den gleichen Voraussetzungen ausgeht, zum selben Ergebnis gelangen! Die Austauschbarkeit der Subjekte ist so in den Wissenschaften auf gleiche Weise gefordert wie in der Technik, in der die Maschine auch im Grundsatz von jedem bedienbar sein soll. Dies hat weitreichende, uns allen vertraute Folgen, weil unsere Lebenswelt geprägt ist durch die von der Technik geforderte Funktionalisierung aller Abläufe nach Effizienzkriterien unter Bedingungen der Austauschbarkeit der Subjekte. Die Gleichheit der Individuen vor Vernunft und Erfahrung führt also zum Verlust der Individualität. Deshalb werden Wissenschaft und Technik als unmenschlich erfahren, wenn am Menschen nicht die allen gleiche Vernunft, sondern seine Geschichtlichkeit betont wird. Diese Kluft verschärft sich durch die Ausrichtung der Erfahrungswissenschaft auf universelle Aussagen: Ein formuliertes Gesetz (und sei es noch so sehr nur eine Hypothese) ist unabhängig davon, wer es anwendet und wie die Umwelt beschaffen ist; darin liegt ja gerade seine Fruchtbarkeit. Daß Kohlenstoff und Sauerstoff zu CO_2 reagieren, gilt auch dann noch, wenn es keinen Sauerstoff für Lebewesen mehr zu atmen gibt. Hier geht es um die Diskrepanz zwischen der Universalität erfahrungswissenschaftlicher Aussagen und der Begrenztheit und Endlichkeit unseres Lebensraumes, auf den wir diese Aussagen beziehen.

Kommen wir zum zweiten Punkt, dem der unerfüllten Heilserwartung. Neuzeitliche Wissenschaft war, wie immer wieder auf dem Weg durch die Modelle zur Wissenschaftsentwicklung hervorgehoben wurde, aufs innigste mit dem Gedanken eines Fortschritts verknüpft. Dieser sollte sich bei Bacon in der Verbesserung der Lebensbedingungen und, daraus erwachsend, in einem friedlichen Zusammenleben niederschlagen. Mit der Aufklärung wurde dies tiefer begründet in der Vorstellung, mehr Wissen durch mehr Wissenschaft führe zu vernünftigerem und damit sittlicherem Handeln. Und die deutschen Idealisten verbanden die Forderung nach Presse- und Meinungsfreiheit konsequent mit der Forderung nach Wissenschaftsfreiheit. So richtig dieser Gedanke ist, so falsch es wäre, Wissenschaft politisch festzulegen, statt ihre innere Kritikfähigkeit durch Unabhängigkeit zu stärken und durch die »Verpflichtung zur Wahrheit« (so die emphatische Formulierung der feierlichen Immatrikulation von Studenten noch in den fünfziger Jahren des 20. Jahrhunderts an deutschen Universitäten) – so treffend und notwendig dies alles ist, es *garantiert* nicht den moralischen Fortschritt der Menschheit. Das aber war über Jahrhunderte der Inhalt der säkularisierten Heilserwartung! Eben diese Heilserwartung ist enttäuscht worden, und diese Enttäuschung wirkt als Verlust ungleich tiefer als jedes Scheitern einer wissenschaftlichen Hypothese.

Der dritte Punkt betrifft die Unerfüllbarkeit einer Sinnstif-

Epilog: Wissenschaftsphilosophie 291

tung des menschlichen Daseins durch Wissenschaften. Er wurde von Edmund Husserl als *Krisis der europäischen Wissenschaften* diagnostiziert; denn keine einzige empirische Wissenschaft – und ihnen gilt die Kritik in erster Linie – vermag die Frage zu beantworten, was der Sinn des menschlichen Daseins ist: Wissenschaft ist sinn-los geworden! Descartes sah noch aus dem Stamm der einen vernunftgegründeten Mathesis die Äste der Physik, der Medizin und der Ethik hervorwachsen. Nicht der Wissenschaftsfortschritt, sondern Gründung auf Vernunft sollte dazu befähigen, uns Handlungsregeln zu geben. Noch Fichtes Wissenschaftslehre wollte in ihrem praktischen Zweig dasselbe leisten, und Humboldts Universität ruhte auf Schellings Vorstellungen von den Aufgaben eines akademischen Studiums der Wissenschaften, das darin kulminiert, die Sinnfrage zu beantworten. Doch dies ist nicht nur nicht gelungen – der kritische Gebrauch der Vernunft mußte dazu führen festzustellen, daß eine Antwort auf die Sinnfrage in den Wissenschaften grundsätzlich nicht gegeben werden kann, schon gar nicht eine absolute Antwort. Wenn diese Frage einen Bezug zu den Wissenschaften hat, dann auf dem Wege über die Weltsicht – aber als eine der Voraussetzungen von Wissenschaft, nicht als Resultat wissenschaftlich gegründeter Erkenntnis.

So zeigt sich, daß die heutige Kritik an den Wissenschaften bei weitem nicht nur eine irrationale Mode ist, sondern sehr wohl ein sachliches Fundament in der von der Wissenschaftstheorie freigelegten Struktur der Wissenschaften selbst hat.

3. *Wissenschaftliche Vernunft als Lebenseinstellung*

So dominant die externe Wissenschaftskritik zu sein scheint, so wenig entspricht dies der Realität; denn immer noch sind die Wissenschaften der Hort des bestgesicherten

Wissens, immer noch ist unser Leben und Überleben unmittelbar mit der Ausprägung der Wissenschaften zur Lebensform verwoben. Dies gilt – wie betont – für das Verfügungswissen, das uns die Wissenschaften bereitstellen, wie für das Orientierungswissen, das sie uns vermitteln. Das eine gibt uns Mittel an die Hand, Ziele zu erreichen, das andere verhilft dazu, die Ziele selbst zu bestimmen, indem es eine Ordnung von Mensch und Welt entwirft. Beides macht die Bedeutung der Wissenschaften für unsere Weltsicht aus, die sich in diesem Zusammenhang auch als *Bestimmung der Lebenseinstellung durch die wissenschaftliche Vernunft* charakterisieren läßt. Oder wiederum mit Mittelstraß: Wissenschaft ist in unserer Kultur zur Lebensform geworden. Wissenschaft ist gekennzeichnet durch systematisches und methodisches Fragen und durch eine argumentative Struktur der gegebenen Antworten mit Erkenntnisanspruch. Die grundsätzliche Ausrichtung auch der Methoden und Strukturen erfolgt an der regulativen Idee der Wahrheit. Dies alles ist weit mehr als ein Methodengefüge, wie es in den Regeln erster und zweiter Stufe zum Ausdruck kommt, es ist eine Einstellung, die gar nicht auf die Wissenschaften beschränkt bleiben kann, sondern zur Lebenshaltung des Einzelnen und zur prägenden Kraft für die Kultur wird. Ihre Elemente werden schon mit der Ablösung von einer mythisch verfaßten Gesellschaft deutlich, in der erzählt wird, ehe Fragen gestellt werden und damit sie nicht gestellt werden. Sobald nun Fragen gestellt sind – Erklärung heischende Fragen mit der Erwartung begründeter Antworten –, wird die Vernunft zur Leitschnur. Das aber bringt eine völlig veränderte Lebenseinstellung mit sich:

Das *Streben nach Wahrheit* wird zur Lebenshaltung, die leitende regulative Idee der Wahrheit kann nicht mit den Aussagesystemen der Wissenschaft enden, weil sie selbst in den Wissenschaften *handlungs*leitend ist. Daß »Naturgesetze lügen«, ist ja nur darum ein Aufmerksamkeit heischender Titel, weil gerade das Gegenteil die Aufgabe derer ist, die

Epilog: Wissenschaftsphilosophie 293

Gesetze zu formulieren trachten. Daß auch Wissenschaftler betrügen, belegt nur, daß aus einer regulativen Idee nicht zwangsläufig deren Befolgung resultiert (aber doch resultieren sollte, wie alle akademischen Ordnungsstrafen für solche Fälle zeigen). Auch wenn wissenschaftliche Aussagen eine nur durch judikale Festsetzungen geregelte Intersubjektivität zu erreichen vermögen, so steht doch dahinter der Leitstern der *Objektivität*, denn es geht weder um magisches Wissen, noch um eines, das sich nur besonders Eingeweihten zu erschließen vermag, sondern um eine Erkenntnis, die im Grundsatz jeder Mensch gewinnen kann; so ist auch das Ideal der *Gleichheit* aller Vernunftwesen mit dem wissenschaftlichen Denken verwoben.

Eine Situation muß in den Wissenschaften als Problemsituation abgegrenzt und begrifflich umrissen werden; das *analytisch-begriffliche Denken* wird also zur Voraussetzung. Problemlösungsvorschläge müssen begründbar sein, also gegenüber Einwänden verteidigbar; das setzt *Offenheit für Kritik*, die Respektierung des Kritikers und seiner Kritik voraus – im Wissen um den hypothetischen, vorläufigen Status der je gewonnenen Einsicht. Kritik bedeutet dabei nicht einfach Zurückweisung, sondern sie muß begründet sein; denn nur so kann sie Anspruch auf Intersubjektivität erheben. Nun könnte solche Intersubjektivität dogmatisch-ideologischer Art sein wie die einer Sekte, von denen einige dem Namen nach ja sogar den Anspruch der Wissenschaftlichkeit erheben. Wissenschaft verlangt aber, gerade nicht durch Dogmen welcher Art auch immer begrenzt zu werden; der Gedanke der Wissenschaftsfreiheit besagt, daß das Fragen nach Gründen und Erklärungen und die Weise ihrer Beantwortung (solange sie systematisch-methodisch und argumentativ erfolgt) keine Beeinträchtigung duldet. Nicht nur Kritikoffenheit, sondern *Offenheit des Fragens* überhaupt wird also zur Grundbedingung, deren Leitstern die Idee der Wahrheit ist. Das Abzielen auf Wahrheit – wissend, daß wir ihrer nie habhaft werden können oder nie

294 Epilog: Wissenschaftsphilosophie

sicher sein dürfen – bestimmt eine Lebenshaltung, die der unmittelbare Ausfluß der Wissenschaften ist. In einer Kultur, die wissenschaftsgeprägt ist, können diese Leitlinien nicht nur methodologische Regeln, nicht nur Teile des Wissenschaftsethos sein – sie fließen in dem Maße in die ganze Gesellschaft, in die Denk- und Handlungsweisen der Individuen ein, als diese von Wissenschaft durchdrungen ist. Die Entscheidung zum rationalen Problemlösungsverhalten, die Entscheidung zur Vernunft als Leitschnur ist es, nicht die Heilsverheißung wissenschaftlichen Fortschritts, was eine moderne, technisch-wissenschaftlich geprägte Gesellschaft bestimmt. Als Lebenshaltung beinhaltet dies die Überzeugung, daß die besseren Argumente allemal die verläßlichere Problemlösungsstrategie zum Tragen kommen lassen. Die wissenschaftstheoretischen Analysen der Wissenschaftsstruktur erweisen sich so als ein Schlüssel zur Gesellschaftsstruktur, sei diese als Informationsgesellschaft, als Wissensgesellschaft oder als Offene Gesellschaft gekennzeichnet.

Bedeutet der Übergang von der Wissenschaftstheorie zur Weltsicht nicht Wissenschaftsmetaphysik statt Wissenschaft, Dogmatismus und Ideologie im Kleide der Metaphysik statt gesicherter, begründeter Erkenntnis? Das jedenfalls war das Schreckgespenst, das bei aller grundsätzlichen Verschiedenheit Carnap und Popper zeichneten. Dem ist zu entkommen, wenn auch das Verständnis von Metaphysik einer Veränderung unterzogen wird, denn so wenig die Wissenschaften ewige Gesetze haben aufstellen können, so wenig ist es der Metaphysik je gelungen, die *philosophia perennis* zustande zu bringen, auf die sie abzielte. Daraus die Folgerung zu ziehen, Metaphysik sei obsolet, ist aber ebenso falsch wie die schon gestreifte These, Wissenschaften seien in ihren Aussagen bloß relativ, unscharf und unentscheidbar. Doch keine Wissenschaftsmetaphysik darf heute mehr beanspruchen, zu ewigen Wahrheiten vorstoßen zu können. Auch sie ist stets Kind ihrer Zeit, auch sie

Epilog: Wissenschaftsphilosophie 295

entfaltet Elemente, die Teil der Weltsicht sind. Deshalb aber ist sie weder unsinnig noch eliminierbar; denn selbst wenn sie keine wahren Aussagen an die Hand gibt, so doch ein Ordnungsschema, das die Grundvorstellungen des Verhältnisses von Mensch, Welt und Transzendenz in Begriffe faßt und damit die Vielzahl wissenschaftlicher Disziplinen, die Vielgestaltigkeit und Vielschichtigkeit der dabei eingegangenen Voraussetzungen zusammenzuschauen erlaubt. Nur kann dies nicht mehr in einer Einheitswissenschaft gelingen, sondern in einer sinnvollen, gar sinnstiftenden Ordnung, mag man nun diesen Zusammenhalt als Patchwork oder Rhizom sehen. Dabei kann es sich nur um einen hypothetischen, revidierbaren Ordnungsvorschlag handeln. Anders jedoch als bei den Wissenschaften, die Gegenstand der Wissenschaftstheorie sind, wird eine solche revidierbare Metaphysik nicht auf Wahrheit abzielen, sondern sie wird an dem Ziel zu messen sein, eine Ordnung des Wissens und damit eine Orientierung zu ermöglichen. Diese wird zeitgebunden sein wie alle Wissenschaft; doch sie zu entwerfen ist unverzichtbar in einer Kultur, der Wissenschaft zur Lebensform geworden ist. Dazu beizutragen – darauf zielte die Klärung der Frage: Was ist Wissenschaft?

Literaturhinweise

I. Wissenschaftsforschung im Kontext der Wissenschaftstheorie

1. Wissenschaftsgeschichte

Losee, J.: *Wissenschaftstheorie. Eine historische Einführung* [engl. 1972], München: Beck 1977.

2. Wissenschaftssoziologie

Knorr-Cetina, K.: *Die Fabrikation von Erkenntnis. Zur Anthropologie der Wissenschaft* [engl. 1981], Frankfurt a. M.: Suhrkamp 1984.

Krohn, W. / Küppers, G.: *Die Selbstorganisation der Wissenschaft*, Frankfurt a. M.: Suhrkamp 1989.

3. Wissenschaftspolitologie

Daele, W. v. d. / Krohn, W. / Weingart, P. (Hrsg.): *Geplante Forschung. Vergleichende Studien über den Einfluß politischer Programme auf die Wissenschaftsentwicklung*, Frankfurt a. M.: Suhrkamp 1979.

4. Wissenschaftspsychologie

Bachelard, G.: *Die Bildung des wissenschaftlichen Geistes. Beitrag zu einer Psychoanalyse der objektiven Erkenntnis* [frz. 1938], Frankfurt a. M.: Suhrkamp 1978.

Gholson, B. / Shandish, R. [u. a.] (Hrsg.): *Psychology of Science*, Cambridge University Press 1989.

5. Wissenschaftsethik

Lenk, H. (Hrsg.): *Wissenschaft und Ethik*, Stuttgart: Reclam 1991.

Agazzi, E.: *Das Gute, das Böse und die Wissenschaft. Die ethische Dimension der wissenschaftlich-technologischen Unternehmung* [ital. 1992], Berlin: Akademie-Verlag 1995.

298   Literaturhinweise

II. Wissenschaftstheorie allgemein

1. Einführungen

Seiffert, H.: *Einführung in die Wissenschaftstheorie*, 4 Bde., München: Beck 1969 ff.

Stegmüller, W.: *Hauptströmungen der Gegenwartsphilosophie*, 4 Bde., Stuttgart: Kröner [3]1965, [6]1979 [wechselnde Bandaufteilungen; zur Wissenschaftstheorie vgl. u. a. die Abschnitte über Carnap, Popper, Kuhn].

Ströker, E.: *Einführung in die Wissenschaftstheorie*, Darmstadt: Wissenschaftliche Buchgesellschaft 1973.

2. Lehrbücher

Balzer, W.: *Die Wissenschaft und ihre Methoden. Grundsätze der Wissenschaftstheorie*, Freiburg i. Br.: Alber 1997.

Essler, W. K.: *Wissenschaftstheorie*, 4 Bde., Freiburg i. Br.: Alber 1970–79.

Kutschera, F.v.: *Wissenschaftstheorie*, 2 Bde., München: UTB 1972.

Lay, R.: *Grundzüge einer komplexen Wissenschaftstheorie*, 2 Bde., Frankfurt a. M.: Knecht 1971–73.

Stegmüller, W.: *Probleme und Resultate der Wissenschaftstheorie und Analytischer Philosophie*, 4 Bde. in 6 Teilen, Berlin / Heidelberg / New York: Springer 1969–86.

III. Analytische Wissenschaftstheorie

Hempel, C. G.: *Aspekte wissenschaftlicher Erklärung*, Berlin: de Gruyter 1977.

Krüger, L. (Hrsg.): *Erkenntnisprobleme der Naturwissenschaften. Texte zur Einführung in die Philosophie der Wissenschaften*, Köln/Berlin: Kiepenheuer 1970.

IV. Wissenschaftsdynamik

Diederich, W. (Hrsg.): *Theorien der Wissenschaftsgeschichte. Beiträge zur diachronen Wissenschaftstheorie*, Frankfurt a. M: Suhrkamp 1974. [Mit Beitr. u. a. von Diederich, Lakatos (aus Lakatos/Musgrave), Kuhn, Stegmüller, Toulmin, Böhme / van den Daele / Krohn (sog. Finalisierungsthese).]

Literaturhinweise 299

Feyerabend, P.: *Wider den Methodenzwang. Skizze einer anarchistischen Erkenntnistheorie* [engl. 1975], Frankfurt a. M.: Suhrkamp 1976; rev. Fassung 1983.

Fleck, L.: *Entstehung und Entwicklung einer wissenschaftlichen Tatsache. Einführung in die Lehre vom Denkstil und Denkkollektiv* [1935], Frankfurt a. M.: Suhrkamp 1980.

Hübner, K.: *Kritik der wissenschaftlichen Vernunft*, Freiburg i. Br.: Alber 1978.

Kuhn, Th. S.: *Die Struktur wissenschaftlicher Revolutionen* [engl. 1962], Frankfurt a. M.: Suhrkamp 1967; [2]1976 [mit »Postscript« von 1969].

Lakatos, I. / Musgrave, A. (Hrsg.): *Kritik und Erkenntnisfortschritt* [engl. 1970], Braunschweig: Vieweg 1974. [Beiträge u. a. von Kuhn, Toulmin, Popper, Lakatos und Feyerabend.]

Laudan, L.: *Progress and its Problems. Towards a Theory of Scientific Growth*, London: Routledge 1977.

Lenk, H. (Hrsg.): *Zur Kritik der wissenschaftlichen Rationalität*, Freiburg i. Br.: Alber 1986.

Popper, K. R.: *Logik der Forschung* [1935], Tübingen: Mohr [5]1969.

Popper, K. R: *Objektive Erkenntnis. Ein evolutionärer Entwurf* [engl. 1972], Hamburg: Hoffmann und Campe 1973.

Radnitzky, G. / Andersson, G. (Hrsg.): *Fortschritt und Rationalität der Wissenschaft*, Tübingen: Mohr 1980. [Zur Popper-Lakatos-Tradition.]

Stegmüller, W.: *Rationale Rekonstruktion von Wissenschaft und ihrem Wandel*, Stuttgart: Reclam 1979.

Ströker, E.: *Wissenschaftsgeschichte als Herausforderung* [1974], Frankfurt a. M.: Klostermann 1976.

Toulmin, St.: *Voraussicht und Verstehen. Ein Versuch über die Ziele der Wissenschaft* [engl. 1961], Frankfurt a. M.: Suhrkamp 1968.

V. Hermeneutik

Apel, K.-O. [u. a.]: *Hermeneutik und Ideologiekritik*, Frankfurt a. M.: Suhrkamp 1971.

Betti, E.: *Allgemeine Auslegungslehre als Methodik der Geisteswissenschaften* [ital. 1955], Tübingen: Mohr 1967.

Bubner, R. [u. a.] (Hrsg.): *Hermeneutik und Dialektik* [Hans-Georg Gadamer zum 70. Geburtstag], 2 Bde., Tübingen: Mohr 1970.

300   Literaturhinweise

Gadamer, H.-G.: *Wahrheit und Methode* [1960], Tübingen: Mohr
²1965.
Gadamer, H.-G. / Boehm, G.: *Seminar: Philosophische Hermeneutik*, Frankfurt a. M.: Suhrkamp 1976.
Gadamer, H.-G. / Boehm, G.: *Seminar: Die Hermeneutik und die
Wissenschaften*, Frankfurt a. M.: Suhrkamp 1978.
Nassen, K. (Hrsg.): *Klassiker der Hermeneutik*, Paderborn: Schöningh 1982.
Pöggeler, O. (Hrsg.): *Hermeneutische Philosophie*, München: Nym-
phenburger 1972.
Simon-Schaefer, R. / Zimmerli, W. Ch. (Hrsg.): *Wissenschaftstheorie
der Geisteswissenschaften*, Hamburg: Hoffmann und Campe
1975.

VI. Dialektik

Adorno, Th. W.: *Negative Dialektik*, Frankfurt a. M.: Suhrkamp
1966.
Adorno, Th. W. [u. a.]: *Der Positivismusstreit in der deutschen Soziologie*, Neuwied: Luchterhand 1969.
Bubner, R.: *Dialektik und Wissenschaft*, Frankfurt a. M.: Suhrkamp
1973.
Bubner, R.: *Zur Sache der Dialektik*, Stuttgart: Reclam 1980.
Hubig, Chr.: *Dialektik und Wissenschaftslogik*, Berlin: de Gruyter
1978.

VII. Evolution

1. Zur Geschichte des Evolutionsdenkens

Bowler, P. J.: *Evolution. The History of an Idea*, Berkeley: University of California Press 1984, rev. Ausg. 1989.
Wuketits, F. M.: *Evolutionstheorien. Historische Voraussetzungen,
Positionen, Kritik*, Darmstadt: Wissenschaftliche Buchgesellschaft
1988.

2. Evolution im Ausgang von der Biologie

Monod, J.: *Zufall und Notwendigkeit. Philosophische Fragen der
modernen Biologie* [frz. 1970], München/Zürich: Piper 1971.

Eigen, M. / Winkler, R.: *Das Spiel. Naturgesetze steuern den Zufall*, München/Zürich: Piper 1975.

3. Evolution interdisziplinär

Grafen, A. (Hrsg.): *Evolution and its Influence*, Oxford: Clarendon Press 1989.

Patzig, G. (Hrsg.): *Der Evolutionsgedanke in den Wissenschaften*, Göttingen: Vandenhoeck 1991 (Nachrichten der Akademie der Wissenschaften in Göttingen, Philologisch-Historische Klasse, Jg. 1991, Nr. 7).

4. Evolutionäre Erkenntnistheorie und ihre Kritik

Spaemann, R. / Koslowski, P. / Löw, R.: *Evolutionstheorie und menschliches Selbstverständnis. Zur philosophischen Kritik eines Paradigmas moderner Wissenschaft*, Weinheim 1984.

Vollmer, G: *Evolutionäre Erkenntnistheorie*, Stuttgart: Hirzel 1975.

5. Evolution als Wissenschafts- und Weltsicht

Toulmin, St.: *Kritik der kollektiven Vernunft* [engl. 1972], Frankfurt a. M.: Suhrkamp 1983.

VIII. Wissenschaftsphilosophie

1. Klassische Wissenschaftsphilosophie

Carnap, R. / Hahn, H. / Neurath, O.: *Wissenschaftliche Weltauffassung – Der Wiener Kreis*, Wien 1929; Neudr. in: O. Neurath: *Wissenschaftliche Weltauffassung, Sozialismus und Logischer Empirismus*, Frankfurt a. M.: Suhrkamp 1979, S. 81–101.

Husserl, E.: *Die Krisis der europäischen Wissenschaften und die transzendentale Phänomenologie* [1935/37], Hamburg: Meiner 1977.

Mittelstraß, J.: *Wissenschaft als Lebensform*, Frankfurt a. M.: Suhrkamp 1982.

Oelmüller, W. (Hrsg.): *Philosophie und Wissenschaft*, Paderborn: Schöningh 1988.

2. Neuere Wissenschaftsphilosophie

Cartwright, N.: *The Dappled World. A Study of the Boundaries of Science*, Cambridge University Press 1999.

302 Literaturhinweise

Kitcher, Ph.: *The Advancement of Science. Science without Legend, Objectivity without Illusions,* New York / Oxford: Oxford University Press 1993.

Nowotny, H.: *Es ist so. Es könnte auch anders sein. Über das veränderte Verhältnis von Wissenschaft und Gesellschaft,* Frankfurt a. M.: Suhrkamp 1999.

3. Chaostheorie und Selbstorganisation

Küppers, G. (Hrsg.): *Chaos und Ordnung. Formen der Selbstorganisation in Natur und Gesellschaft,* Stuttgart: Reclam 1996.

Mandelbrot, B.: *Die fraktale Geometrie der Natur* [engl. 1977], Basel: Birkhäuser 1991.

Nicolis, G. / Prigogine, I. (Hrsg.): *Die Erforschung des Komplexen. Auf dem Weg zu einem neuen Verständnis der Wissenschaften* [engl. 1987], München/Zürich: Piper 1987.

4. Computer, Geist und Neurophysiologie

Churchland, P. M.: *Die Seelenmaschine. Eine philosophische Reise ins Gehirn* [engl. 1995], Heidelberg/Berlin/Oxford: Spektrum 1997.

Penrose, R.: *Computerdenken. Des Kaisers neue Kleider oder Die Debatte um Künstliche Intelligenz, Bewußtsein und die Gesetze der Physik* [engl. 1989], Heidelberg: Spektrum 1991.

5. Radikaler Konstruktivismus

Schmidt, S. J. (Hrsg.): *Der Diskurs des Radikalen Konstruktivismus,* Frankfurt a. M.: Suhrkamp 1987.

6. Emergenztheorie

Beckermann, A. / Flohr, H. / Kim, J. (Hrsg.): *Emergence or Reduction? Essays on the Prospects of Nonreductive Physicalism,* Berlin: de Gruyter 1992.

Stephan, A.: *Emergenz. Von der Unvorhersagbarkeit zur Selbstorganisation,* Dresden/München: Dresden University Press 1999.

Personenregister

Adorno, Th.W.   246, 253
Albert, H.   230–232
Apel, K. O.   221, 225–230, 232 f.
Aristoteles   20, 53, 104, 108, 127, 135, 139, 142–144, 183, 251

Bachelard, G.   14
Bacon, F.   9, 112, 136 f., 140, 290
Berkeley, G.   74
Böhme, G.   173
Bolzano, B.   17, 20, 106
Boyle, R.   126
Brahe, T.   123, 154
Bridgman, P. W.   86–89, 226, 280
Bühler, K.   29
Buhr, M.   111

Carnap, R.   22, 38–40, 74 f., 77, 81, 86, 92, 97, 99, 112–115, 142 f., 279, 294
Cartwright, N.   280 f., 285
Churchland, P. M.   284 f.
Cicero   136
Comte, A.   62
Craig, W.   98 f., 102

Daele, W. van den   173
Darwin, Ch.   59, 256–260, 262, 276, 281
Descartes, R.   72, 82, 128, 133, 188, 279, 284, 291
Dilthey, W.   209, 212, 219–222, 267

Dingler, H.   89, 123, 148, 280
Droysen, J. G.   210, 218 f.
Duhem, P.   124

Eddington, A.   18
Eigen, M.   260, 265
Einstein, A.   72, 87, 133, 150, 180, 184, 199, 201, 204, 265
Elkana, Y.   187, 189, 190
Engels, Fr.   85, 215, 249 f., 252

Feyerabend, P.   127, 144, 157–186, 194, 255
Fichte, J. G.   17, 20, 237, 240 f., 247 f., 255, 291
Fleck, L.   152 f., 211
Frege, G.   241
Freud, S.   19, 56

Gadamer, H.-G.   220–226, 229–232, 235, 288
Galilei, G.   78, 82, 143 f., 183, 189, 260
Goodman, N.   74, 117 f.

Habermas, J.   37, 225 f., 228–230, 232 f., 235, 253
Hahn, H.   143, 279
Hegel, G. W. F.   53, 62, 209, 224, 238, 240–255
Heidegger, M.   18 f., 220, 231
Hempel, C. G.   45–53, 62, 86, 115, 139, 142, 213, 275
Heraklit   266
Hermes   214
Hilbert, D.   95
Holzkamp, K.   123, 148

Hubig, Chr. 242
Hübner, K. 186f., 191f.
Hume, D. 64f., 69, 74, 77, 100
Husserl, Ed. 291
Huygens, Chr. 124

Janich, P. 89, 280
Jonas, H. 277
Jordan, P. 19

Kant, I. 20–23, 27, 63–65, 82,
    106, 127f., 203, 246f., 252,
    256, 260, 275, 277
Kepler, Joh. 123, 154, 197
Kitcher, P. 281
Klaus, G. 111
Klüver, J. 86
Körner, St. 186f.
Kopernikus, N. 123, 150, 154,
    180, 183, 196f., 260
Koslowski, P. 264
Krohn, W. 173
Kuhn, Th. S. 142–160,
    163–166, 168f., 172f., 176,
    178, 186f., 192, 194–196,
    198f., 209, 211, 225f., 279,
    281, 284

Lakatos, I. 156–169, 171f.,
    186, 192, 198, 250, 255, 280
Lamarck, J. 257, 262
Laplace, P. S. de 261, 266, 271
Laudan, L. 156, 165–169, 186,
    192
Leibniz, G. W. 63f., 82, 124,
    142, 166, 168, 188, 275, 279
Lem, St. 263
Lenin, W. I. 249
Lessing, Th. 254
Linné, C. v. 80

Livius, T. 145
Locke, J. 74f., 100, 128, 252
Löw, R. 264
Lorenzen, P. 89, 280
Lübbe, H. 265f.
Lyssenko, T. 141

Mach, E. 74
Mandelbrot, B. 283f., 286
Marcuse, H. 251
Marx, K. 53, 62, 145, 248,
    250f.
Mendel, G. 256–259
Mill, J. St. 74
Mittelstraß, J. 206, 292
Mohr, H. 263
Monod, J. 35, 260
Morris, Ch. 142

Nagel, E. 92
Napoleon 261
Neurath, O. 74, 142f., 279
Newton, I. 32, 63, 72, 143f.,
    150, 166, 168, 171, 184, 191,
    256, 277, 279
Nowotny, H. 285

Oppenheim, P. 45, 62, 213,
    275

Patzig, G. 104
Peirce, Ch. S. 227
Penrose, R. 285f.
Piaget, J. 263
Platon 20, 247, 251
Poincaré, H. 124
Popper, K. R. 44, 112f.,
    119–125, 130f., 133, 139–141,
    146, 149, 152, 155, 157–160,
    165f., 169, 178, 185f., 191,

Personenregister

197, 225, 230, 250, 255, 263, 280, 287, 294
Prigogine, I. 265, 283 f.
Ptolemäus 150, 154, 196 f.
Pythagoras 22, 135

Ramsey, F. P. 99 f., 102
Ranke, L. v. 145, 218
Rayleigh, J. W. S. 148
Rechenberg, I. 263
Reichenbach, H. 86, 114 f., 139, 279
Rescher, N. 133
Rousseau, J.-J. 178, 185
Russell, B. 110

Schelling, F. W. J. 126, 291
Schleiermacher, F. 217–220
Schweitzer, A. 277
Schwemmer, O. 89
Sextus Empiricus 63
Sneed, J. D. 169, 172
Sokrates 12, 67–69, 136, 251
Spaemann, R. 264

Spencer, H. 262
Spengler, O. 145
Spinoza, B. de 63, 126, 216, 275
Stegmüller, W. 38, 50, 76, 99, 150, 156, 169, 170–172, 234, 265, 280

Topitsch, E. 253
Toulmin, St. 157, 186 f., 267 f., 280
Toynbee, A. 145

Vico, G. B. 89, 216, 219
Vollmer, G. 262 f.

Wellmer, A. 141
Whorf, B. L. 30 f., 119, 127
Windelband, W. 210
Winkler, R. 260
Wittgenstein, L. 28, 105, 254
Wohlgenannt, R. 22 f.
Wright, G. H. v. 53
Wuketits, F. M. 262

Zum Autor

HANS POSER, Jahrgang 1937, studierte in Tübingen und Hannover. Er legte 1964 das Staatsexamen in Mathematik und Physik ab, 1969 wurde er in Philosophie promoviert und habilitierte sich 1971. Seit 1972 ist er Professor für Philosophie an der TU Berlin. Er ist Vizepräsident der G. W. Leibniz-Gesellschaft; 1994–96 war er Präsident der Allgemeinen Gesellschaft für Philosophie in Deutschland. Er hat u. a. folgende Bücher veröffentlicht bzw. herausgegeben: *Zur Theorie der Modalbegriffe bei G. W. Leibniz* (1969), *Philosophie und Mythos* (Hrsg., 1978), *Formen teleologischen Denkens* (Hrsg., 1981), *Ontologie und Wissenschaft* (Mhrsg., 1984), *Beobachtung und Erfahrung* (1992), *Cognitio humana* (Mhrsg., 1996), *Hans Reichenbach* (Mhrsg., 1998), *Wissenschaft und Weltgestaltung* (Mhrsg., 1999).

Deutsche Philosophie der Gegenwart

IN RECLAMS UNIVERSAL-BIBLIOTHEK

G. W. Bertram, Kunst. Eine philosophische Einführung. 309 S. UB 18379

F. Fellmann, Die Angst des Ethiklehrers vor der Klasse. Ist Moral lehrbar? 163 S. UB 18033

G. Figal, Der Sinn des Verstehens. 157 S. UB 9492

V. Gerhardt, Pathos und Distanz. Studien zur Philosophie Friedrich Nietzsches. 221 S. UB 8504 – Selbstbestimmung. Das Prinzip der Individualität. 471 S. UB 9761

J. Habermas, Kommunikatives Handeln und detranszendentalisierte Vernunft. 87 S. UB 18164 – Politik, Kunst, Religion. 151 S. UB 9902

D. Henrich, Bewußtes Leben. 223 S. UB 18010 – Selbstverhältnisse. 213 S. UB 7852

N. Hoerster, Ethik des Embryonenschutzes. 144 S. UB 18186 – Ethik und Interesse. 239 S. UB 18278 – Was ist Moral? Eine philosophische Einführung. 104 S. UB 18575

A. Honneth, Leiden an Unbestimmtheit. 128 S. UB 18144

H. Jonas, Leben, Wissenschaft, Verantwortung. 268 S. UB 18340

H. Kelsen, Was ist Gerechtigkeit? 88 S. UB 18076

N. Luhmann, Aufsätze und Reden. 336 S. UB 18149

O. Marquard, Abschied vom Prinzipiellen, 152 S. UB 7724 – Apologie des Zufälligen. 144 S. UB 8351 – Individuum und Gewaltenteilung. 172 S. UB 18306 – Philosophie des Stattdessen. 144 S. UB 18049 – Skepsis in der Moderne. 128 S. UB 18524 – Skepsis und Zustimmung. 137 S. UB 9334

E. Martens, Philosophieren mit Kindern. 202 S. UB 9778 – Zwischen Gut und Böse. 222 S. UB 9635

J. Nida-Rümelin, Strukturelle Rationalität. 176 S. UB 18150 – Über menschliche Freiheit. 172 S. UB 18365

W. Pfannkuche, Wer verdient schon, was er verdient? Fünf Gespräche über Markt und Moral. 208 S. UB 18253

H. Plessner, Mit anderen Augen. Aspekte einer philosophischen Anthropologie. 215 S. UB 7886

W. Schweidler, Der gute Staat. 396 S. UB 18289

R. Simon-Schaefer, Kleine Philosophie für Berenike. 263 S. UB 9466

R. Spaemann, Philosophische Essays. 264 S. UB 7961

H. Tetens, Geist, Gehirn, Maschine. 175 S. UB 8999

E. Tugendhat, Probleme der Ethik. 181 S. UB 8250

E. Tugendhat / U. Wolf, Logisch-semantische Propädeutik. 268 S. UB 8206

E. Tugendhat u. a., Wie sollen wir handeln? Schülergespräche über Moral. 176 S. UB 18089

G. Vollmer, Biophilosophie. 204 S. UB 9386

W. Welsch, Ästhetisches Denken. 240 S. UB 8681 – Grenzgänge der Ästhetik. 350 S. UB 9612

Philipp Reclam jun. Stuttgart

Englische und amerikanische Philosophen

IN RECLAMS UNIVERSAL-BIBLIOTHEK

John Langshaw Austin, Zur Theorie der Sprechakte (How to do things with Words). 219 S. UB 9396

George Berkeley, Eine Abhandlung über die Prinzipien der menschlichen Erkenntnis. 192 S. UB 18343

Donald Davidson, Der Mythos des Subjektiven. Philosophische Essays. 117 S. UB 8845

Ian Hacking, Einführung in die Philosophie der Naturwissenschaften. 477 S. UB 9442

Thomas Hobbes, Leviathan. Erster und zweiter Teil. 327 S. UB 8348

Ted Honderich, Wie frei sind wir? Das Determinismus-Problem. 208 S. UB 9356

David Hume, Dialoge über natürliche Religion. 159 S. UB 7692 – Eine Untersuchung über den menschlichen Verstand. 216 S. UB 5489 – Eine Untersuchung über die Prinzipien der Moral. 304 S. UB 8231

John Locke, Über die Regierung. 247 S. UB 9691

John Leslie Mackie, Ethik. Die Erfindung des moralisch Richtigen und Falschen. 317 S. UB 7680 – Das Wunder des Theismus. 424 S. UB 8075

John Stuart Mill, Über die Freiheit. 184 S. UB 3491 – Utilitarianism / Der Utilitarismus. Engl./Dt. 208 S. UB 18461

Thomas Nagel, Die Grenzen der Objektivität. Philosophische Vorlesungen. 144 S. UB 8721 – Das letzte Wort. 214 S. UB 18021 – Was bedeutet das alles? Eine ganz kurze Einführung in die Philosophie. 87 S. UB 8637

Martha C. Nussbaum, Konstruktion der Liebe, des Begehrens und der Fürsorge. Drei philosophische Aufsätze. 240 S. UB 18189

Pragmatismus. Texte von Charles Sanders Peirce, William James, Ferdinand Canning Scott Schiller und John Dewey. 256 S. UB 9799

Hilary Putnam, Für eine Erneuerung der Philosophie. 284 S. UB 9660

Willard Van Orman Quine, Wort und Gegenstand (Word and Object). 504 S. UB 9987

Richard Rorty, Eine Kultur ohne Zentrum. Vier philosophische Essays und ein Vorwort. 148 S. UB 8936 – Solidarität oder Objektivität? Drei philosophische Essays. 127 S. UB 8513

Bertrand Russell, Philosophische und politische Aufsätze. 223 S. UB 7970

Gilbert Ryle, Der Begriff des Geistes. 464 S. UB 8331

R. M. Sainsbury, Paradoxien. Erw. Auflage. 240 S. UB 18135

Wesley C. Salmon, Logik. 287 S. UB 7996

Peter Singer, Praktische Ethik. Erw. Ausgabe. 487 S. UB 8033

Peter Frederick Strawson, Einzelding und logisches Subjekt (Individuals). Ein Beitrag zur deskriptiven Metaphysik. 326 S. UB 9410

Alfred North Whitehead, Die Funktion der Vernunft. 79 S. UB 9758

Bernard Williams, Der Begriff der Moral. Eine Einführung in die Ethik. 112 S. UB 9882

Philipp Reclam jun. Stuttgart